西洋経済史

奥西孝至・鳩澤 歩・堀田隆司・山本千映［著］

Introduction

▶「ヨーロッパ」との距離感

　ヨーロッパは私たちの近くにあるのだろうか。それとも，依然として遠い場所なのだろうか。

　たしかにヨーロッパは身近になった。成田や関空からヨーロッパの主要都市までは半日ほど飛行機に乗るだけでよい。いや，わざわざ出かけていくまでもないかもしれない。ピエモンテ州バローロ産の赤ワインだのロックフォール・チーズだのを口に入れるのは難しくないし，ミラノ・ファッションやパリ・モードにもまんざら手が届かないわけでもない。クラナッハだってフェルメールだって印象派だってクレーだって，電車で行ける美術館でいずれ拝むことができるだろう。オペラの引越し公演のチケットは財布に響くけれども，同じ芝居のDVDならばまあ選び放題だ。ベルリン・フィルやウィーン・フィルのコンサートもしかり。リーガ・エスパニョーラのサッカーやテニスのウィンブルドン大会の中継はテレビで観られるし，何よりインターネットを介して，フランクフルター・アルゲマイネ紙の最新記事だろうとリスボンの市電の時刻表だろうとプラハの週間天気予報だろうと，必要ならばすぐに手元に持ってこられるはずだ。イタリアの靴を履きスイスの高級腕時計を巻いてフィンランドの携帯電話を使いフランスの水やベルギーのビールを飲む……といったことは別になくても，そもそも私たちはヨーロッパ風の生活を無意識に当たり前に受けいれているには違いない。いまこのテクストブックを手にとっている方はたいてい「洋服」を着ているはずである。ところで今朝はコーヒーでしたか，紅茶でしたか？

　この2世紀ほど続いている交通・輸送・コミュニケーション技術の発達は，このように私たちの外面的な生活スタイルをヨーロッパ

にずいぶん近いところに移動させた。その収束は私たちの内面にも，ほぼ同時に，何らかの形で起きているだろう。民主主義社会における市民意識，工業化社会における現代人としての疎外感，……などとは，ここではいうまい。その代わりに問えば，なぜ私たちは，アオカビの生えた発酵食品などをすこぶる美味だと感じるようになっているのか。……たしかに私たちにとってヨーロッパはさほど遠くない場所になっているともいえる。

だが一方で，ヨーロッパとの埋めがたい距離を感じることもむしろ増えたのではないか。現実のヨーロッパにより長く，おそらくはより深く接した日本人からむしろそうした声を聞く。社会制度や生活様式のヨーロッパ化を徹底した結果，一見似通った入れ物どうしで，中身の差異こそが目立つようになっているかもしれない。キリスト教，ヒューマニズム，啓蒙思想，文明，伝統尊重，革命思想，個人主義，階級性，ラディカリズム，平和主義，等々を日本人は必死に導入したが，あらためて比較すると，真似たのは字面だけで，彼我の意味や内実の差の大きさに驚くことがある。まだ追いつけない，とか，われわれは何を学んだというのか，と嘆いているうちに，ヨーロッパ人は自分たちの最大の発明物だった古典的国民国家の枠組みをさっさと解体して「ひとつのヨーロッパ」に制度的実体を与えてしまった。このこと自体なかなか真似できることではない上に，このEUの「ヨーロッパ」はどうやら価値観や世界観を共有することで自分たちを「非・ヨーロッパ」と区別しようとしているようである。ヨーロッパは，なおも遠く，ますます遠い場所ではないか。

ヨーロッパに対する遠近感の喪失というものがありそうである。20世紀の後半に入ると，私たちにとって最も重大な「他者」——という流行の言葉を使ってもいいが——であり，絶対的な評価基準となったのはアメリカ合衆国であった。その重圧と吸引力に圧倒されつつ，これに抗するためにも社会主義ロシアの存在が別の評価軸と

してかつては強調された。いわゆる第三世界や大陸中国にもその役割が期待され，評価軸としての「アジア」への期待は熱を残しつつ今日に至っているといえる。その中で，それ以前には間違いなく視野の中心にあったヨーロッパは落ち着くべき位置を失った。つきつめた憧れや反発を生むのに十分な遠さもなければ，甘えにも通じる無意識の一体感を持つほどの近さにも決してない中途半端な距離に，現在のヨーロッパはあるようだ。

（さらに，ここで問わなければならない。いったい「ヨーロッパ」とは，どこのことなのか。私たちにとってヨーロッパとは，長い間「西欧」大国とほぼ同義でよかった。それはまた，私たちの必要からも無理からぬことであった。イギリス，フランス，ドイツといった大国にこそ真っ先に学ばなければいけないと思っていたのである。だが，いまや私たちが接するべき「ヨーロッパ」の地理的範囲は，かつて「周辺」やその他大勢で見送ってきた地域に広がっている。そして次のような問いが私たちの前にある。「イギリス」「フランス」とはそもそもどこのことだろう？　ドイツははたして「西欧」なのか？　古い交際相手だった南欧やオランダに再び学ぶものがあるのではないか？　北欧諸国・諸地域の独特のシステムはとてもよいものではないのか？　スラブ語系の言葉を話す人々の経験に耳を傾けるべきものはなにか？……これらの問いは突飛なものではない。）

人にせよ事物にせよ，理解するためにはその対象との適切な距離が必要だろう。ヨーロッパに対して，私たちはそれを測りかねているし，そのことにもどうやら気づいてしまった——まずいことに，であろう。徐々にヨーロッパへの興味や関心が薄くなっている原因のひとつは，ここにもある。遠近感がつかめず理解できないものは，どうでもいいもの，不用なものにしてしまえば気も楽だからだ。

それはよいことではない——と，本書の筆者たちは考えずにはいられない。ひとつの理由は，私たちが世界的な市場経済の一体化の

時代に生きていることに求めねばならない。「経済のグローバリゼーション」とこれを言い換えれば，たしかにそれこそアメリカの政策的誘導の匂いはそこに皆無ではないかもしれない。だが，21世紀現代経済が長期にわたるグローバリゼーション＝世界経済化という流れの加速の中にあること，紆余曲折を経た世界市場の完成の段階に達しつつあることは，どうやらいえそうである。たとえ意識の端にのぼることが少なくとも，ヒト，モノや情報の流れを介して，私たちの生きる社会はヨーロッパ社会と今まで以上に密につながっている。そしてそれがいつ，どこで，どうして，どのような按配で，……ということは当然知っておかなければならない。

　「ふらんす」へ行きたいと思うのだけれど「ふらんす」は遠いよなあ，という意味のことを萩原朔太郎は書いた。1924年刊行の『純情小曲集』に収められた「旅上」という詩のあまりにも有名な冒頭部であるが，上で考えてみたように，いまの私たちにも「ふらんす」は近いように見えて遠いのかもしれない。ただ，たしかなのは，もし私たちにヨーロッパが本質的に遠く感じられても，大正・昭和初期に活躍した詩人のように，「仕方がない，新しい背広（当時はお洒落な軽装）を着て気ままな旅に出てみよう」とからりと思い切ってしまうわけにはいかなくなったことなのである。

　現代ヨーロッパ経済は，ほぼ前例のない一体化と拡大を経験しつつある。世界の市場経済の中で，最もダイナミックに変化しつつある部分であろう。痛みや不調や停滞や，遅れすらも公言されるヨーロッパ経済には，もちろんかつてのようにモデルや教師の役割ばかりを一方的に期待することはできない。だが，単一地域としてみれば世界最大のGDP（あるいはGRP；域内総生産）をもち，世界総生産額の2割を占めるその規模を否定できないだけではなく，今後の世界経済の成長の新しいあり方を探る上での可能性もまた，簡単に見切ることはできないのである。

あらためて『西洋経済史』のテクストブックが書かれなければならないのは，要するにこの点にある。他者であるヨーロッパというものがあり，それを理解する必要があるならば，対象への正確な距離感を得なければならないだろう。そのために，その歴史について基礎となる知識を確認しようというのである。

▶「西洋経済史」を学ぶ意味

　現代のヨーロッパを理解するために直截的に有効な手段はいろいろある。有象無象のニュースのフォローや，EU当局がせっせと生産する無数の報告書・統計・レポートを倦まず積み上げる作業や，関係者への地道なインタビュー，……であろう。しかし，EUにせよその構成国家・地域にせよ濃厚に歴史的存在であるのは間違いない。現状分析や将来予測の単なる背景としてのみ片付けられるには，ヨーロッパにとって歴史はあまりに決定的な要素でありすぎる。

　直面している問題について「歴史に学ぶ」ことの有用性はそもそも疑いない。しかし，何かを「歴史に学ぶ」ためには，その対象となる過去の事象についてできうる限り知る必要，つまり，「歴史を学ぶ」必要がある。「歴史を学ぶ」ことなく「歴史に学ぶ」ことはできない。

　では，なぜ，「経済史」なのか。

　やや長すぎるイントロダクションをそろそろ切り上げるために，（西）ドイツの元・首相であるヘルムート・シュミットの言葉をとりあえず引いておこう。

　「（……）私はマルキシストではないが，それでも，経済的存在が意識を決定するという命題がすべて真実だとは言えないにしても，これが心理的・政治的にきわめて重要な視角であることは十分認識していた。」*

＊　2005年の発言。その全体的文脈は，訳文を引用したヴォルフ・D. グルーナー

いや，そもそも私たちの関心のもちようからして，ヨーロッパの歴史を探ろうとするとき「経済」を切り口とすることは当然であった。現代の世界経済はヨーロッパ経済が世界に拡大する形で形成されたものであり，日本やアジア諸国の経済成長はその経済システムの中で達成されたものであった。だから西洋経済史を学ぶことは，単に「歴史に学ぶ」という有用性にとどまらない，現代の経済を理解する上できわめて重要な意味をもっている。

　わが国で長い伝統をもつ「西洋経済史」という研究分野あるいは授業科目においてこれまで最も重視されてきたのが，それまでの農業中心の社会経済構造を大きく変えた工業化という現象であった。その先駆けとなった18世紀末のイギリスの「産業革命」（より広義には工業化）にはどのような前提が必要であり，工業化によりどのような社会経済構造が生み出されたかということが教えられた。端的には，資本主義（資本制）の成立と展開が多くの「西洋経済史」のテクストブックのメイン・テーマだった。

　一方，近年問題とされることが多いのは市場経済化という現象である。「市場」という概念の理論的にコアの部分は，売り手と買い手の取引，供給と需要の調整の場というものだろう。この意味での市場経済化とは，需給関係にもとづき最適な形で価格が調整される範囲の拡大という現象にほかならない。一方で取引の場としての「市場(いちば)」や商業はたしかに存在した。両者にはいうまでもなく密接な関連があるが，そのありようは一通りではないかもしれない。流通の機能と市場経済の発達との関係は，ヨーロッパと日本ではかなり異なっているという考えもある。ヨーロッパにおける商業の発達と市場経済の形成の関連，歴史的存在としての市場の構造・役割，その変容を知ることが重要である所以だろう。

（丸畠宏太・進藤修一・野田昌吾訳）『ヨーロッパのなかのドイツ 1800-2002』ミネルヴァ書房，2008年の「日本語版序文」で確認されたい。

近代の工業化と，少なくとも中世以降という非常に長いスパンで把握しなければいけないこの市場経済化とは，ともにヨーロッパで——だけでは決してないにせよ——顕著な現象として生じた。そこで本書は，この２つを同時に視野に入れつつ，中世以来のヨーロッパ経済の動向を追おうと考えた。

▷本書について

　研究が精緻になるにつれ，専門化・細分化は避けられない。日本における「西洋経済史」学もまったく例外ではない。とりわけ近年の一国単位の経済史分析の有効性への——それ自体，もっともな——疑いは，より小さな対象への限定された時点における分析こそが生産的だという考えを後押ししている。そのような中で対象を一地域や一国，いわゆる三大経済大国（英独仏）どころか「西欧」にすら限定せず，きわめて包括的な地理単位である「ヨーロッパ」とし，しかも1000年に近い通史に挑もうというのだからこれはかなり無謀な企てであった。それぞれ専門対象とする地域が異なる執筆者が集まったから大変でなくなったわけではないのは，残念ながらご覧のとおりである。

　ただ筆者たちが記述でとくに気を配ったことは，ヨーロッパにおけるヨーロッパ経済史研究とのできるかぎりの同時性の確保だった。この点で，年齢・経歴も「西洋経済史」研究者としてのバックボーンもあまり一致することのない（共通点といえば，勤務先が近畿地方にあることくらいの）４人が共同執筆者であったことは，好都合に働いた面もあるかと思う。

　もちろん，「あちら」すなわちヨーロッパでの研究の近年の動向や成果を取り入れることが無条件でプラスになるとは限らない。日本語で読み，書き，考えれば，それはたしかに European Economic History と同じものではありえないのだ。そもそも「西洋」と「ヨーロッパ」とは違う概念だし，Western Economic History と

訳してすら，それと日本の「西洋経済史」とは異なったニュアンスを帯びたものだといわざるをえない。また「同時性」だの時差だのといっても，「こちら」すなわちわが国の「西洋経済史」学の成果こそがときにはっきりと「時計が先に進んでいる」といえる分野や研究対象もある。

　しかし私たちが考えたのは，現在のヨーロッパの若い市民が学んでいるのとあまり変わらない内容を，大学3・4年生を中心とする人々に日本語でまず読んでもらいたい，ということだった。長年にわたる「西洋〇〇学」の努力にもかかわらず若い世代にヨーロッパ史に触れる機会や関心が減り，一方で情報の同時性にもかかわらず先行世代に古い通念や固定観念がもしも残っているならば，時計の針をまず「あちら」のそれに揃えてみせ，それを私たちの「西洋経済史」の再出発の時間とすることの意味は小さくないと考えたのである。本書を手にとられる読者には大学生，大学院生，今日のヨーロッパ経済を理解する前提となる経済史・社会史の知識を必要としている非専門家の社会人を想定しているが，もしも幸い専門家の一読を得られたならば，上に述べた点をご理解いただきたく思う。また，私たちが学んできた西洋経済史のさまざまな成果は，本書の執筆に関して当然（おそらくはほぼ無意識のうちにすら）利用されている。端的には，たとえば石坂昭雄・船山榮一・宮野啓二・諸田實『西洋経済史（新版）』（初版1976），荒井政治・竹岡敬温編『概説西洋経済史』（1980）などの先行する教科書がなければ，本書の一行を書くこともできなかったであろう。比較的最近の論文も含めて，個々の業績を「参考文献」として逐一挙げることは本書の教科書という性格上できなかったことをお詫びし，この点でもご理解を賜りたい。加えて，私たち筆者にあるだろう偏りや知識不足や誤謬にもご叱正を仰げれば幸いである。

本書は大きくは3部で構成される。比較的長い独立した「序章」で中世をとりあげ，近世（初期近代）を扱った「第Ⅰ部」，近代・工業化期を扱った「第Ⅱ部」，20世紀以降を扱う「第Ⅲ部」と続く。全体として時間の流れに応じたものだが，各章の配列は必ずしも時系列を追ったものではない。「部」ごとの概説と略年表で流れを確認していただきたい。なおそれぞれの研究対象とする時期に応じ，「序章」「第Ⅰ部」は奥西，「第Ⅱ部」は鳩澤，山本，「第Ⅲ部」は堀田が主に執筆したが，地域やテーマによってはこの限りではない。また，すべての原稿について討議を重ねたうえで，表現や内容について少なくない変改と調整を加えた。執筆分担を特に示さないことにした所以である。したがって全編について，共著者全員が責任を負わなければならないであろう。

　本書の企画と最初の執筆者打ち合わせから3年がたってしまった。この間，多数の方々から助言と協力をいただいた。以下に心からの感謝とともにお名前（の一部のみ）をあげさせていただきたい。永山（柳沢）のどか氏（一橋大学大学院経済学研究科ジュニア・フェロー），杉生秀司氏（大阪大学大学院修了），大賀紀代子氏・白井泉氏（大阪大学大学院博士後期課程），久保圭以子氏（大阪大学経済史経営史資料室），馬場慶太氏・八倉崇氏・辻一功氏（大阪大学経済学部），北島瑞穂氏，……。皆様の貴重なお力添えにもかかわらず，出版が遅れてしまった責任はまったく執筆者一同のみにある。担当として最後までご迷惑をおかけした有斐閣秋山講二郎，柴田守の両氏にこの場を借りてお詫びするとともに，幾重にも感謝申し上げたい。

　2010年3月

執筆者一同

著者紹介

奥西　孝至（おくにし　たかし）
　1959年　奈良県に生まれる
　1982年　京都大学文学部卒業
　1988年　京都大学大学院文学研究科博士課程満了退学
　現　在　神戸大学大学院経済学研究科教授
　主要著作　「欧州統合における低地地方（ベルギー・オランダ）の歴史的役割」『国民経済雑誌』第209巻4号，2014年，『中世末期西ヨーロッパの市場と規制』（勁草書房，2013年），『中・近世西欧における社会統合の諸相』（分担執筆，九州大学出版会，2000年）

鳩澤　歩（はとざわ　あゆむ）
　1966年　大阪府に生まれる
　1989年　大阪大学経済学部卒業
　1991年　大阪大学大学院経済学研究科博士後期課程中退
　現　在　大阪大学大学院経済学研究科教授
　主要著作　『ふたつのドイツ国鉄』（NTT出版，2021年），『鉄道のドイツ史』（中央公論新社，2020年），『鉄道人とナチス』（国書刊行会，2018年），『ドイツ工業化における鉄道業』（有斐閣，2006年），『外国経営史の基礎知識』（分担執筆，有斐閣，2005年）

堀田　隆司（ほった　たかし）
　1953年　東京都に生まれる
　1977年　東京大学経済学部卒業
　1990年　パリ第10大学博士課程修了
　2018年　逝去
　　　　　元大阪国際大学グローバルビジネス学部教授
　主要著作　『外国経営史の基礎知識』（分担執筆，有斐閣，2005年），「1928年石油法と精製業の再生——戦間期のフランス石油業（3）」大阪国際大学紀要『国際研究論叢』第14巻　特別号，2001年3月

山本　千映（やまもと　ちあき）
　1971年　新潟県に生まれる
　1994年　東北大学経済学部卒業
　2001年　一橋大学大学院経済学研究科博士課程修了
　現　在　大阪大学大学院経済学研究科教授
　主要著作　『グローバル経済の歴史』（共著，有斐閣，2020年），『近代統計制度の国際比較』（分担執筆，日本経済評論社，2007年），"Two Labour Markets in Nineteenth-century English Agriculture : the Trentham Home Farm, Staffordshire," *Rural History*, 15(1), 2004.

目　　次

序　章　古代から中世へ　　1
ヨーロッパにおける市場社会の形成

略年表
Column ①　気候変動と経済史（19）
Column ②　価格史について（20）

第 I 部　近世（初期近代）
ヨーロッパの成長と拡大

概観　「近世」という時代
略年表　大航海時代～経済成長と国家～英仏の台頭

第1章　ヨーロッパの拡大と国際競争の開始　　26

1　ヨーロッパの成長と地域格差の拡大……………………………26
2　ヨーロッパの拡大と植民地……………………………………37

第2章　17～18世紀の「経済危機」と国家の形成　　49

1　オランダ…………………………………………………………49
2　イギリス…………………………………………………………55
3　フランス…………………………………………………………61
4　中・東欧…………………………………………………………65

xi

第3章 ヨーロッパの工業化をどうとらえるか　75

1 なぜ最初にヨーロッパが工業化したのか ……………………… 76
- ①　ヨーロッパ内部の要因を重視する議論(78)
- ②　ヨーロッパ外との連関の重視(85)

2 「産業革命」をめぐる議論　●学説の変遷 ……………………… 90

Columu ③　ヨーロッパの中心と辺境(108)

Columu ④　旅するヨーロッパ人(1)(110)

第II部　近 代

工業化の世界

概観　長い19世紀

略年表　アメリカ独立とフランス革命～国民国家と工業化～ドイツ・イタリア統一

第4章 ヨーロッパにおける工業化の始動　118

「イギリス産業革命 The Industrial Revolution」と地域工業化

1 イギリス産業革命の諸相　●原因，成長率，技術革新 ………… 118
2 産業革命の社会的帰結　●生活水準論争 ……………………… 142

第5章 さまざまな工業化　148

地域と諸国家

1 地域工業化論 ……………………………………………………… 148
2 ヨーロッパ大陸における多様な工業化 ………………………… 154
- ①　ベルギー(154)
- ②　フランス(160)
- ③　ドイツと中・東欧(168)

第6章 「第2次産業革命」の時代　186

19世紀末のさらなる変化

1. 「第2次産業革命」●新しい技術，新しい工業 …………… 186
2. 「大不況」とヨーロッパ経済 …………………………… 198
3. 工業国と社会政策 ●イギリスとドイツ ………………… 212

第7章 ヨーロッパの外で　229

北米経済の台頭とビッグ・ビジネス

1. ヨーロッパを中心とするグローバル経済 ●大西洋経済の成立と発展 …… 229
2. アメリカとヨーロッパの補完関係 ●南北戦争と戦後復興 ……… 243

Columu ⑤　制服趣味の研究(256)
Columu ⑥　旅するヨーロッパ人(2)(257)
Columu ⑦　旅するヨーロッパ人(3)(258)

第Ⅲ部　現　代

グローバリゼーションとヨーロッパの一体性

概観　短い20世紀

略年表　第1次世界大戦〜「短い20世紀」〜マーストリヒト条約

第8章 世界大戦とヨーロッパ経済　265

1. 第1次世界大戦の経済史的意味 ………………………… 267
2. 1920年代の繁栄から世界大不況へ ……………………… 275
3. 世界大不況とヨーロッパ経済 …………………………… 283
4. 第2次世界大戦 …………………………………………… 290

第9章 第2次大戦後のヨーロッパ経済　293

1. 戦後国際経済の枠組みと冷戦 …………………………………… 294
2. 経済成長の時代　●1950〜73年 ………………………………… 299
   1. 西ヨーロッパ：混合経済と高度成長（299）
   2. 東ヨーロッパ：社会主義化と経済改革（305）
3. 危機とグローバル競争　●1973〜2000年 ……………………… 309
   1. ドル危機と石油危機（309）
   2. 冷戦の終結とグローバル競争（312）

第10章 EUへの道　316
ヨーロッパ経済統合の進展

1. 石炭鉄鋼共同体からEUへ ……………………………………… 316
2. 統合の拡大と深化・変質 ………………………………………… 324

Columu ⑧　旅するヨーロッパ人(4)（332）
Columu ⑨　フランスのワインとドイツのビール（333）

索　　引 ……………………………………………………………… 335

本書のコピー，スキャン，デジタル化等の無断複製は著作権法上での例外を除き禁じられています。本書を代行業者等の第三者に依頼してスキャンやデジタル化することは，たとえ個人や家庭内での利用でも著作権法違反です。

Information

◉ 本書の特色

　日本やアジア諸国の経済成長は，ヨーロッパ経済が世界に拡大する形で形成された経済システムの中で達成されたものです。そのため西洋経済史を学ぶことは，単に「歴史に学ぶ」という有用性にとどまらず，現代の経済を理解する上で重要な意味をもっています。

　これまでの西洋経済史の中心テーマは，18世紀末のイギリスの「産業革命」にはどのような前提が必要であり，工業化によりどのような社会構造が生み出されたかということでした。

　一方，近年は市場経済化という現象が重視され，商業の発達と市場経済の形成との関連，市場の構造・役割を知ることが重要になっています。

　本書は，近代の工業化と中世以降の市場経済化という上記の2点を視野に入れ，ヨーロッパ経済の動向を追っています。

◉ 概観と略年表

　序章で中世を取り上げ，近世（初期近代）を扱った第Ⅰ部，近代・工業化期を扱った第Ⅱ部，20世紀以降を扱う第Ⅲ部で構成されていますが，各時代の流れを把握するために，部ごとに概観と略年表が付いています。

◉ 議論のための課題

　各章の内容を整理してまとめる問題が章末に用意されています。本書の理解に役立ててください。

◉ コラム

　本文に関連するトピックスやヨーロッパに関心をもってもらうためのコラムが9つ挿入されています。

序章　*古代から中世へ*

ヨーロッパにおける市場社会の形成

■略年表

476年	西ローマ帝国の滅亡
800年	フランク王国カールのローマ帝国皇帝戴冠
9世紀前半	フランク王国の分裂
962年	東フランク王国オットーのローマ帝国皇帝戴冠
1066年	ノルマンディー公ウィリアムによるイングランド征服（ノルマン・コンクェスト）
1096–1099年	第1回十字軍
1337–1453年	英仏百年戦争
1347–1349年	ペストの大流行
1381年	ワット・タイラーの乱（イギリスの大規模な農民一揆）

ヨーロッパの特徴　　経済の発展は，それぞれの地域の政治社会文化の諸要因と複雑に関連しながら進む。このことから，西洋経済史を学ぶにあたっては，その考察の主対象となるヨーロッパの特徴を把握しておくことが重要になる。ところが，ヨーロッパの地理的範囲を明確に決めることは難しい。イギリス，フランス，ドイツがヨーロッパであることは問題とされないが，たとえばロシアがヨーロッパに属するかどうかには議論がある。このような見解の相違は，ヨーロッパがある共通性をもった地理的ま

I

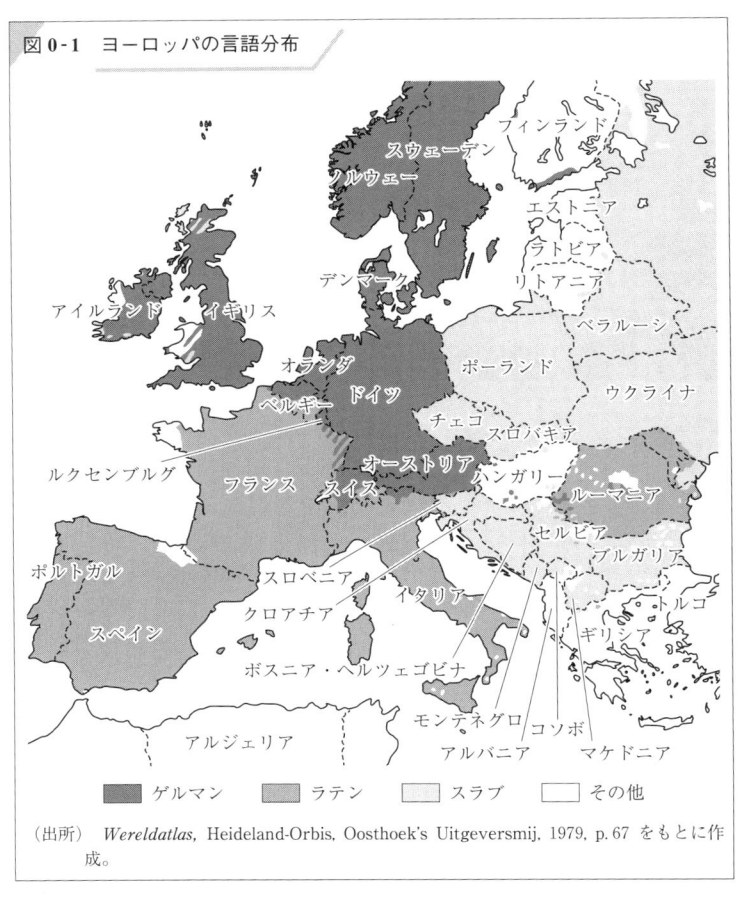

図0-1 ヨーロッパの言語分布

(出所) *Wereldatlas*, Heideland-Orbis, Oosthoek's Uitgeversmij, 1979, p. 67 をもとに作成。

とまりとして，歴史的に形成されてきたことと深く関係している。むしろ，何を共通の要素とするかによってヨーロッパの範囲が異なること自体が，ヨーロッパの重要な特徴であるとさえいえる。

ユーラシア大陸西端にあるヨーロッパは北極海から地中海まで広がり，アルプス山脈とそれにつながるジュラ山脈およびピレネー山

脈が，地理的にヨーロッパを南北に分ける境界となっている。その南が地中海性気候，北は海洋性気候，内陸性気候，山岳性気候である。この気候の多様性に加えて地形，土壌の多様性が植生にも大きな影響を与え，多様な作物を栽培する農業が発達した。さらに大きくラテン系，ゲルマン系，スラブ系およびその他に分けられる言語的多様性や，カトリック，プロテスタント，ギリシア正教その他に分けられる宗教的多様性が存在している。もっとも，プロテスタントは16世紀にカトリックから分離したものであり，ギリシア正教を含めキリスト教がヨーロッパにほぼ共通する要素だといえる。また，古代ギリシア・ローマを起源とする思想・科学・芸術もヨーロッパが共有するものということができる。しかも，これらキリスト教や思想・科学・芸術は16世紀以降ヨーロッパ人により世界各地に広げられ，ヨーロッパにとどまらない普遍性をもつに至った。

　このような多様性と共通性を併せもつ地域としてヨーロッパは発展したが，その原型が形成されたのは，一般的には5世紀から15世紀の期間があてられる「中世」と呼ばれる時代である。

古代から中世へ

ヨーロッパの伝統的な時代区分では，イタリア半島から起こり地中海世界を統一したローマ帝国が東西に分裂した後，476年に最後の西ローマ皇帝が退位したことをもって古代が終わり，「中世」が始まったとされてきた。もっとも，ゲルマン人の集団的な侵入は3世紀初頭より本格化しており，最後の皇帝もゲルマン人傭兵により擁立された名目的なものであった。一方，旧西ローマ帝国領に建国されたゲルマン部族の諸国家も，多数を占める先住民の支配にはローマ帝国の統治システムを利用していた。このように古代から中世への移行は緩やかに進行し，社会構造は過渡期的な性格をもっていた。

　ローマ帝国北辺の辺境地域（現在のベルギーにあたる地域）に起こり，カトリック教会と結びつきながらヨーロッパに支配を拡大した

フランク王国も，このような古代から中世への過渡期的な性格を持つ国家であった。フランク王国初期のメロヴィング朝では王と家臣の人的紐帯が統治の核をなしていたが，ローマ帝国旧領であった領土の支配には徴税組織などのローマ帝国の行政機構を用いるとともにカトリック教会の組織を統治に活用していた。そこでは司教座が都市統治の核となった。また，エジプトに始まりヨーロッパ各地に広がった修道院が，農村社会のあり方に大きな影響を与えた。

　メロヴィング朝の宮宰職を務めていたカロリング家のピピンが751年にメロヴィング朝の王を廃して始まったカロリング朝では，王朝交代に際して，王としての血統的高貴の欠如を補うためにローマ教皇の権威を利用した。この結果，フランク王家とローマ教皇との結びつきが強まり，ピピンの息子カールは800年にローマ教皇レオ3世よりローマ帝国皇帝の戴冠を受けた。教皇により皇帝の戴冠が行われたことは，その後のヨーロッパ史においてきわめて大きな意味をもった。キリスト教世界の守護者としての皇帝の性格が決定づけられるとともに，教皇と皇帝の対立を生み出す遠因ともなったからである。

　ピレネー山脈からエルベ川，ドナウ川流域までを支配下に収めたカール大帝（フランス語ではシャルルマーニュ）の統治は，形式的には国王に直属する家臣団による中央集中型の行政構造であった。首都アーヘンには宮廷および下部行政機関としての文書庁・王宮裁判所が，地方には国王の行政官としての伯（辺境などの大管区や東フランクのアレマン，バイエルン等には公）がおかれた。伯や公は国王管轄区キウィタスにおける軍隊招集・行政・裁判を遂行し，国王巡察使が各地を巡回してその監督を行った。しかし，実態としてはそれぞれの地域の自立性が強く，ローマ帝国であった西部地域とローマの支配が及ばないゲルマン部族の居住地であった東部地域とでは，統治のあり方も異なっていた。

分割相続の伝統があったフランク王国は9世紀前半に東西中央の三国に分裂し、さらに中央王国のアルプス以北の地域は東西フランクに分割され、それぞれドイツ、フランス、イタリアの原型となった。この時期には再び民族移動の動きが活発になり、マジャール人はドナウ平原に、スラブ人はヨーロッパ東部平原およびバルカン半島に定住し、それぞれの国をつくった。さらに、ヴァイキングとして知られるノルマン人、デーン人の西方移住も起こり、次第にヨーロッパ各地で現在につながる諸民族の形成をみた。なお、東フランク王国の王位を継承したザクセン家のオットーが962年にローマで皇帝の戴冠を受け、ドイツとイタリアの歴史的な結びつきを生み出すこととなった。

封建制と領主制

　封建制は、中世を（ヨーロッパのそれに限らず）特徴づける制度とされてきた。ただし、何をもって封建制とするかは学派により異なり、かつては領主制を封建制の本質としてとらえる見方も有力であった。しかし、現在のヨーロッパの歴史研究では、封建制と領主制とを分けて考えることが一般的である。封建制は王と家臣団の間の土地を媒介にした分権型の国家体制を指すものであり、一方、領主制はその土地の経営のあり方、つまり領主農民関係だとするのである。

　ヨーロッパにおける封建制の成立については、しばしば、ゲルマンの従士制（前項で述べた王と家臣の人的紐帯）と古代ローマ帝国末期にみられた恩貸地制が結びついたものと説明される。しかし、最近の研究では、主君に忠誠を誓う代わりに「封（ほう）」（ラテン語ではベネフィキウム beneficium、古ゲルマン語ではフィーフ fief）を受ける形式は8世紀末に法制化されたものであり、古代末期ローマにおける恩貸地制度とは制度的な連続性はないとされる。カロリング朝になって王と家臣の人的紐帯が弱まったことも、封建制の成立の要因のひとつと考えられている。

封の中心となったのは，働き手が付随した土地＝封土であった。封の授与にもとづく統治としての封建制は，カロリング朝期以降にフランク王国の中心的地域であるロワール・ライン両大河の間からヨーロッパに次第に広まった。ただし，封の付与形態・授与形式は地域により異なっただけでなく，封建制の広がり方には地域的・時間的差異が大きく，普及しない地域もあった。さらに，貴族間においても封の授受が行われるようになった結果，複数の主君から封を受ける家臣が現れるなど封建関係が複層化した。

　領主制は，このような封土を与えられた貴族とこれらの土地の耕作の義務を負う農民との関係であり，貴族は，法的権限をもつ領主として，これらの土地（英語では manor，「所領」や「荘園」が訳語としてあてられる）の経営を行った。なお，修道院も領主として重要な存在であり，王自身の所領である王領地も封建制下の王の重要な財政基盤であった。

　初期のフランク王国において征服者であるフランク族の多くも自ら入植者として農業に携わり，多くの土地では独立した農民の個別経営が行われていた。所領は存在していたものの，奴隷的非自由人による耕作が行われる面積は200ヘクタール程度の小規模なものにとどまっていた。ところが7世紀以降には，ロワール・ライン両河間を中心に大所領への史料的言及がみられるようになる。1000ヘクタールを超えるものもみられた古典荘園（Villikation）と呼ばれるこれらの大所領は，基本的に領主直営地と農民保有地から構成されていた。奴隷的非自由人が次第に自身の保有地をもつとともに，独立した農民がフランク王権から課される公租，軍役などの負担を避けて領主の保護下に入ったことが，このような古典荘園の形成に大きく関わったと考えられている。領主直営地ではこれらの非自由身分の農民＝農奴と自由身分の農民の賦役による耕作が行われ，フランス語ではマンス，ドイツ語ではフーフェと呼ばれる10〜15ヘクター

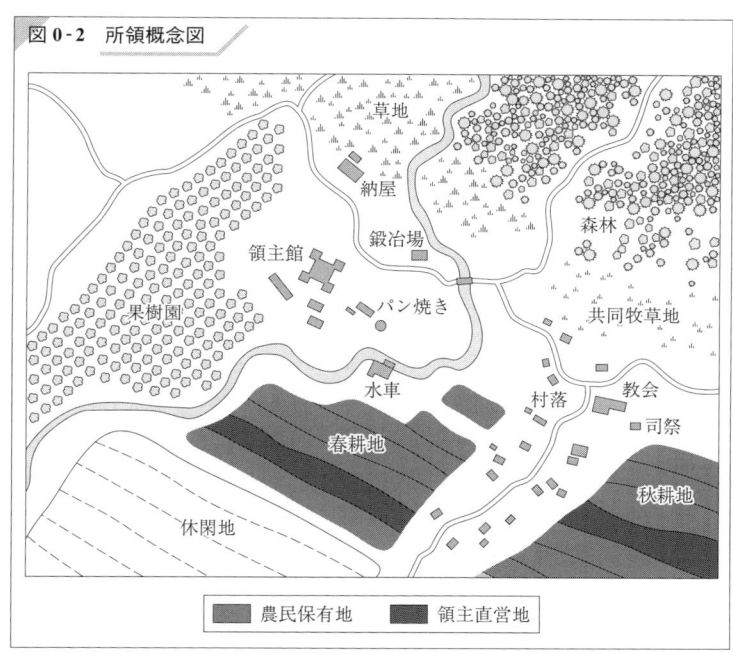

図 0-2 所領概念図

ルの耕地，家および森林用益権からなる農民保有地が農民の生活の基盤となった。中核をなす主要な所領の周りには中小規模の所領が点在し，星雲状の構造ができた。このことは，後述のように，中世初期の流通のあり方にも大きな影響を与えた。

ヨーロッパ型農業　ヨーロッパの気候風土は，先に述べたように南北で大きく異なる。アルプス山脈，ピレネー山脈を境とし，それより南は暑い夏と冬の好天・小雨とを特徴とする地中海性気候である。一方，北では，西ヨーロッパの多くは春から初夏の好天・夏から秋の降雨・冬の降雪を特徴とする海洋性気候，東ヨーロッパの内陸部は冬夏の寒暖の差が激しい内陸性気候である。

このような気候条件のもと，ヨーロッパの広い面積を占める緩やかな起伏のある丘陵地帯では，天水型農業が行われた。雨水に頼る天水型農業では，灌漑農業と異なり給水による肥沃化ができないため，耕地を2つに分け耕作と休閑を交互に行う二圃制や耕地を3つに分けそのひとつを休閑する三圃制の形で，地力回復を図る耕作が行われた。それでも，面積あたりの収穫率は低く，中世初期では収穫量は播種量の2～8倍であったと推定されている。しかし，丘陵地では小麦，ライ麦，大麦，オート麦と地理的状況に応じて多様な麦類が栽培され，耕作可能面積の比率は高かった。牧畜との並存・相互関係もヨーロッパ型農業の特徴であり，馬，牛，豚が役畜，土地の肥沃化の手段，食用として飼育された。多元的な食料資源を生産することからくる安定性はあるものの，ヨーロッパ型農業では，土地生産性が低く投下労働量を増やしても生産が増えない。このため，土地面積の拡大による生産量の増加と，有床有輪犁などの器具，農法の改良，役畜の使用による土地面積あたりの労働生産性の拡大が図られた。
　9世紀頃よりロワール・ライン川間の地域に始まったと考えられている二圃制から三圃制への移行は，中世ヨーロッパにおける農業技術の発展の代表的な事例である。縦長の短冊形の耕地での有輪犁を用いた耕耘，耕作，休閑地での肥育・施肥など共同作業により，秋播きと春播きを組み合わせて，作付面積を耕地の2分の1から3分の2へと増加させた三圃制の拡大は，農業生産量を増加させるとともにヨーロッパの農村に大きな変化を与えた。共同作業と土地の一体的運用を必要とする三圃制は，それぞれの保有地を囲い込まずに農耕と休閑地での放牧を共同して行う開放耕地化と集村化を促進し，領主直営地と農民保有地が一体的に運用されることで，賦役が減少する一方で現物地代などが増加した。ただし，三圃制を行うためには，春先から夏の時期の充分な降雨と長い日照時間や，共同作

業ができることなどの条件があった。そのため地中海沿岸などでは二圃制が存続した。この結果，中世ヨーロッパでは大別して①フランス北部からドイツにかけての三圃制にもとづく開放耕地・集村，②フランス南部から地中海沿岸にかけての二圃制にもとづく閉鎖耕地・集村，③アルプス山麓部などの移牧，小規模耕地，散村，④スペインからイタリア中南部の果樹栽培や領主館住込み，に分けられる多様な耕作形態・村落形態が並存することとなった。

　9〜12世紀は大開墾時代とも呼ばれる新たな土地の開発と移住が進んだ時期であり，森林の開墾や沼沢地の干拓により耕地が拡大し，多くの新村が生まれた。ただし，当時の技術では沼沢地の干拓は困難であり，北海沿岸部において小規模な干拓が行われただけである。このような開拓と干拓の動きは，領主による農民の招聘や移住奨励策により加速した。その代表的な事例であるエルベ川以東への東方移民においては，人格的拘束および貢租・賦役負担の軽減，ドイツ法の適用といった移民優遇策がとられ，北海沿岸から移民した農民は，原住民のスラブ，バルト人集落と並存する形で村落を形成した。三圃制の進展や領主直営地と農民保有地の一体的運用は，賦役の減少および現物地代，借地契約の増加とともに，農奴と自由農民間との公的負担の差異を減少させることとなった。ただし，農民の身分や生活状況には地域差があり，スカンジナビア半島やオランダなどでは自由農民が多く存在し，領主による農民の招聘策がとられた東ヨーロッパの開拓地でも農民の法的地位は高かったのに対して，南フランスなどでは隷属的な農民の比率が高かった。

　耕地面積の拡大による農業生産の増加は，人口増加をもたらした。ロシアを含むヨーロッパ全体として10世紀末には3000〜4000万人であった人口が，14世紀初頭には7000〜8000万人まで拡大したと推計されている。ただし，増加率は地域により異なり，フランスや低地地方では大きく人口が増加したのに対して，イタリア中南部，エル

べ以東ではあまり人口は増えなかったと考えられている。

> 中世初期の商業と市場・都市の形成

(1) 所領経営

中世初期のアルプス以北のヨーロッパでは、まだ多くの土地が森林に覆われ、その中に村落が点在していた。農業を基本とした社会であり、生活必需品の調達が継続的に可能なところに居住する、いわゆる「自給自足」の状況にあった。このため、その地域では産しないかもしくは不足する財で、かつ高価値と見なされる限られた種類の商品を扱う遍歴商人（trader）による、巡回型商業が重要であった。ただし、居住地内部での分業は存在し、直接的交換もしくは売買が行われていた。近年の研究では、領主による所領経営が市場・都市的集落形成、商業的流通を促進したことが注目されている。

中世ヨーロッパ各地に成立した所領では、穀物などの農作物には自己消費を超える余剰が生まれる一方で、所領内では供給不可能な手工業品や農産物などを所領外から調達する必要が生じた。修道院および世俗領主は、必要とする物資が多様であるだけでなく購買力もあり、初期の商業にとり重要な顧客であった。離れた所領から領主が居住する中核所領への物資の輸送も、商業の発達を促進したと考えられている。所領間の輸送は農民による賦役とともに運送業者や商人への委託によっても行われた。これらの委託を受けた業者には領主により流通税免除特権が与えられた。各地の領主は地域に対する徴税権、裁判権、警察権をもち、通行の安全保障や不正取引の取締の義務を負うとともに流通税、取引税を徴収した。流通税免除特権の付与は、輸送業者や商人による、これらの地域をまたいだ輸送を容易にするとともに、輸送に際した付随的な商業も行われ、遍歴商人による遠距離商業とは異なる在地流通・商業の発達をみた。さらに、中世初期の所領において、わずかであるが貨幣による地代の徴収が行われたことも、農村における貨幣の流通を促進したと考

えられている。

(2) 市場の形式

　市場の成立に関しても，所領が大きな関わりをもっていたことが明らかになっている。中世初期の聖人伝やその他の史料から，秋を中心にした聖人日（祝祭日）に修道院などの所領近接地で市場が催されたことが知られている。市場は，まず特定の場所で特定の期間に売買が行われる取引の場として成立した。農作物などが領主や農民により売却され，商人が売り手または買い手として来市し，商業は市場と市場をつなぐ形で行われた。初期の史料では市場を指す言葉として，「祝祭日の集い」を語源とする fair, foire, Messe と「売買のための集い」を語源とする market, marché, Markt があまり区別されずに使われていた。その後は商業と都市の発展を受けて，前者は商人間取引の場（訳語としては「大市」もしくは「年市」が用いられる）の意味を，後者は住民への物資供給の場の意味をそれぞれ強め，史料的にも両者は次第に区別されるようになる。

(3) 都市の形成

　都市の形成に関しても，領主による所領経営の重要性が明らかになっている。19世紀以来のヨーロッパ歴史学界の伝統的な見解では，中世の都市は近代市民社会の自由と自治の原型と見なされてきた。この見方は有名な「都市の空気は自由にする」の法諺とともに，日本の学界でも長く受け入れられていた。領主の行政権からの離脱を意味する特権としての「自由」を有する都市は，領主に隷属した農村と対置された存在と位置づけられていたのである。また，その形成に関しては，20世紀初頭のベルギーの歴史家アンリ・ピレンヌに代表される，遠隔地商業の役割を重視する見解が通説であった。このいわゆる「ピレンヌ・テーゼ」とは，9世紀以降の「商業の復活」の中で遍歴商人が自らの活動の拠点として作り上げた定住地が代表的な都市の起源だとするものである。しかし，近年の研究の進

展によって,農村と都市の類似性とともに,両者が相互依存関係の中でそれぞれ発展していたことが明らかにされている。

近年の研究で想定されている中世初期の都市的集落は,①司教座都市などの古代ローマ帝国期の都市を起源とする集落,②教会・領主の居城近接地の商工業者の居住地,③建設都市などの封建領主の主導による居城近接地における居住地,④取引拠点,越冬地などにおける商人定住地,である。ヨーロッパの都市はこれらを核として形成されたと考えられている。こうした都市の発達においては市場が重要な役割を果たした。市場は商業活動の場であるとともに都市住民への食料供給の場として機能し,地理的空間としての市場=広場は,教会とともに都市の生活における重要な核となった。

都市の経済活動は,次第に職業ごとの同業組合(ギルド,ドイツ語ではツンフト)を基本として行われるようになった。商人ギルドに続いて12世紀頃からはパン屋,靴屋などの手工業ギルドも形成され,自主規制による生産・流通管理が行われ,親方のもとで職人および見習期間中の徒弟が生産に従事した。

このようにして形成されたヨーロッパの都市の多くは人口数千人程度であり,数十万人の人口の都市が多数存在した同時期のイスラーム圏や中国と比べ,その規模は小さかった。このことには,ヨーロッパの多くの都市が,政治的中心としてではなく,商工業の拠点として成立したことが関係している。土地の生産性は低いものの広範囲で耕作ができたヨーロッパでは,周辺で栽培される農作物に食糧を依存する小規模な都市が点在することとなった。

(4) 中世ヨーロッパ都市の自由と自治

中世ヨーロッパ都市の自由と自治に関しても,領主との双務的契約により一定の「自由」を獲得した農村がある一方で,多くの都市が領主の行政権に属していたことが明らかにされ,都市−農村を対比的にとらえる19世紀以来の伝統的な見解も修正されている。11世

紀後半から12世紀にかけて、北フランス〜ライン地域で展開されたいわゆるコミューン運動は、都市による自治権獲得の代表的な動きとされてきた。しかしこれについても、10世紀末の教会による平和令を起源とする「神の平和」運動を背景とした領域的な平和を求める運動という面が強く、都市領主が主導した場合もあることが明らかにされている。

　自治権を獲得した都市の行政を担ったのは同業組合などの団体であり、各団体代表者を構成員とする都市行政組織が、市場税・かまど税などを財源に行政活動を行った。さらに、宗教行為、慈善活動も同業組合などの職能を軸とした団体を基礎として行われた。近年では、有力市民を頂点とする家門・地縁集団の存在が同業団体と並ぶ都市秩序の要因として注目され、行政における上層市民の主導的な役割が突きとめられつつある。

商工業の発達　　(1) 遠隔地商業の発達

　中世初期においては限られた商品の遠隔地商業と在地流通・商業だけが行われていたが、10世紀末からは次第に遠隔地商業が発達し、ヨーロッパ各地を結ぶ広域流通網が形成された。イスラーム圏からもたらされた香辛料、絹製品、綿製品などの「東方産品」のほか、西フランスの海塩、リューネブルクなどドイツ産の岩塩、スカンジナビア半島の木材、北海・バルト海の鰊、シャンパーニュ、ボルドーなどフランス産のワイン、スウェーデン、北スペインの金属鉱石、南フランスの大青（青色染料）などの一次産品、フランドル地方（ベルギー北部）の毛織物などの高級手工業品が重要な商品であり、当初はイスラーム圏から輸入されていた絹織物も次第にイタリアで生産されるようになった。

　ヨーロッパにおける最も重要な商業ルートは、北イタリアとフランドル地方を核とする南北連結ルートであった。北イタリアはイスラーム圏とヨーロッパをつなぐだけでなく、それ自体が毛織物、絹

序章　古代から中世へ　　13

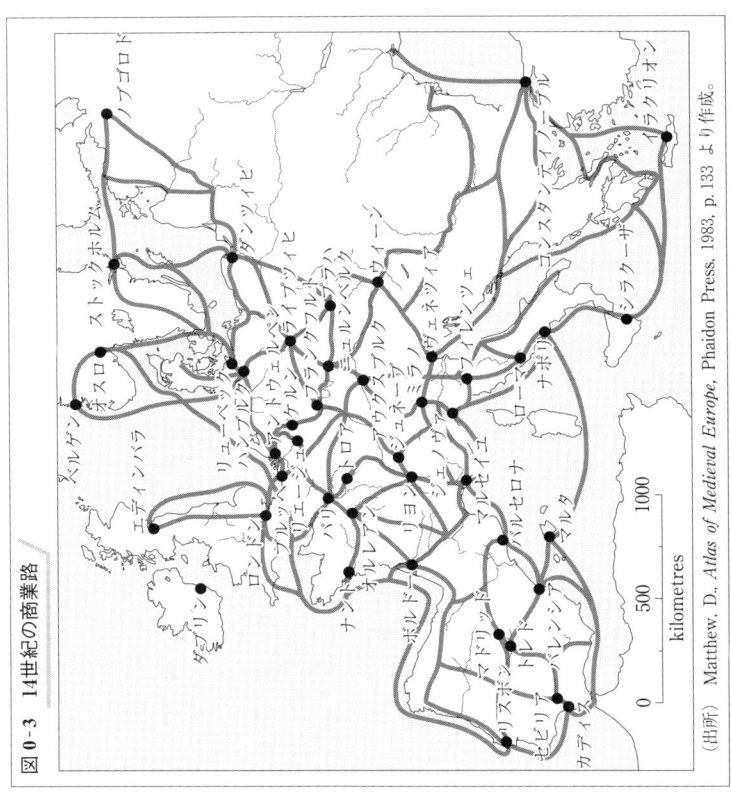

図0-3 14世紀の商業路

(出所) Matthew, D. *Atlas of Medieval Europe*, Phaidon Press, 1983, p. 133 より作成。

織物などの重要な手工業地域であった。フランドル地方はアルプス以北で最も商工業が発達した地域である。この南北連結ルートではイタリア商人が重要な役割を担い，アルプス越え，アルプス迂回の複数のルートがあった。経路上にあったフランスのシャンパーニュでは，トロア，プロヴァン，ラニー，バール・シュル・オーブの4都市の持ちまわりで大市が開催され，中世遠隔地商業の取引の拠点となった。ライン川を経由するルートも重要であり，フランクフル

トなどで大市が開かれたほか、東方に伸びる経路にあたるライプツィヒも重要な商業拠点となった。

これに加えて重要だったのは、東西ヨーロッパをつなぐバルト海・北海ルートであった。ここで最も重要な役割を果たしたのがドイツ商人である。11世紀以来バルト海地域で活動し、各地に定住したドイツ商人は同業団体ハンザ（"Hansa"とは古高ドイツ語で「団体」「一群」を意味した）を結成していたが、やがて都市を単位としたハンザも結成され、北ドイツのリューベックが主導して1358年にはこれらの都市がドイツ・ハンザ（ハンザ同盟）を結成した。ドイツ・ハンザはフランドル地方のブルッヘ（ブリュージュ）、イギリスのロンドン、ノルウェーのベルゲン、ロシアのノブゴロドの4都市に商館をおき、リューベックとハンブルクとの内陸路を介したルートを核として、東西ヨーロッパをつなぐ商業において主導的な位置を占めた。

13世紀後半には西地中海域におけるイスラーム勢力の後退や航海技術の発達などにより、イタリアと大西洋岸、北海岸を結ぶ航路が開かれた。フランドルの諸都市やロンドンなどにイタリア商人が定住するようになり、両地域間商業・決済が容易になった。さらに、南ドイツでは銀鉱開発が進み、ライン川ルートと結びついてアウクスブルクなどの都市が発展した。このような変化を受けて中継地としてのシャンパーニュ大市の重要性は次第に低下した。

(2) 決済制度の発達

遠距離商業の発達とともに、それまでの地域流通の決済・徴税手段として各地で鋳造されたさまざまな少額のドゥニエ（ペニー）銀貨に加えて、広域流通の決済手段としてのイスラーム金貨やビザンツ金貨が流通するようになり、ヨーロッパにおいては金銀二重貨幣が通貨システムの基本となった。13世紀にはイタリアで金貨鋳造が行われるようになり、1252年にフィレンツェでフィオリーノ（フ

ローリン）金貨，1284年にヴェネツィアでドゥカ金貨の鋳造が始まり，14世紀以降には各国の国王，諸侯により金貨の鋳造が行われた。銀貨についても13世紀より各地でドゥニエ貨の12〜24倍の価値をもつグロ（グロート）貨が鋳造された。

　手形による決済もイタリア商人により次第に広まった。11世紀末から13世紀まで行われた十字軍に参加したテンプル騎士団は，換金目的の「旅行手形」を巡礼者に発行した。これがヨーロッパにおける最初の手形ともいわれている。当時のキリスト教の教義により利子（usury）が禁止されていたため，手形は手数料や換算率の上乗せ（異なる貨幣で決済の場合）をする形で期日決済が行われ，定期的に開催される大市は重要な決済の場となった。また，イタリア商人はイスラーム圏で行われていた複式簿記を導入し，商業活動のより正確な把握を可能とした。13世紀以降にはヨーロッパの各地にイタリア商人が定住したことに伴い，イタリア人ネットワークを利用した帳簿決済が手形決済に加えて行われるようになった。

(3) 手工業の変化

　遠距離商業の発達に伴い手工業も変化を遂げた。中世ヨーロッパの最も重要な手工業は織物業であり，衣服は生活に不可欠なものであるため，その生産は農村での自家生産を含め広範囲に行われていた。しかし，遠距離商業の対象となる高級毛織物や絹織物を生産できたのは，高度な技術を有する人材や高品質な原料の調達ができたフランドル地方や北イタリアなどに限られていた。これらの地域では紡績，織布，染色の諸工程ごとの同業組合が形成されるとともに，商人企業家が重要な役割を果たし，販売先における需要動向などを反映した生産が行われた。特にフランドル地方では，イギリスから輸入した長繊維の羊毛などを主原料に，高度な技法によって毛織物を生産した。フランドルの毛織物はイタリア商人やドイツ商人により，ヨーロッパのみならずイスラーム圏にも輸出された。その結果，

貿易の拠点となったブルッヘに加えヘント，イーペルの3都市が強い自治権をもつ都市として発展しただけでなく，隣接するブラバント地方のブリュッセル，メヘレンなど現在のベルギーにほぼ相当する南低地地方の各都市で毛織物生産が行われるようになった。

中世末期の危機と繁栄

中世末期（14・15世紀）は，ヨーロッパにとって危機と繁栄の時代であるといわれている。

飢饉の頻発は危機を代表する現象であり，1316年の凶作は中世末期の始まりを象徴する大飢饉となった。13世紀にはわずか数度であった飢饉が，これ以後は頻繁に発生することになった。天候不順を原因とするヨーロッパ全土ないし局地的な凶作により，食糧価格が高騰し，多くの餓死者が出た。この14〜15世紀の飢饉頻発には，中世末期からの気候の寒冷化が影響したと考えられている。冷夏などの異常気象が特に高緯度地域や山麓部などの農作物の生育に与えた影響は大きく，ドイツやイングランド北部では大規模な耕作の放棄と離村・廃村が生じた。

さらに，1347〜49年の大流行をきっかけにヨーロッパ各地でペストが繰り返し流行した。最初の大流行はペストが黒海からイタリアに入り，ヨーロッパのほぼ全域に広がったもので，正確な死者を算出することは難しいが，人口の3分の1が死亡したとの推定もある。この時期になぜ毒性の高いペスト菌が出現したかはよくわかっていないが，保菌ネズミからノミを介して感染する致死率の高い腺ペストと肺ペストが流行したといわれる。大量の死亡発生によって経済・社会組織が混乱し，短期的には農産物の生産・流通が滞ったことで，飢饉が起きた。

農民反乱や都市における民衆反乱の頻発も，中世末期の危機を象徴する現象とされてきた。1358年にパリ盆地で発生したジャックリーの乱，1378年にフィレンツェで始まったチョンピの乱，1381年

にロンドン近郊で起こったワット・タイラーの乱などがその代表的なものであるが，いずれの反乱も比較的短期間で鎮圧された。なお，農民反乱には，伝統的枠組みを逸脱した新たな地代の賦課といった領主・国王の恣意的行為への抵抗という面があった。また，都市の民衆反乱には経済格差の拡大による貧困化を政治的に是正するという面があり，反乱自体は鎮圧されたものの，その後都市において貧民救済制度の進展がみられるなど，状況の改善につながったと考えられている。

　凶作と疫病は短期的には農産物価格の高騰と飢饉を生じさせたが，それによって生じた人口の大幅な減少により，農産物価格は長期的には下落した。その一方で，人口の減少による労働供給の減少は，労働コストを上昇させることになった。かつての研究では，農産物価格の下落と労働コストの上昇によって領主制の危機が生じ，その危機の中で農民反乱の原因となった新たな地代の賦課なども行われたと考えられてきた。しかし近年では，気候変化および人口減少に対応して，各地で地理的条件に応じた農牧業が始まるなどの新しい動きが中世末期にみられることが注目されている。なお手工業においては，職人の賃金とともに嗜好の変化，高級品へのシフトの存在などから，手工業品の価格は農産物価格に比べて相対的に高価格にとどまった。

　中世末期のフランドル，ブラバントなどの南低地地方や北イタリアでは，このような経済状況を反映して，都市においては高級品の生産が活発になるとともに，都市近郊農村では都市の多様な食糧需要に対応した野菜，牛乳などの市場向け作物生産とともに染料植物（大青，茜）や亜麻などの生産が拡大した。さらに，農村においても毛織物の生産などの手工業における新しい動きがみられた。このような経済的繁栄を背景に北イタリアおよび低地地方ではルネサンス芸術が花開くこととなる。

◎ **参考文献** ◎

池上俊一・河原温編集『ヨーロッパの中世』（全8巻）岩波書店，2008-2009年

佐藤彰一ほか編『西欧中世史（上）（中）（下）』ミネルヴァ書房，1995年

森本芳樹『中世農民の世界』岩波書店，2003年

A. フルヒュルスト（森本芳樹・藤本太美子・森貴子訳）『中世都市の形成』岩波書店，2001年

議論のための課題

1. 中世のヨーロッパ農業の特徴を整理してまとめなさい。
2. 中世のヨーロッパ商業の発達を，市場経済の発達との関連を考慮しつつまとめなさい。

Columu ① 気候変動と経済史

　地球温暖化は大きな問題となっている。その原因については，これまでさまざまな説が出されてきたが，工業化以降の経済活動による空気中の二酸化炭素の増加を原因とする説が最も有力だといえよう。人間の活動が地球規模で気候に影響を与えたのはおそらく歴史上初めてのことであり，これまでは人類の活動が自然に与えた影響は限定的・局地的なものであった。一方，気候変動は人間の活動に大きな影響を与え続けてきた。

　約1万年前まで続いた氷河時代が終わったことが，農耕の開始および文明社会の誕生と深く結びついていたと考えられている。また，ナイル川の賜物と呼ばれた古代エジプト諸王国の盛衰は，ナイル上流の降水量の変動による耕作面積の増減とほぼ一致するという研究もみられる。火山の噴火による異常気象が人類の歴史に影響を与えたという説もいろいろある。紀元前1500年頃のエーゲ海のサントリーニ島の噴火がクレタ島に栄えたミノア文明の衰退のきっかけになったとされているほか，1783年のアイスランドのラカギガル火山の噴火による凶作がフランス革命の遠因だとする説もみられる。ただし，気候の長期的・短期的変化が人間の活動に与える影響

には地理的条件や社会経済構造の差異による違いがあり，ある気候変化が同じ影響をどの地域や社会にも与えるわけでない。中世末期の寒冷化では，たとえばピレネー山脈の農村地域においては，穀物生産を行っていた平野部よりも，穀物生産から移牧へと変化が生じた山麓部において最も人口が減少している。植生の変化が農牧業に与える影響を考える必要がある。

　長期的には平均気温がわずかに上下するだけでも，異常気象がみられる年数が増加する。異常気象が度重なることで，影響の地域的差異が拡大することとなった。近年の気象学の進展により，14世紀から19世紀までの小氷期が必ずしも全球的（全地球的）な現象ではなく，厳しい寒冷化はヨーロッパや日本などでの局所的なものであったことが明らかにされている。

　19世紀末からの長期的な温暖化の傾向は早くから知られていたにもかかわらず，それが人間の活動による二酸化炭素の増加と結びつけられることは最近までなかった。この温暖化が小氷期の収束の結果と見なされたためでもある。1980年代までの多くの気象学者が心配していたのは，温暖化ではなく氷河時代（少なくとも小氷期）の再来であった。

Columu ②　価格史について

　国家統計が整備されはじめる18世紀以前のヨーロッパについては，諸組織・団体の個別的な会計帳簿が主に利用可能な数量史料である。ここから把握できる数値は生産量などにしても全体の一部にすぎず，経済構造に対する分析は概算による推定値に頼らざるをえない。その中にあって，価格は重要なデータである。ヨーロッパの都市の市場では公平性や公開性を保つための規則のもとで売買が行われ，参加者の需給関係によって価格が形成されたと見なされてきた。そのため，会計帳簿などに記録された市場での売買価格は，地域全体の需給関係を反映する「市場価格」として利用可能であると考えられてきた。つまり，価格に関しては，個別史料からでも代表性をもつデータを得られるとされてきたのである。特に主要農産物かつ必須食糧であったパン用麦などの価格は，史料が相対的に多く残存し，中近世の経済動向を知る上で最も重要な数量データとされてきた。

　価格史研究が景気変動や生活水準を主要な関心対象として進められた結

果，基本的に個々の史料のもつ多様性を捨象したデータの抽出が行われた。複数の商品の価格データを集計することで，景気動向分析などでは一定の成果が上がった。また，商業史においては，ヨーロッパ各地に関するパン用麦の価格時系列を基に分析が進められ，諸地域の穀物価格水準の平準化，価格変動の同期化，変動幅の縮小を指標として，遠距離穀物商業の発達による各地の市場の一体化と地域相互関係の深化が主張されてきた。しかし，遠距離穀物商業の発達が価格に与えた影響は限定的で，価格データから算出された長期的な傾向としての価格の平準化は，貨幣要因を含めた経済構造の変化の現れとすべきものである。また，変動の同期化，変動幅の縮小についても，流通における物流・情報の両面での「中心性」をもつ都市の成立や地域市場の発展が与えた影響が大きく，単純に広域流通の発達による地域結合の現れとはいえない面があると考えられる。

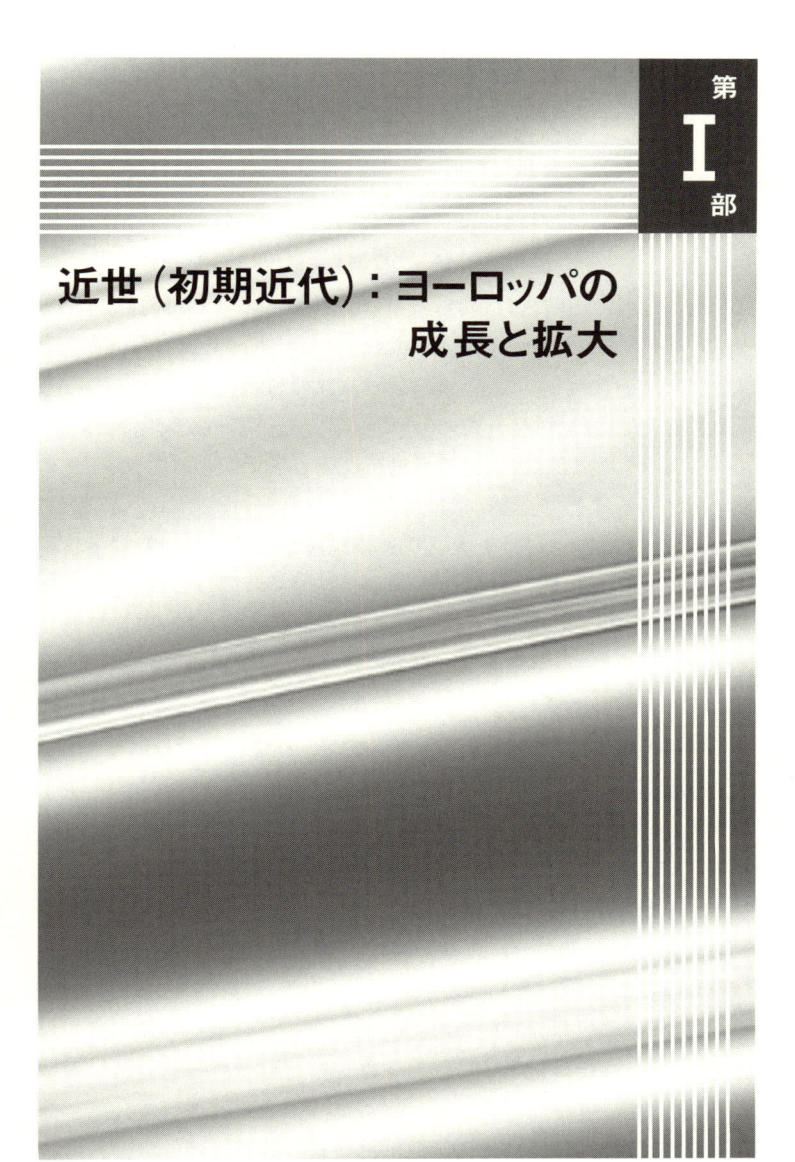

第Ⅰ部 近世（初期近代）：ヨーロッパの成長と拡大

▶概観 「近世」という時代

　ヨーロッパの伝統的な三時代区分での「近代」は15世紀から現在までを指すことが多い。このため，18〜19世紀に生じた経済的・政治的変化がこの時代区分には反映されない。そのため，経済史では，工業化を画期として，工業化以前を前工業化時代・前近代として区分することが行われている。ところが，この場合は18世紀以前の変化が時代区分に反映されない。一方，日本に関しては，江戸時代を表すために「近世」という用語が広く用いられてきた。「中世」ではないが，近代化した明治以後の時代とは異なるという意味のこの「近世」という時代区分は，ヨーロッパにおいても工業化以前の近代（「初期近代」）にほぼ対応するものだといえる。したがって，本編においても「近世」という語を用いる。

　中世末期に大きく減少した人口および農業生産が15世紀末より次第に回復するとともに，ヨーロッパ各地の特産地形成と並行して遠距離商業が拡大し，商業・金融制度も発達した。さらにアメリカ，アジアにヨーロッパ各国の植民地が形成され，これらの地域でのプランテーション農業を含めた地域分業化が進展し，自己完結性の強かった各地域の相互の関係が深まった。その結果，イギリス，オランダなど経済的に主導的な役割を果たした国・地域を中心に，生産要素（土地・資本・労働）の商品化が進展する一方で，東ヨーロッパ諸国などにおいてはこのような商品化はほとんど進行せず，ヨーロッパ内で地域の差異が広がった。

　国家制度の点では，中央集権体制にもとづく国家形成の動きはきわめて重要であり，領主制は存続したものの，封建制が多くの地域で終焉を迎えた。近代ヨーロッパでは，君主による行政権の集中から生じた国家（State）が相互に協調・対立しながら，やはり中世の時期に形成されはじめた同一言語，習慣などを有する文化的・社会的まとまりである民族・国民（Nation）を統合する動きがみられ

た。この時期の政治構造は絶対王政と呼ばれ、国王を頂点とする中央集権国家が次第に形成された。経済活動においても国家の役割が重要性を増し、商工業者に対する特許状の付与などの形でさまざまな経済活動に関与し、次第に経済単位としての国家が形成されていったと考えられている。地域と地域を結びつける流通ネットワークと、経済的主体としての重要性を増していった国家とが重層的な構造をつくっていたことは、近世ヨーロッパ経済のひとつの特徴と考えることができる。

略年表 大航海時代〜経済成長と国家〜英仏の台頭

1492年	スペイン王国によるグラナダ併合（レコンキスタの完成）
1492年	コロンブスのアメリカ発見（バハマ諸島）
1498年	ヴァスコ・ダ・ガマ、カリカット（現コルカタ）に到着
1517年	M.ルター、宗教改革運動の開始
1558年	エリザベス女王即位
1585年	アントウェルペン陥落
1588年	スペイン無敵艦隊の敗北
1598年	ナントの勅令（信教の自由を認める）
1602年	オランダ東インド会社の設立
1618年	三十年戦争の勃発
1642-49年	イングランド内乱（清教徒革命）
1648年	ウェストファリア条約
1652-54年	第1次英蘭戦争

第1章　ヨーロッパの拡大と国際競争の開始

1 ヨーロッパの成長と地域格差の拡大

「長期の16世紀」　15世紀後半以降ヨーロッパの多くの地域では人口が増加に転じ，農業生産も回復し，「長期の16世紀」と呼ばれる経済成長期を迎えた。農業生産の回復過程においては，干拓などによる耕作面積の拡大，輪作の導入による面積当たり生産量の増加とともに，中世末期にすでに一部の地域で生じていた環境・技術・市場等の要因を受けた特産地の形成が進展した。この結果，スペイン，イギリス中部では牧羊業が，ユトランド半島，ハンガリー，オランダ北部では牧畜，酪農業が，エルベ川以東のプロイセン，ポーランド，北フランス地域では輸出向け穀物生産が，ネーデルラントでは都市近郊地域における園芸，野菜などの集約的農業がそれぞれ発展した。また，ヨーロッパ各地で亜麻や染料植物などの手工業原料生産が増加した。

手工業においては生産地域の拡散と生産の多様化が起こった。最も重要な手工業であった毛織物業ではフランドルやブラバントにお

いて都市周辺の農村地域にも生産が拡大し，新しい技法を取り入れた安価な毛織物なども生産されるようになった。同時に旧来の手工業都市においては高級品生産への傾斜がみられ，有名画家の下絵によるタピストリーなどの高度な技術や芸術性をもった商品が生産された。牧羊地域であったイギリスやスペインにおいても毛織物生産が始まり，羊毛に替わり毛織物が輸出されるようになった。

　このような生産地域の拡大は亜麻織物や絹織物でもみられ，特に亜麻織物はヨーロッパ各地の農村地域で生産されるようになった。一方，冶金・鉱山業においては，低含有率鉱石の利用を可能にする水銀アマルガム法の導入により，南ドイツの諸鉱山では特に銀の生産量が増加した。16世紀のヨーロッパ金融において大きな役割を果たしたアウクスブルクのフッガー家は南ドイツの鉱山開発をその発展の基盤とした。

　農業における地理的条件に応じた特産地の形成，手工業生産における変化は人口動向に影響を与え，15世紀後半からの人口回復過程において地域により人口増加率が大きく異なるという状況を生み出した。手工業が始まった農村地域では人口増加により新しい都市が生まれたものの，多くの農村地域では人口が停滞し，牧羊地域化した地域からは大量の人口が流出した。トーマス・モアは，その著書『ユートピア』（1516）で，イギリス中部でのこのような状況を「人を喰らう羊」と表現した。都市に関しても，物流や情報が集中することでその地域における「中心性」を獲得した諸都市やロンドン，パリなどの首都では大きく人口が増加したのに対して，多くの中小規模の都市では人口は停滞的であった。このような人口動向は，村から都市への，とりわけ首都などの大都市への人口移動により加速された。中世以来の都市の行政機構ではこのような人口流動性の高まりに対応できず，イギリスではロンドンの「浮浪者」の増加が深刻な社会問題となり，国家により救貧法の制定がなされたほか，

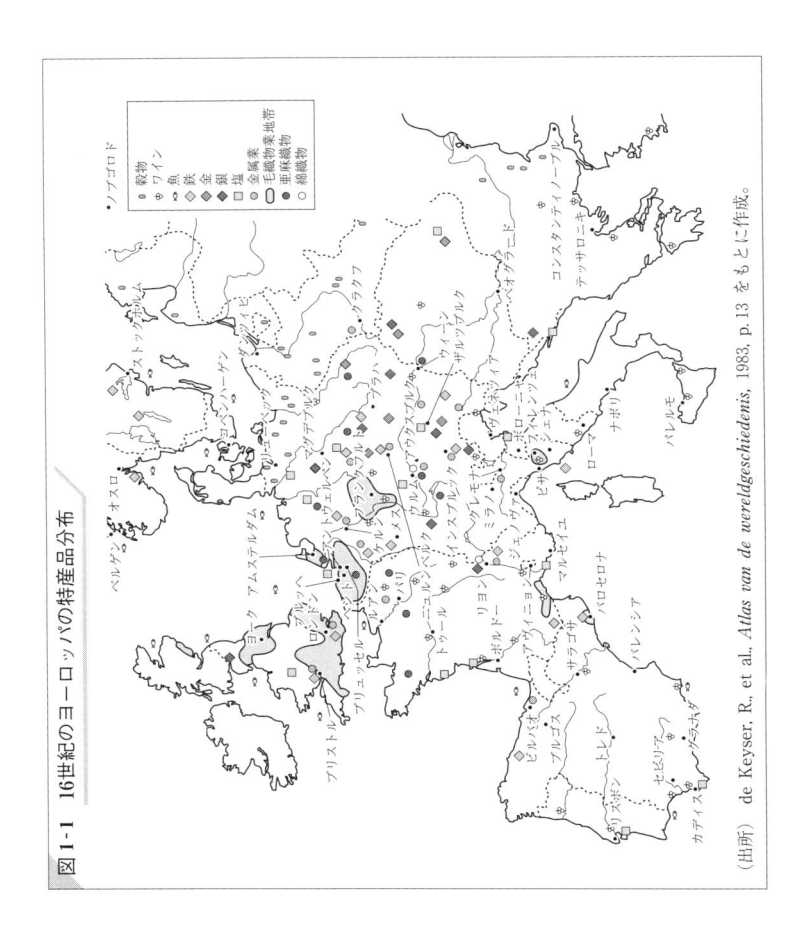

図1-1 16世紀のヨーロッパの特産品分布

凡例：・ノヴゴロド、⊕ 穀物、✤ ワイン、◆ 魚、◆ 鉄、◆ 銀、◉ 塩、◎ 金属業地帯、○ 毛織物、○ 亜麻織物、○ 綿織物

(出所) de Keyser, R., et al. *Atlas van de wereldgeschiedenis*, 1983, p.13 をもとに作成。

16世紀末からは北アメリカ植民地への移民が推進された。

商業の変化　農業における特産地の形成や手工業生産の変化に対応する形で，商業にも変化が生じた。中世に形成された流通ネットワークは，都市を拠点とするヨーロッパの諸地域を網目状の陸路と水路で結び，高級毛織物，香辛料などの東方産品や，塩などの限られた特産一次産品が地域を越えて

運ばれていた。ところが、中世末期からの農工業生産における多様化と並行して、バルト海貿易ではドイツ騎士団領やポーランドなどからの穀物の西方への輸出が増加するなど、それまでは基本的に地域内流通にとどまっていた穀物や木材といったさまざまな「重量財」(bulky goods) や安価な織物などの日用品が地域を越えて流通しはじめた。このような流通品目の多様化と量的拡大は、輸送コストが低下した状況の中で、次第に地域間の価格差にもとづく遠距離貿易が増加したことを示すものであった。また、これにより特産地の形成はさらに加速した。

　遠距離商業の質的量的拡大とともに、商業のあり方にも変化が生じ、大市（おおいち）が開催されていた都市の一部が、地域の流通の中心地としての役割を担うようになった。これらの都市には遠隔地商業取引を対象とした常設の取引所が設けられる場合があり、価格が公示される形で恒常的に商品売買が行われるようになった。特にヨーロッパで最も重要な商業中心となった16世紀のアントウェルペン、17世紀のアムステルダムの取引所の売買価格は新聞等を介してヨーロッパ各地に伝えられ、遠距離商業における重要な指標となった。

　価格が公開される形で商人間取引が行われるようになったことは、遠隔地商業にとっては大きな転機となった。すなわち、最終地の市場での売却価格が不明であることによる差損のリスクが低下することで、遠距離流通が促進された。また、中心地となった都市の取引所での売買価格が指標となることで、周辺の中小都市の市場は地域的な価格形成機能を次第に低下させたが、この一方、きわめて低い利幅で行われる小売業の発達も促された。

　近世ヨーロッパの商業・金融制度は基本的には、中世の制度を継承・発展させたものである。商業史研究では、中世から継続した制度が商業の発展を妨げた面があることが強調され、近代とは異なる近世の特徴ともされてきた。指定市場とも訳されるステープル

(staple)は、そのようないわば「負の連続性」を代表する制度と見なされてきた。"ステープル"という語は、「柱」「留めるもの」を意味する古ゲルマン語との関係も推定される、中世フランス語"estaple"、中世低地ドイツ語（中世オランダ語）"stapel"、中世ラテン語"taplus"に由来する言葉であり、中世から近世においては、商人が独占的に特定の商品を購入する特権を君主に認められた都市もしくは場所のことであった。

イギリス王が設けた南低地地方のアントウェルペンならびにブルッヘへの羊毛ステープルや、1363年以降カレーにも設けられたそれは最もよく知られたステープルの例である。中世末期にはヨーロッパの各地に、鉄、ワイン、穀物などの商品を対象としたステープルが設けられた。ドイツのケルンやフランドルのヘントなど、ステープルとして認められた都市は、対象商品のその都市での販売の強制、積替の強制、通路の強制を柱とする特権を与えられ、地域内の対象商品を強制的に集荷した。

こうした一連の規制は、流通の発展を阻害したと従来は考えられてきた。しかし、近年の研究では、近世のステープルは中世の制度が存続したものではなく、中世末期の商業の発達と並行して規則が次第に整備されたものであることが明らかにされている。また、地域流通の中心としての都市の機能が法制化された面があり、その時代・地域に応じた一定の合理性を有していたとも考えられるようになった。その後のさらなる流通の広域化と国家による流通制度の一元化の中で、ステープルの諸特権は廃止されていった。17世紀以降、次第に"ステープル"は、物資が集積する場所や、そこから転じてその地域の代表的な産物を指す言葉として使われることとなる。

> ヨーロッパの中心としての低地地方

近世ヨーロッパの商業・流通の中心となったアントウェルペン、アムステルダムは、ともに低地地方（Nederlanden, Low

Countries, Pays-Bas）の都市である。現在のベネルクス3国および北フランスの一部に相当する低地地方は，ライン川，マース川など河口部の低地がその大部分を占めていることからこの名があるが，政治的に統一されたのは15世紀のブルゴーニュ公国期のことである。15世紀末にはハプスブルク家が婚姻によりブルゴーニュ公家よりこの地を継承し，神聖ローマ帝国皇帝カール5世（在位 1519-1556，スペイン王としてはカルロス1世 1516-1556）は1500年に同地のヘントに生まれている。

　序章で述べたように，フランドル地方は中世ヨーロッパ有数の商工業地域であった。ヘント，イーペルなどの都市で生産された高級毛織物は，イタリア商人により地中海地域に，ドイツ・ハンザによりドイツ，バルト海地域にそれぞれ輸出され，遠距離貿易の拠点であったブルッヘには多くのイタリア商人が居住するとともに，ハンザの商館が置かれていた。中世後期からは隣接するブラバント地方などでも商工業が発達し，その中心都市のブリュッセルにはブルゴーニュ公やハプスブルク家の宮廷が置かれ，商業・決済の中心も16世紀にはブルッヘからアントウェルペンに移動するなど，ブラバントが近世の低地地方の中心地域となった。

　なお，これまでの研究では，フランドルでは特権を獲得したヘント，ブルッヘ，イーペルといった主要都市が経済活動にさまざまな規制を加えたのに対して，ブラバントではより自由な形で経済活動が行われたという両地域の対照性が強調されてきた。ただし最近では，両地域の共通の特徴として，諸都市・地域の規則・意向をふまえたボトムアップ型の政策決定が行われる君主を頂点とした都市を含む階層的社会構造があったことが注目されている。

　15～16世紀には，低地地方の諸都市はその経済的な繁栄を背景に，北方ルネサンスの拠点となった。油絵の技法を発明したファン・アイクなどの多くの画家や，ポリフォニーによる楽曲で知られるフラ

ンドル派の音楽家などが活躍し、イタリアと関係をもちながら、その美術・音楽は独自の発展を遂げ、ヨーロッパ中に大きな影響を与えた。

アントウェルペンの興隆

アントウェルペンは、スヘルデ川東岸の交通の要衝として大市が開催されていたものの、14世紀には人口5000人のブラバントの小都市にすぎなかった。急激な発展をみせたのは15世紀末以降のことであり、中世からの大市の開催を軸としたライン川流域と北中部低地地方の地域内流通に加えて、ヨーロッパ諸国・諸地域との貿易が集中した。バルト海地域からのドイツ・ハンザ商人およびホラント商人による穀物輸入、イギリスからの羊毛・半加工毛織物製品の輸入と広範な商品の輸出、南ドイツからの銀・銅の輸入、イタリアからの絹および香辛料の輸入(ヴェネツィア経由)などが主なものである。さらにスペイン・ポルトガルを介した海外植民地との貿易の拠点となり、香辛料やアメリカ新大陸の銀も扱われた。この結果、人口も急増し、1480年には3万人、1526年には5万5000人、16世紀中頃には人口10万を超えていた。

アントウェルペンの急速な発展は、これまでの研究においては、前節で述べた低地地方における中心地域の移動と関連して論じられてきた。アントウェルペンはブルッヘに代わり低地地方の商業・決済の拠点となったが、その背景として、ブラバントではフランドルに比べてより自由な形で経済活動が行うことが可能であったことが重視されてきた。その象徴的な存在は、1531年に建設され翌年開所した新取引所(Nieuw Beurs)である。この取引所には「すべての国と言語の商人のために」と書かれた板が掲げられており、イタリア、ドイツ、イギリスに加えてスペイン、ポルトガルなどからも多くの外国商人がアントウェルペンに集まり、商業・金融活動に携わっていた。

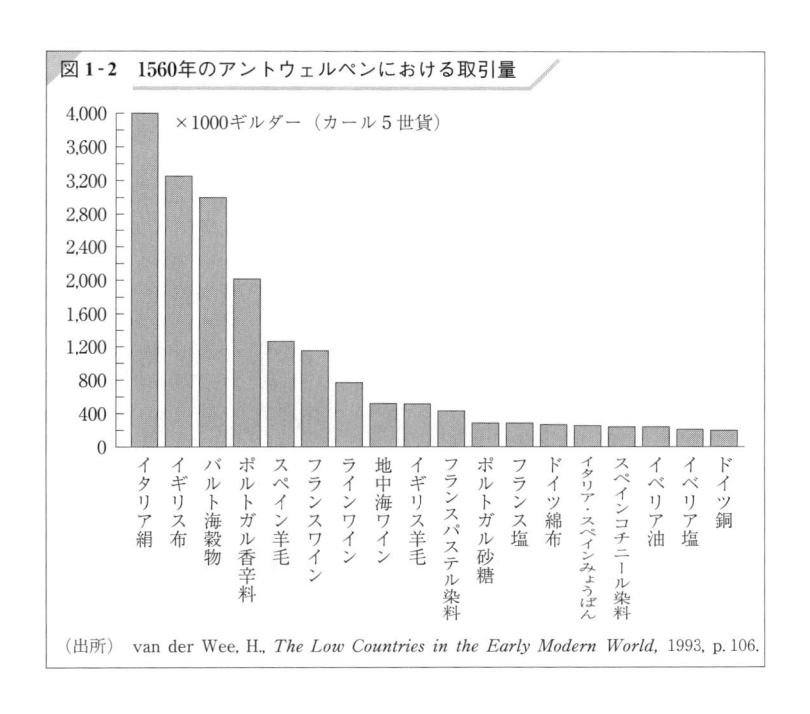

図1-2 1560年のアントウェルペンにおける取引量

×1000ギルダー（カール5世貨）

イタリア絹
イギリス布
バルト海穀物
ポルトガル香辛料
スペイン羊毛
フランスワイン
ラインワイン
地中海ワイン
イギリス羊毛
フランスパステル染料
ポルトガル砂糖
フランス塩
ドイツ綿布
イタリア・スペインみょうばん
スペインコチニール染料
イベリア油
イベリア塩
ドイツ銅

（出所）van der Wee, H., *The Low Countries in the Early Modern World*, 1993, p.106.

　アントウェルペンでは1500年頃より手形の裏書が始められ，手形は割引かれて第三者に譲渡されるようになった。新取引所では，裏書により譲渡性をもった手形を含めた手形決済が日常的に行われるようになり，決済における利便性が高まった。さらに1520年以後にはハプスブルク家の公債を巡る交渉のために皇帝の代理人が常駐し，南ドイツのフッガー家も支店を設けるなど多額の公債が取引される金融市場ともなった。グレシャムの法則で知られるトーマス・グレシャムも，1541年からロンドンの絹織物ギルドの同業組合員（Liveryman）としてアントウェルペンにおいて商業・金融業務に従事した。グレシャムは1551年にイギリス王室金融代理人となり，王室負債の清算に努め，1565年にはアントウェルペンの取引所をモ

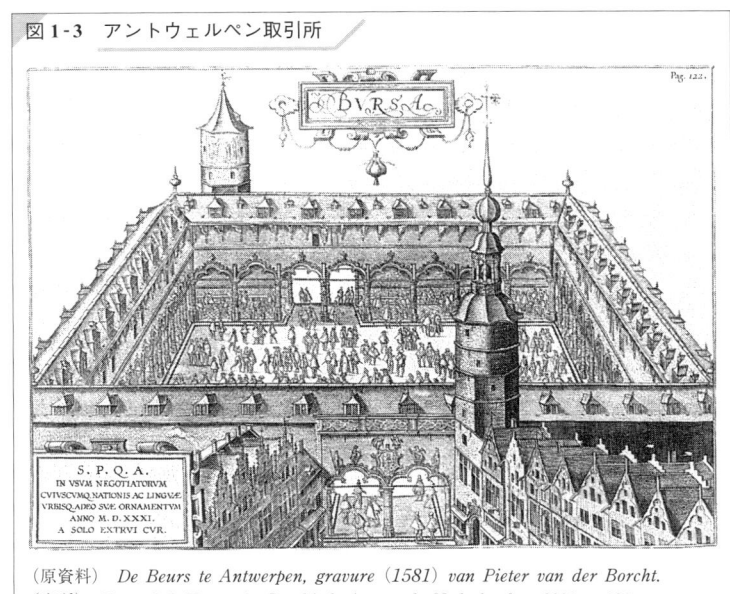

図 1-3 アントウェルペン取引所

(原資料) *De Beurs te Antwerpen, gravure* (1581) *van Pieter van der Borcht.*
(出所) Blom, J. C. H., et al., *Geschiedenis van de Nederlanden*, 2001, p. 101.

デルにロンドンに王立取引所を開設している。

　このようなアントウェルペンの興隆とならんで，低地地方の農工業も変化した。南低地地方などの都市近郊では，旺盛な農産物需要，バルト海地域からの穀物輸入，相対的な耕地面積の狭さという状況を受けて労働集約的な農業が拡大し，借地農による輪作や花，野菜，染料植物などの商品作物の栽培が行われた。他方，北低地地方の干拓地では大規模な穀物生産や牧畜が展開された。手工業の分野では，フランドル，ブラバント，エノー，ホラントの農村部や中小都市での毛織物生産が拡大し，特に西フランドルでは新毛織物と呼ばれた薄手の毛織物生産が急速に増加し，スペイン領ラテンアメリカなどに輸出された。さらに，フランドル，ブラバントなどのスヘルデ川流域の農村地帯では亜麻織物生産が拡大した。

> ヨーロッパ各地域の流通ネットワーク

イギリス（イングランド）では，ロンドンの重要性が飛躍的に高まった。ロンドンは首都であるばかりでなく，アントウェルペンと結びつくことでイギリスの輸出入の7～8割を占めるイギリス最大の貿易都市となり，イギリス国内の流通ネットワークもロンドンを軸に放射状に広がる形で再編された。

フランスでは，主要な河川流域ごとにある程度のまとまりをもつ地域市場が形成された。首都パリは消費地として発展し，高級手工業品の生産地でもあった。このパリを含むセーヌ川流域では，ルーアンがその外港として機能した。大西洋岸ではガロンヌ川流域のボルドーがイギリスや低地地方，ドイツに向けたワイン，塩などの積み出し港となるとともに，後にはフランスの植民地貿易の拠点となった。ローヌ川流域においてマルセイユおよびリヨンが中心性をもった都市となった。特にリヨンはフランス第2の都市として絹織物生産とともに金融・決済の中心として機能し，新大陸銀の集配地のひとつとなった。

イタリアでは，中世ヨーロッパの遠距離商業において主導的な役割を果たした北イタリア諸都市が，広域流通における地位を次第に低下させた。しかしその中でもヴェネツィアはオスマン帝国との間で特許状貿易を行い，ポルトガルがインド洋に進出した後の胡椒などの交易でも，高品質の商品を扱うことで競争力を保った。また，ジェノヴァはスペインと結びつき，地中海・大西洋諸島プランテーションに関与するとともに，新大陸銀の集配地のひとつとなった。しかし他の多くの北イタリア都市は，地域の中心という2次的な役割を果たすだけになった。

スペインおよびポルトガルでは，セビリアおよびリスボンがそれぞれの国の植民地貿易における独占的な位置を占めたものの，これらの港にもたらされた植民地産品の多くはアントウェルペンなどに

運ばれていた。むしろ、地中海岸のバルセロナがカタロニア地域と広域流通を結びつける拠点として機能した。

ドイツでは、南北を結ぶ流通ルートであったライン川がその重要性を維持し、流域のケルン、フランクフルトが中心性をもつ都市として機能した。また、銀鉱山の開発によりアウクスブルクなどの南ドイツの諸都市もこの時期に重要な役割を果たした。北海沿岸部ではオランダとデンマークがバルト海貿易における重要性を増す中で、リューベックなどのドイツ・ハンザの諸都市の地位が低下した。ただし、ハンブルクはこのような新たな商業の動きと結びつき、北ドイツの最も重要な商業・金融の拠点となった。

バルト海沿岸地域においては、中世ではドイツ騎士団の支配下にあり、15世紀末にポーランド王のもとでの自治都市となったグダンスク（ダンツィヒ）が、ヴィスワ川流域の穀物・木材の輸出の拠点となった。また、15世紀末にモスクワ大公国に併合されたノブゴロドはロシアと他のヨーロッパ諸国をつなぐ結節点としての役割を担い、毛皮貿易の拠点となった。

中世末期からの商業の発達は、それぞれの地域内の生産・流通構造の変化や、地域外（他地域）への輸出を前提とする生産を行う特産地の形成に深く関わった。特に、地域間の生産条件の差にもとづく貿易は、生産コストの安い地域に新しい手工業地域を生み出すことにもつながった。このような広域流通の発達と特産地形成は、ヨーロッパ各地域経済の差異を拡大させた。たとえば東ヨーロッパでは穀物輸出の重要性が高まる中で、領主による農民支配が強化された。

王朝国家の成立

近世ヨーロッパの国家は、基本的に君主の支配する領域を単位としていた。16世紀の国際関係で中心的位置を占めたハプスブルク家は、本拠であったオーストリアやハンガリーなどのドナウ川流域、低地地方、イタリ

アの諸地域，スペイン，さらにスペイン領海外植民地を領有した「太陽の没することのない」帝国であった。中央集権化が最も進展したのはイギリスとフランスの2国であり，英仏百年戦争後，フランスではヴァロワ朝によって，イギリスでは「ばら戦争」終結後のテューダー朝によって，それぞれ政治権力の王朝への統一・集中が進んだ。それに対して，ドイツとイタリアでは国としての分裂状態が確定し，大小さまざまな領邦国家が形成された。また，16世紀の東ヨーロッパでは，リトアニア大公国と同君連合を形成したポーランド王国が最も強力な国家としてモスクワ大公国やスウェーデンと対抗していた。

2 ヨーロッパの拡大と植民地

レコンキスタ　　7世紀にアラビア半島で成立したイスラームは北アフリカに広がり，8世紀にはジブラルタル海峡を渡ってイベリア半島に達した。フランク王国によってイベリア半島へ押し出される形となった西ゴート王国が，ウマイア朝によって711年に滅ぼされると，以降7世紀にわたって，イベリア半島はキリスト教世界とイスラーム世界の最前線のひとつとなった。15世紀から17世紀まで続いたヨーロッパの対外進出の時期を，「大航海時代」とも呼ぶが，これは，それに先立つキリスト教世界によるイベリア半島の再征服（レコンキスタ）の延長と捉えることもできる。つまり，異教徒をキリスト教に改宗させるという宗教的情熱や，新たに征服した土地を封土として与え，そこから上がる収益の一部を税として得たり，そこに住む人々を使役したりといった支配システムは，イベリア半島内でも新大陸でも同様に行われたのである。

732年のトゥール・ポワティエ間の戦いに勝利したフランク王国によって，ピレネー以北へのイスラームの侵入はひとまず阻止され，キリスト教勢力はイベリア半島北部から次第に南下していく。キリスト教世界における内紛や，イスラーム圏での王朝交代にともなって，前線は一進一退するが，13世紀には半島の大半がカスティーリャ，アラゴン，ポルトガルといったキリスト教国の手に落ち，イスラーム勢力はグラナダに留まるのみであった。15世紀に入ると，アラゴン王国のフェルナンドとカスティーリャ王国のイサベルの結婚により，1479年にスペイン王国が成立し，半島に最後に残ったイスラーム勢力の拠点グラナダを1492年に陥落させた。これをもってレコンキスタは終了する。

　同じく15世紀に，ヨーロッパの東部では，東ローマ帝国（ビザンツ帝国）の首都コンスタンティノープルがオスマン帝国によって陥落しており（1453年），それまでヴェネツィアやジェノヴァといったイタリア諸都市の繁栄の基盤であった地中海経由の東方貿易が収縮した。ポルトガルによる喜望峰航路の発見は，ヨーロッパ経済の重心が長らく支配的地位にあった地中海を離れ，大西洋へと移動する契機となった。

> ポルトガルによるアフリカ探検とインド航路の開発

(1) アフリカ探索

　大航海時代は，ポルトガルによるアフリカ西海岸の探索から始まる。イベリア半島北西部に位置し，レコンキスタの拠点となったレオン王国のポルトゥカーレ伯領を起源とするポルトガルは，12世紀に王国となり，13世紀までには，現在とほぼ同様の国土をもつに至った。前述のように，この時期までには，イベリア半島におけるイスラーム勢力は南部のグラナダ王国を残すのみとなっており，ポルトガルはカトリック国としての地位を確立した。

　ジョアン1世（在位 1385-1433）の第5子として生まれたエンリ

ケ航海王子は,1414年にセウタ攻略戦に参加する。セウタは,現在のモロッコ北岸に位置し,ジブラルタル半島に面しており,イスラームによるポルトガル沿岸への海賊行為の基地となっていた。翌年8月にはセウタ攻略が完成するが,この戦闘によるイスラーム社会との接触を通じて,エンリケは,イスラーム社会の中に孤立するキリスト教国家の伝説〔プレスター・ジョン(司教ヨハネ)の伝説〕や,サハラ砂漠を横断する隊商について見知ったといわれている。

　エンリケの支援によるアフリカ西岸の探検は,イスラームに支配される北アフリカを迂回してアフリカの金や象牙,奴隷といった財にアクセスするという動機も大きかった。1419年にポルトガル南部のアルガルヴェ地方の総督に任命されたエンリケは,そこを拠点に同年にはマディラ諸島を「発見」し,1427年にはアゾレス諸島を「発見」して,植民地化を進めた。これらの諸島からは,砂糖やワイン,染料,小麦などが輸出されるようになる。

　当時,ヨーロッパの人々に知られていたアフリカの南端はブジュドゥール(ボハドル)岬であったが,1434年にエンリケの部下であるジウ・エアネスがブジュドゥール岬を越えて無事に帰還した。このことの心理的影響は大きく,その後のヨーロッパ人による海外進出に大きな影響を与えたとされている。1456年には,アフリカ西端,現在のセネガルの沖合にあるカーボベルデ諸島が「発見」され,サハラ砂漠の南端に達した。これにより,イスラームの隊商に頼ることなく,金やその他の奢侈品と奴隷が直接ポルトガルにもたらされるようになった。

(2) インド航路の開発

　1460年にエンリケ航海王子が亡くなった後も,ポルトガルによるアフリカ探索は進む。1488年に,バルトロメウ・ディアスは,アフリカ南端の喜望峰に達して,大西洋からインド洋への航海が可能であることを示した。マヌエル1世の命を受けて1497年7月にリスボ

ンを出港したヴァスコ・ダ・ガマは,同年11月には,ディアスの「発見」した喜望峰に達し,それまでヨーロッパ人には未知の存在であったアフリカ東岸の北上を開始した。モザンビーク島,モンバサを経由し,1498年2月には,マリンディに到達した。ガマは,そこで初めてインド人商人と邂逅したといわれている。

また,モンスーンについてよく知る水先案内人を雇ってインド洋の横断を試みた。この水先案内人の名としてよく挙げられるのが,アラブ人のイブン・マージドであるが,本当はキリスト教徒であったとか,イスラーム教徒であるとか,あるいはグジャラート人であるといった諸説があって,正確にはわからない。ともあれ,現地人を水先案内人として雇ったガマは,インド洋を無事横断し,1498年5月に,インド南西部のカリカット(コジコーデ)に到達した。現地の領主(Samoothiri)からの通商の許可を得たガマは,翌年に帰国し,これによって喜望峰ルート経由で初めて香辛料がポルトガルの首都リスボンにもたらされた。

16世紀に入ると,ポルトガルは,アフリカ東岸のソファラやキルワ,モザンビークに要塞を築き,1509年にはディウ沖の海戦でマムルーク朝エジプト・オスマン・グジャラートの連合軍を破って,マムルーク朝エジプトが握っていたインド洋の制海権を手中に収めていく。1510年には第2代のインド総督アフォンソ・デ・アルブケルケが,カリカット北西のゴアを占領し,ゴアはアジアにおけるポルトガルの活動拠点となった。翌年には,ここを拠点としてマレー半島のマラッカが征服され,1515年にはペルシャ湾のホルムズ島の征服が行われた。

その後もポルトガルの貿易拠点はさらに拡大し,香料諸島〔マルク(モルッカ)諸島〕やセイロン(現スリランカ)のコロンボなどに要塞が築かれていった。日本とは,1543年に種子島に漂着した後,1571年には長崎に商館が設立されて,1639年の江戸幕府によるポル

トガル船の来航禁止まで貿易が続いた。中国とも16世紀初頭から断続的な関係が続き，1557年には，明からマカオの居留権を獲得している。

(3) 新大陸の発見

ポルトガルの新大陸植民地の発見は，偶然に左右されたと考えられている。ヴァスコ・ダ・ガマが切り開いた喜望峰周りでのカリカットとの貿易を永続的なものとすることを期待されて，1500年3月にリスボンを出港したカブラルは，カーボベルデから喜望峰へ向かう途中，南から北上する海流を避けて偏西風に乗るために，ギニア湾を南東に向かうのではなく，大西洋を南西に向かった。その際に，ブラジルを偶然「発見」したとされている。しかし，1492年のクリストファー・コロンブス（クリストバル・コロン）による新大陸発見の報は彼の帰国後すぐに全ヨーロッパ的に知られていたし，1494年にはトルデシリャス条約が結ばれてスペインとポルトガルによる世界分割線が確定していたので，カブラルの南西行は意図的なものであったと考える研究者もいる。

ポルトガルによる西アフリカ沿岸諸都市の獲得や喜望峰経由のアジア航路の確立は王室財政を潤わせたが，16世紀後半になるとインド洋貿易からの歳入は急速に減退する。これは，ひとつはイスラーム商人やインド商人の巻き返しによるもので，インド洋から紅海を経てエジプトのアレキサンドリアに至る従来の地中海ルートによる香料貿易は，喜望峰ルートと同量かそれ以上であったと思われる。他方で，船舶輸送のコストや拡大する海外貿易拠点の防衛費も高騰し，一説によれば，喜望峰ルートを通じた貿易は赤字に転落したともいわれている。

> スペインによる「新大陸発見」とラテンアメリカ社会の形成

(1) コロンブスの新大陸発見

1479年にカスティーリャ王国とアラゴン王国が合併して成立したスペイン王国は，1492年1月にグラナダを陥落させて，レコンキスタを完成する。その同年に，女王イサベルの許可を得たクリストファー・コロンブスは，サンタマリア号，ピンタ号，サンタクララ号の3隻で，西周りインド航路の探索のためスペイン南西部のパロスを出港した。コロンブスは，最初，ポルトガル王家に支援を願い出たのだが，折しも1488年にバルトロメウ・ディアスが帰国し，ポルトガルにとっては喜望峰経由でインドに到達するのは時間の問題と思われたため，コロンブスの提案する西周り航路はあまり魅力的に映らなかった。他方で，スペインは，インド航路探索でポルトガルに遅れを取っていたこともあって，新規に発見した土地の副王および総督に任ずることや，そこから上がる全収入の10％を永久に与えるといった好条件で，コロンブスを支援することとなった。

8月に出港したコロンブス一行は，カスティーリャ時代の1402年に発見されていたカナリア諸島に寄港して食糧などを積み込んだ後，大西洋を西進して10月にサンサルバドル島に辿り着いた。キューバとイスパニョーラ島の探検の後，帰国の途につき，1493年にスペインに帰国した。スペインでは，熱狂的な歓迎を受け，すぐに二度目の航海へ出かけている。この二度目の航海では，アンティル諸島を発見し，その後も，1498年から1504年にかけて三度目と四度目となる二度の航海を行って，トリニダード島を発見してその対岸のオリノコ川河口も探検した。第4回の航海では，中央アメリカのホンジュラス近辺の探索も行っている。

コロンブスが最初の航海から1493年に帰国すると，新大陸における権益について，スペインとポルトガルとの間で緊張が高まった。1494年に，教皇アレクサンデル6世の承認によって決められたトル

デリシャス条約によって，この問題は解決されることとなった。カーボベルデから西370レグアの地から南北に引いた線より西側で発見された土地はスペイン領，東側で発見された土地はポルトガル領と定められた（1レグアの長さの定義については，当時から論争があったが，現在の西経46度30分の子午線が境界となったと考えられる）。

1513年にはバルボアがパナマ地峡を横断して太平洋を「発見」する。コロンブスは，終生，自らが発見した土地はインドであると言い張ったといわれているが，バルボアの発見により，かねてからアメリゴ・ヴェスプッチが唱えていたように，これまでヨーロッパ人に知られていなかった「新世界」であることが明らかになった。この新大陸は，コロンブスの名前から「コロンビア」と呼ばれることとはならずに，ヴェスプッチの名前から「アメリカ」と呼ばれることとなる。

(2) マゼランの世界周航

1519年には，マゼランが世界周航に出発する。ポルトガルの下級貴族の家に生まれたマゼランは，1503年にポルトガルの初代インド総督に任命されたアルメイダがインドに着任する際の船団に乗り込んでいた。また，1509年のディウ沖の海戦にも従軍した。こうした経験によって，操船の技術を身につけたといわれている。その後，ポルトガルを離れたマゼランは，スペインのカルロス1世に西周り航路の計画を伝え，財政的援助を受けて，トリニダード号，ヴィクトリア号をはじめとする5隻の艦隊でセビリアを出港した。

出港当時は，ラプラタ川の河口が太平洋への入口だと考えられていたが，入念な調査の結果，それが河川であることが判明し，マゼラン一行はさらに南下を続けることになる。1520年3月から8月まで，サンフリアンで越冬したマゼランは，10月に現在のマゼラン海峡に進入し，11月に南太平洋に出て，ついに西周り航路を発見した。太平洋横断はさらに苦難が続いた。ほぼ3カ月を要してようやく太

平洋を横断し，1521年3月にマリアナ諸島に到達した。その後，フィリピンに到達するが，マゼランは現地人との戦闘で死亡し，翌1522年9月に喜望峰経由でスペインに辿り着いたのは，エルカーノ率いるヴィクトリア号だけであった。しかし，マゼラン自身はポルトガル船員として，フィリピン南東の香料諸島まで行ったことがあったので，初めて地球周航を成し遂げた人物はやはりマゼランということになる。この周航は過酷で，最初にマゼランの艦隊に乗り込んだ237名のうち，スペインに無事辿り着けたのはわずか18名であった。

(3) ラテンアメリカ社会の形成

ポルトガルの植民地は，アフリカ東西両岸の沿岸諸都市，ペルシャ湾の入口にあたるホルムズ，インド亜大陸西岸の中部に位置するゴア，マレー半島からマラッカ海峡をにらむマラッカ，中国南東部のマカオと，通商上の要地に鎖状に築かれた要塞とそれを結ぶシーレーンからなっていたと考えてよい。そのため，「海上帝国」と呼ばれることもある。陸上の支配地域は，要塞や商館とその周辺のわずかな地域のみであった。これに対して，スペインは海外植民地で領域支配を行った。マゼランが死去したのと同じ1521年には，現在のメキシコ周辺にあったアステカ王国がエルナン・コルテスによって滅ぼされている。また，1534年にはフランシスコ・ピサロによってインカ帝国が滅ぼされて，ポルトガル領を除く南米大陸のほぼ全域がスペインの植民地となった。

こうした領域支配は，イベリア半島におけるレコンキスタで用いられたのと似た方法で行われた。すなわち，新たに征服された土地においては，征服者（コンキスタドール）にさまざまな特権や権威，徴税権などが与えられた。コロンブスに約束された，発見した地の副王・総督の地位や，発見地からの収入の10分の1が与えられるといった待遇は，こうした権威や特権の例である。これにより，王権

による直接支配と比べて低コストでの統治が実現された。

　ポトシやグアナファト，サカテカスなどの鉱山開発は，水銀アマルガム法の導入もあって，1630年頃までに急激に拡大した。金や銀は水銀に溶けるため，鉱石を粉砕して含有されている金・銀を水銀に溶かし，次いでそれを熱して水銀を蒸発させて取り除くという方法が水銀アマルガム法で，それまでの方法と比べて化学反応の促進のための木材を使用せずにすむという点で画期的であったといわれている。1580年代以降，ヨーロッパに流入する銀は年間20万キログラムに達し，それまでの南ドイツの銀山の供給量（年間３万キログラム）を圧倒した。

イタリアの役割

　イベリア半島諸国による大航海の背景として，地中海で培われた航海術やイタリア商人の果たした財政的な役割も大きい。イベリア半島内でも，エンリケ航海王子がアルガルヴェ地方サグレスに学校を作って海図製作や数学を用いた外洋航海術の発展に寄与したり，大型で堅牢なキャラック船の発明，より小型で小回りの利くキャラベル船の開発が行われたりするのだが，キャラック船であるサンタマリア号に乗り，２隻のキャラベル船を従えて西周り航路をめざしたコロンブスはジェノヴァ人であった。

　また，「アメリカ」の語源となったアメリゴ・ヴェスプッチはフィレンツェ人であり，イギリス国王ヘンリー７世から特許状を得て北米のニューファウンドランド島などを発見したジョン・カボット（ジョヴァンニ・カボート）も，ジェノヴァ生まれでヴェネツィアで活動したイタリア人であった。また，こうした冒険的な航海の資金は，スペインやポルトガルの王家による財政的支援を受けて行われたが，両王家に資金を貸し付けていたのはジェノヴァの銀行家たちであった。

「価格革命」

15世紀後半から17世紀初頭にかけてのヨーロッパでは、のちに「価格革命」と呼ばれる長期的な趨勢としての価格上昇がみられた。農産物・土地等の価格上昇率が工業製品・賃金に比べて高いことなど、商品により価格上昇率が異なるのも価格革命の特徴である。年による価格変動の程度の違いも大きく、激しい高騰の年もみられた。

このような価格動向の要因については、16世紀当時より現在まで多くの説が提唱されてきた。

すでに16世紀フランスでは、当時の価格騰貴の原因をめぐって論争が生じている。新大陸＝スペイン領ラテンアメリカからの金銀の流入を最も重視する見方に対し、商人の買占め・投機や凶作・恐慌、貨幣の悪鋳も原因として主張された。しかし、商人の買占め・投機は短期的な価格高騰を生じさせても長期的な価格上昇の要因にはならないはずであるし、金銀量で比定した絶対価格の上昇もみられた。このことから、新大陸からの銀の流入による貨幣価値の下落を価格革命の要因とする貨幣数量説的な見解がほぼ定説となった。

新大陸からの貴金属流入量と貨幣価値下落との関係を数量的に確認したのが、20世紀前半のアメリカの経済史家 E. J. ハミルトンであった。ハミルトンはこの時期の実質賃金の変化に注目し、物価と賃金のギャップが資本家の利潤を高め、利潤インフレーションが引き起こされることで資本蓄積が進み、工業化の原動力になったという有名な説を唱えた。このいわゆる「ハミルトン・テーゼ」は価格革命史研究の画期をなし、その後は J. M. ケインズの貨幣論にも影響を与えている。しかし1950年代まで支配的な見解だったこの説に対しては、やがて批判的な議論があいついだ。

1970年代以降の人口史・物価史研究は、ラテンアメリカからの銀の流入が本格化するのは1520年以降であるのに対して、それ以前の中世末期から価格上昇が（人口増加とならんで）あったことや、農産

図1-4 15〜18世紀の価格変動

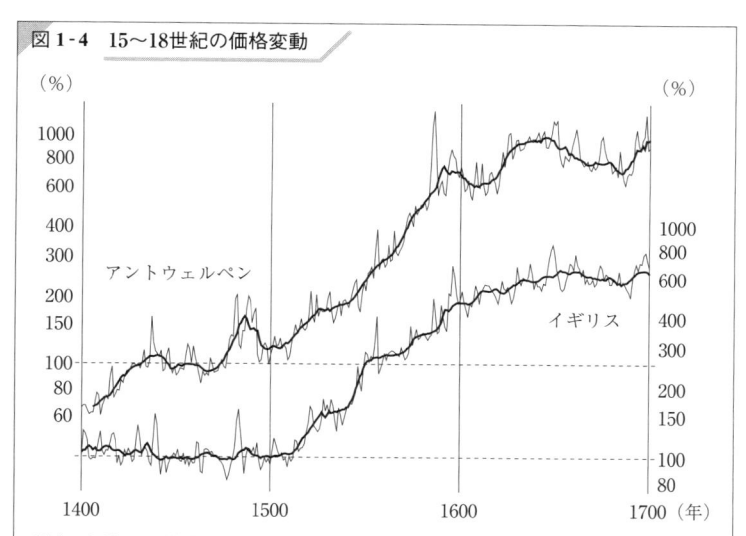

(注) 生活必需品価格にもとづく物価指数および13年移動平均。15世紀の平均を100（左目盛アントウェルペン，右目盛イギリス）。
(出所) van der Wee, H., *The Low Countries in the Early Modern World*, 1993, p. 228.

物・土地等の価格上昇率が工業製品・賃金に比べて高かったことを明らかにした。「ハミルトン・テーゼ」には否定的なこれらの実証研究を受けて，貨幣的要因ではなく実物的要因を重視する人口増加要因説が提唱された。人口増加による需要増加が価格上昇の主要因であり，供給量の増加率が財により異なることが諸財の価格上昇の差異につながったとするものである。しかしこれだけでは，全般的な価格水準そのものの上昇を説明するには不足だともされる。

その後の研究では，南ドイツ銀鉱山で技術革新によって銀の産出量が増加していたことや，西アフリカからもポルトガルによって相当量の金の流入があったことが明らかになった。これらの金銀流通量の増加が15世紀末からの物価の上昇の原因であるという修正貨幣

第1章 ヨーロッパの拡大と国際競争の開始

数量説も出されている。また，単に貨幣量にではなく，貨幣の流通速度の上昇に物価上昇の原因を求める考え方も有力なものとなった。都市化——全体的な人口増を上回る都市の人口増——が商取引の拡大と活性化をもたらし，貨幣取引が普及することで，人口増を上回る効果が物価動向にもたらされたとするものである。これらの議論にも批判があるが，「価格革命」の原因を探るには，背後にあった当時のヨーロッパ社会の変化を視野に入れることが必要であるのはたしかであろう。

◉ 参考文献 ◉

合田昌史『マゼラン——世界分割を体現した航海者』京都大学学術出版会，2006年

関哲行・立石博高編訳『大航海の時代——スペインと新大陸』同文舘出版，1998年

中沢勝三『アントウェルペン国際商業の世界』同文舘出版，1993年

深沢克己編『国際商業』ミネルヴァ書房，2002年

P. ヴォルフ（山瀬善一・尾崎正明監訳）『近代ヨーロッパ経済のあけぼの』晃洋書房，1993年

F. ブローデル（浜名優美訳）『地中海』普及版，全5冊，藤原書店，2004年

▶ 議論のための課題

1 近世ヨーロッパにおける商業の発達について，その特徴と経済的影響をまとめなさい。

2 ヨーロッパの海外進出について，その経緯をまとめなさい。またその経済的影響について，歴史的な事件に例をとって説明しなさい。

第2章 *17〜18世紀の「経済危機」と国家の形成*

1 オランダ

<地域格差の拡大と新興勢力>

　17世紀のヨーロッパでは，中世末期からの経済成長が終焉を迎えるとともに，各国・各地域の経済格差が拡大した。その中から，その後のヨーロッパの経済の担い手となる新興勢力が誕生した。

　16世紀末以来の政治経済的混乱には，ヨーロッパの成長を支えてきた流通・金融システムの脆弱さなど構造的要因が大きな影響を与えている。宗教戦争中のハプスブルク家財政の破綻によるフッガー家はじめ多くの金融業者の衰退・破産や，フェリペ2世の統治に対する低地地方反乱の際の1585年のアントウェルペン陥落による国際商業の混乱は，スペイン，ポルトガル，ドイツ，南低地地方の経済的衰退を加速させた。その一方で，イギリスはアントウェルペン陥落を機に，自ら新たな交易路を求め海外への進出を始めた。また，低地地方反乱によって北部のみが独立し，オランダ（ネーデルラント連邦共和国）が成立した。

低地地方の反乱とオランダの成立

オランダは、ポルトガルに代わりアジア貿易を支配するとともに、アムステルダムがヨーロッパの国際貿易・金融の中心となるなど、17世紀に「黄金時代」と呼ばれる空前の繁栄期を迎えた。しかし、その繁栄は短く、17世紀末には中央集権化を進めるイギリス、フランスに海外植民地支配の主導権が移り、18世紀にはロンドンが新たな国際貿易・金融の中心となった。

1555年、ハプスブルク家のフェリペ2世は、父カール5世（スペイン王としてはカルロス1世）よりスペイン王位に先だち低地地方を引き継いだ。オランダの独立をもたらすことになった低地地方の反乱のきっかけは、このフェリペ2世が総督政府を介してカトリック教会を強化し、財政危機を受けて課税強化を図ったことにある。1566年のフランドルでのカルバン派による「偶像破壊」暴動の後、1567年に総督になったアルバ公の強圧的な統治に対して低地地方全域に及ぶ大規模な反乱が発生した。当初はヘントやブリュッセルなど南低地地方の主要都市が反乱の拠点であったが、スペイン軍の反攻により南部諸州はスペイン支配下に入り（スペイン領ネーデルラント）、イエズス会などにより再カトリック化が進められることとなった。

しかし、ホラント、ゼーラントなどの北部7州は1579年にユトレヒト同盟を結んで抵抗を続け、16世紀末にはイギリス、フランスなどの承認を受け、実質的にオランダの独立が達成された。ただし、スペインが正式にオランダ独立を承認したのは1648年のウェストファリア条約であり、そのため「80年戦争」との名称も付けられている。

北低地地方はその面積の多くが低湿地であったため、干拓を進める中で独自の自治組織を発展させており、各都市・州に多くの自治権を認める連邦共和国として発足した。同反乱での戦闘で主導的役

割を果たしたオラニエ家はその後,総督職をほぼ世襲して強い政治的影響力を持ち続けた。後年,ナポレオンのフランスによる支配が終わった1814年からは王国となった。

「黄金時代」のオランダ経済

独立時のオランダでは,次のような産業の発達があった。干拓地での牧畜や穀物生産などの農牧業,北海のニシン漁などの漁業,塩漬けニシンとの関連で発達した製塩業,さらに海運業や商業である。アムステルダム,ロッテルダム,ミデルブルクなどのホラント,ゼーラント諸州の都市を拠点として,アントウェルペンと北海,バルト海沿岸地域とをつなぐ輸送にオランダの海運業は大いに貢献した。とはいうものの,中世以来のヨーロッパ有数の商工業地域であった南部諸州に比べ,オランダは人口,経済規模ともに小さかった。しかし,スペイン軍に占領された南低地地方からカルバン派に限らない商人や職人の大量の移民があり,北海で展開されていた海運業・商業のさらなる発展を促すとともに,ライデンなどでは毛織物業の急激な発展をもたらした。

オランダ商業は,「母なる貿易」と呼ばれたバルト海貿易と,アジア諸地域,カリブ海の植民地との貿易を柱とした。ドイツ・ハンザやイギリスとの競合に勝利したバルト海貿易においては,東から西へは穀物,木材などの東欧・北欧の産品を,西から東へは毛織物などの西欧の産品と植民地産品を運んだ。なお,これらの貿易ではアムステルダムを核とするホラント,ゼーラント諸都市が物流を担った。アムステルダムは,16世紀のアントウェルペンを受け継ぐ貿易・金融の中心都市として発展し,1650年には人口が15万人に達した。

1609年に設立されたアムステルダム銀行（Wisselbank）は,1587年に設立されたヴェネツィアのリアルト銀行の流れを引く公立振替銀行であり,手形振替業務を主要業務としていた。個人への当座貸

越および為替・割引業務は禁止されていたが,同行での口座振替が貿易決済に用いられ,その安全性と利便性の高さがオランダ商人の貿易における優位性を高めた。同行は公債の償還業務も行い,国家財政の一翼を担った。また,民間業者による為替取引も行われていた。ただし,16世紀のアントウェルペンで行われていた裏書と手形割引は禁止され,金融市場の発展という点では後退したところもある。

アムステルダム銀行も公債償還は行ったが,取引決済にその主要業務を限定されていた。このことから金融史研究においては,17世紀アムステルダムの金融システムは,18世紀ロンドンとは異なり,制度的には中世イタリア金融業の要素を多く残していたとの評価を受けている。しかしながらアムステルダムには,小規模の商工業者に対する小口金融を担う抵当銀行など,それぞれの機能に特化した金融機関が存在した。このため民間部門での資本蓄積が進み,そこからの資本流入がロンドン金融市場の成立に大きな役割を果たしたともいわれる。アムステルダムがヨーロッパの金融システムの発展において重要な地位を占めていることがわかる。

1611年に設立されたアムステルダム取引所では,東欧からの穀物,毛織物やアジアからの香辛料などの多くの商品が売買されただけでなく,政府債や後述の東インド会社の株式なども取引対象となった。さらに,商品先物取引が始められ,取引のリスクを軽減することが可能になった。それらの取引所の価格等の情報は,当時数多く発行された新聞を通してヨーロッパ各地に伝えられ,アムステルダムは「世界市場」としてそれらの諸商品の指標となる価格を示す役割を果たした。

オランダ東インド会社　アムステルダム取引所でその株式が売買されることになった連合東インド会社(Vereenigde Oostindische Compagnie:VOC)は,その名が示すように,16世紀末

よりホラント・ゼーラント諸都市に設立されたインド貿易のための会社を1602年に統合したもので，その後のオランダの植民経営の最も重要な柱となった。オランダは，それまでのポルトガルに代わり，インド洋と東南アジア地域に植民地を拡大した。

オランダの植民地の中でも最も重要だったのは香料諸島（現在のインドネシア）であり，ジャワ島北部のバタヴィアに拠点が置かれた。17世紀初頭に同じく同諸島に進出していたイギリスと対立したが，1623年のアンボイナ事件によりイギリスは香料諸島から撤退し，植民地支配の比重をインドに移すことになった。

オランダ東インド会社は，香料，綿織物，中国陶器などアジアから輸入するアジア-ヨーロッパ間の貿易を行うだけでなく，アジア諸地域間の貿易にも積極的に関与し，長崎出島，マカオ，バタヴィアを結ぶ東シナ海地域における三角貿易も行われた。さらに，東インド会社はインドネシアにおけるプランテーション経営にも関与し，ヨーロッパの需要動向に合わせた出荷調整を行うことで，より安定的な利益をもたらすことを可能にした。1621年に設立された西インド会社（WIC）は，カリブ海地域での植民地の獲得などもめざしたが，スペイン，イギリス，フランスとの競合関係の中で十分な成果を上げることができず，最終的に，アフリカとラテンアメリカを結ぶ奴隷貿易を柱とする業務に再編成された。なお，オランダ東インド会社は世界最初の株式会社といわれており，その株式は譲渡性をもち，取引所での売買が行われた。

これらの貿易を担った商人は，コープマンと呼ばれる。彼らは貿易に必要な信用・情報・資産を有し，国家と結びつくとともに商人相互や貴族との婚姻によっても商取引上の優位性を高め，オランダ社会の上層を占めた。その一方で，この時期には流通の末端を担う店舗売り，辻売りなどの小売商も次第に増加した。このような形態の商業は利益率が低く，若い女性が売り子となるなどその社会的地

位は低いものであったが，これらの出現により商品が地域内にあまねく行き渡ることが可能となった。

「開かれた社会」

オランダはその成立当初から各国からの移民を受け入れた，いわば「開かれた社会」であった。ヨーロッパ各国の商人がオランダ国籍をとることで，オランダ商業の人的ネットワークが強化され，さまざまな職種の職人などの移民が，経済成長にともなって多様化した手工業製品需要に応えた。また，オランダは信仰の自由を認める宗教的に寛容な社会であり，ユダヤ人に対する法的社会的制限が強化された諸国から多くのユダヤ人の移住も進んだ。カルバン派が社会的に最も重要な位置を占めるとはいえ，カトリックやユダヤ教などの諸宗派もある程度の社会的まとまりをもって存在する，多宗派共存社会が形成された。さらに，オランダは反体制知識人の亡命先ともなり，ヨーロッパの知識人ネットワークの拠点となった。取引所の価格といった経済情報，世界各地の商館からの地誌情報に加え，出版という形で学術情報もさかんに発信される情報発信センターが形成された。

江戸時代の日本にとっては，長崎出島のオランダ商館は，商業活動とともにヨーロッパの知識の窓口としての役割を果たし，「蘭学」を介してヨーロッパの知識が伝えられた。

オランダの「衰退」

オランダの全盛期は短く，17世紀中頃が頂点だとされる。その後はイギリスのオリバー・クロムウェルの航海法を契機に1652年に始まった3次にわたる英蘭戦争によって，次第に経済的地位を低下させていった。このようなオランダの17世紀の繁栄と衰退は，経済史，国際関係史の重要な研究テーマであり続けた。かつての日本では，国内産業の発展に結びつかない「商業資本」国家の特徴と限界を指摘する，大塚久雄に代表されるオランダ史把握が有力であった。その一方で，1970年代以降のI. ウォーラーステイン，ポール・ケネディー，C. P. キ

ンドルバーガーらの著書ではオランダの繁栄と衰退が相対化され，近代における覇権・大国の交代の一局面として位置づけられた。さらに，英蘭戦争期における両国の人的関係の深さ，ロンドン金融市場におけるオランダ資本の重要性などが指摘され，これまで想定されていた以上に「衰退」が緩やかであったことが明らかにされてきつつある。

2 イギリス

> テューダー絶対王政と
> ジェントリの成長

(1) テューダー絶対王政

11世紀のノルマン・コンクェスト以来，イギリスは，大陸諸国と比較して王権が強力であった。主としてスコットランドやウェールズに対する軍事的な目的から国王裁判権などが委譲されたチェスター，ダラム，ランカスターといったパラティニット州では，チェスター伯〔1351年以降はプリンス・オブ・ウェールズ（王太子）がもつ称号〕やダラム司教など特権領主が独自の行政組織や裁判所を保持し，ダラムとランカスターの大法官裁判所は1971年まで存続していたが，その他の大部分の地域では，聖俗の領主は王権に従属し，中央政府の組織に従っていた。たとえ最大規模の貴族であっても，所領の多くが散在していたため領域的な支配は難しかったと考えられている。

百年戦争（1337〜1453年）とそれに続くばら戦争（1455〜85年）を通じて，この傾向は決定的となった。フランスでの戦闘や30年にわたる内乱を通じて多くの有力貴族の家系が断絶・没落したことに加え，ボズワースの戦いでリチャード3世に勝利してテューダー朝を開いたヘンリー7世（在位 1485-1509）は，1487年の星室裁判所法によってその構成や機能を明確化した。これにより，ヘンリー7世

は，地方貴族の反乱の抑制に成功したといわれている。

　長兄アーサーの死によってヘンリー7世の跡を継ぐことになったヘンリー8世（在位 1509-47）は，アーサーの未亡人キャサリン・オブ・アラゴンと結婚したが，後のメアリ1世（在位 1553-58）の他は夭逝した。男子を欲したヘンリー8世は，キャサリンの女官アン・ブリンとの結婚を望んだが，時のローマ教皇クレメンス7世はキャサリンとの結婚の無効に同意しなかったため，1533年にイギリス国内における宗教問題をローマに訴えることを禁止する上告禁止法を成立させて，ローマ・カトリックから離脱し，アンとの結婚を強行した。さらに，翌34年には，国王を「イングランド教会の唯一の地上における最高の首長」と規定する国王至上法が成立し，ここにイギリス国教会体制が成立する。

　ローマ・カトリックでは，教皇を頂点として大司教管区（province）—司教区（diocese）—教区（parish）という階層構造があるが，それとは別に，教皇に直属する形で修道院が存在する。上告禁止法，国王至上法によって，イングランドの2つの大主教管区であるカンタベリーとヨーク，およびそれに連なる主教区以下のピラミッド構造は，イングランド国王を頂点とする形に改められた〔日本のイングランド国教会（聖公会）では，カトリックにおける大司教（archbishop）と司教（bishop）を，それぞれ大主教，主教と呼称している〕。国内の修道院は依然として存在していたが，これも1536年の小修道院解散法によって年収200ポンド以下の小修道院が解体され，1539年の大修道院解散法によって残りの202の修道院も解体された。1530年時点で，イングランドには800を超える修道院が存在し，国土の5分の1から4分の1を所有して，年額十数万ポンドの収入を得ていたといわれている。修道院解散によって，ヘンリー8世はこの莫大な収入を得ることになったが，1540年代に相次いでスコットランド，フランスとの戦争に突入したため，没収した修道院領は売

却された。これは，ノルマン・コンクェスト以来の大規模な土地所有者の変動といわれている。

(2) ジェントリの成長

売却された土地を購入したのは貴族やジェントリ，大商人といった人々であったが，とりわけ貴族層の下に位置するジェントリや商人といった，後の中流層を形成していく人々の富の蓄積に資した面は看過できない。

表2−1は，1436年から1873年までのイングランドおよびウェールズにおける土地所有の分布を示したものである。15世紀半ばの時点では，修道院を含めた聖界領主が20％から30％の土地を所有しており，ジェントリによって所有されていた土地は25％程度であったが，名誉革命後の17世紀末には，教会所有地が激減し，代わってジェントリ層の躍進がみられる。こうした土地所有構造は，19世紀後半に至ってもほとんど変化がない。加えて，16世紀半ばから17世紀半ばにかけては，人口増加にともなって穀物価格も上昇したため，土地所有のインセンティブは高まったと考えられる。もっとも，貴族やジェントリは，直営農場も存在したものの，所有地の多くを貸し出していたから，地代が固定されていると穀物価格の上昇の果実を得ることはできない。実際，謄本保有など封建的な土地保有形態が存続している場合は，定額地代であることが多く，地代の改定も保有者の代替わりを待つほかなかった。

しかし，この時期を通じて，こうした慣習的な土地保有に代わって，次第に期間を定めて土地を貸し出す定期借地（leasehold）が行われるようになり，期間の終期のたびに地主と借地農との間で地代の交渉が行われるようになった。慣習的な土地保有においては，地代はその土地で生産される農作物価格とは無関係であり，法的に地代を変更することは不可能であったが，定期借地においては，保有地の年価値を反映するラック・レントが支払われ，借地期間の途中

表 2-1 イングランドとウェールズにおける土地所有の分布

(単位：％)

	1436年*	1690年頃	1790年頃	1873年*
貴族	15～20	15～20	20～25	24
ジェントリ	25	45～50	50	55
ヨーマン	20	25～33	15	10
教会	20～30	5～10	10	10
国王	5			

(注) ＊：イングランドのみ。
(出所) Overton, M., *Agricultural Revolution in England,* 1996, p.168.

でも経済状況に即して見直すことも可能であった。定期借地は，地主側にとって魅力的であっただけでなく，借地農側でもイノベーションを促すことにつながり，農業の生産性は向上したと考えられている。

イングランド内乱と名誉革命体制

(1) 17世紀の経済危機

「17世紀の経済危機」の時代，イギリスでは，人口の減少と穀物価格の下落がみられた。ピーター・ラスレットとトニー・リグリーのイニシアティブによって1960年代に「人口と社会構造の歴史に関するケンブリッジ・グループ」が設立された後，1980年代から90年代にその集大成的な著作が刊行されたことで，16世紀から19世紀までのイギリスの人口史に関しては，飛躍的に精緻な数値が得られるようになった。

それによると，1550年に約300万人だったイングランドの人口は，1650年には520万人にまで増加するが，その後500万人を割り込み，1710年代まで1650年の水準を回復しないということがわかっている。また，小麦価格についてみてみると，18世紀前半の平均値を100とした場合，1500年代には22であったものが，16世紀を通じて上昇を続け，1640年代には143に達する。しかし，その後の約100年間は，多少の変動をともないながらおおよそ110前後で推移する。17世紀

の内乱と二度の革命は，こうした経済体制の行き詰まりを反映したものと考えられてきた。

もっとも，土地所有のあり方に関していうと，オリバー・クロムウェルの護国卿時代に停止された貴族制は1660年の王政復古とともに回復され，没収された王党派の所領も中小の土地所有者の手に渡ることはほとんどなかったため，少なくとも修道院解散後の変動と比べれば，さほどの断続はなかったことが明らかとなってきている。したがって，この時期にみられる穀物価格の停滞は，人口増加率の停滞の影響という側面もあるものの，私的所有権の確立や定期借地の一般化にともなって農業改良のインセンティブが向上したことによる生産性の向上からも説明できよう。さらにいえば，伝統的に「危機」の時代と捉えられてきたこの時期は，国全体での経済成長は停滞的だったかもしれないが，家計レベルでは穀物価格の下落による実質賃金上昇期と考えてよい。

穀物価格の下落は，換言すれば，国内需要に供給が追いつき追い越したということである。実際，イギリスは，17世紀の初めには食糧不足による飢饉の危機にさらされていたが，17世紀の後半には，過剰供給による穀物下落に悩まされるようになる。1673年に穀物輸出奨励金制度が導入され89年に恒久化されるが，これは，国内の穀物価格が一定以下になった場合，生産者に対して補助金を支払い，輸出を奨励するという制度である。1688年の名誉革命によって，王権に対する議会の優位が確立し，国王の恣意的な課税や徴発が制限を受けるという状況のもと，その議会を構成した議員のほとんどが大地主を中心にした土地所有者であったことを考えると，この制度の恒久化は，彼らの土地利害をより強固とするものであったといえる。

(2) 農業革命

農産物供給の拡大は，18世紀になるとより顕著となる。世紀後半

に，イングランドの人口は当時のレベルでいえば急増といえる人口増加を経験するが，それにもかかわらず，この時期のイギリスは一貫して穀物輸出国であった。1680年代以降，漸増傾向にあったイングランドの人口は世紀後半には加速し，年率でいうと前半の0.26％から0.77％に上昇する。実数では，1701年から1751年の50年間に約520万人の人口が約590万人へと1割強増えたのに対し，1801年の人口は約870万人であり，5割弱増えたことになる。こうした急激な人口増加に，イギリス農業はうまく対応したと考えられており，この供給拡大は農業革命と呼ばれてきた。

　農業革命は，伝統的には，囲い込みによる経営規模の大型化→効率的な農業による生産の拡大と必要労働力の減少→都市の発展→経済成長，というロジックで産業革命を準備したものと説明されてきた。しかし，ごく最近，ロバート・アレンによって，この因果関係が逆であるという主張が提示されている。すなわち，17世紀に国際貿易が拡大したことで，商工業の中心地である都市が発展し，これによって農業の効率化が促されたという主張である。

　17世紀に相次いで建設された，ヴァージニア植民地をはじめとする北米植民地からイギリス本国へは，タバコや砂糖などが大量に輸出されるようになる。イギリスは，これをヨーロッパ諸国へ再輸出して莫大な利益を得たが，それと同時に，植民地はその購買力を拡大させて，未だ幼弱でヨーロッパ市場では競争力をもたないイギリス製造業に市場を提供した。このことは都市の発展を促し，農村部においても，非農業人口が増加したと考えられる。加えて，南部やカリブ海植民地で奴隷を使用した大規模プランテーションが展開した結果，綿花の受け入れ港であり奴隷の積み出し港として，かつては小村にすぎなかったリヴァプールがイギリス第2の都市に発展していくのである。こうした非農業人口の拡大は，穀物価格の上昇をもたらし，これが農業における生産性の向上の誘因となって，結果

として農業革命が起こった、というのがアレンの主張である。

(3) 海外貿易の拡大

こうした海外貿易の拡大は、イギリス経済全体に占める政府の役割も増大させたと考えられている。まず、関税収入が増大したことはいうまでもないが、オランダ統領のウィレム3世がウィリアム3世としてイングランド王位に即いたため、オランダとイギリスは同君連合に近い形となった。そしてオランダで導入されていた内国消費税がイングランドでも行われたため、これもまた政府歳入を拡大させた。また、1694年に設立されたイングランド銀行は、東インド会社、南海会社と並んで公債の引受を行ったため、政府支出は他のヨーロッパ諸国に比して巨大なものとなった。政府財政の拡大によって、1680年代以降のイギリスでは、効率的な証券市場が形成され、利子率は10％程度から3.5％程度にまで下落したと考えられている。さらに、巨大な海軍は、イギリスの国際貿易の安定をもたらし、同時に、造船業や大砲などの武器製造業の発展を促した。こうして、18世紀の半ば以降、イギリスは世界で最初の工業化を迎えることになる。

3 フランス

ブルボン朝の成立

中央集権化を進めたヴァロワ朝のもとでパリおよびリヨン、ボルドー、マルセイユにおいて商工業が発達する中で16世紀後半からカルバン派の信仰が広がった。ユグノーと呼ばれたフランス・カルバン派は貴族の中にも信者を広げ、次第に社会的政治的影響力が増すとともにカトリックとの対立が激しくなり、1562年のギーズ公フランソワによるプロテスタント虐殺をきっかけに内戦が始まった。政治的対立も加わり30

年間にわたった内戦は、ユグノーの指導者でカトリックに改宗して王位に即いたアンリ4世（在位 1589-1610）が、1598年にユグノーの信仰を認めるナント勅令を発したことにより終結した。

アンリ4世より始まったブルボン朝は、その後を継いだルイ13世（在位 1610-43）、ルイ14世（在位 1643-1715）、ルイ15世（在位 1715-74）、ルイ16世（在位 1774-92）とフランス革命でルイ16世が処刑されるまで5代ほぼ200年にわたって存続した。

特に、ルイ13世治世時の宰相リシュリュ、ルイ14世統治初期の実質上の宰相であったマザラン、太陽王と呼ばれたルイ14世の親政期の統治はしばしば絶対王政の典型と見なされてきた。この絶対王政とは、中世末期からの中央集権化の中で王との人的紐帯・恩寵が重要となり、封建法では王権を制限していた他の権限が縮小し、王権が神からの制約のみを受ける存在となった状態として理論化されている。しかし、実態としては、典型とされたフランスでも、中世以来の立法・司法機関としての高等法院が存続し、全国三部会が開かれなくなった後も地方三部会は開催された。また、王より「自由」と権限を付与された自治都市や特権会社、ギルドなどの諸団体（社団）によって実際の業務が行使されていたことから、この時期の国家体制のあり方を「社団国家」としてとらえる見方もある。

対外戦争と財政

ブルボン朝のフランスは17世紀初頭の人口1900万とヨーロッパ最大の国家であり、その軍事力を背景に、ハプスブルグに対抗するという前王朝の方針を継承して、多くの対外戦争を行い、国際政治において主導権を握っただけでなく、北部、東部（アルザス、ロレーヌ）や海外においてその領土を拡大した。三十年戦争（1618〜48年）へ介入し、ウェストファリア条約でネーデルラントの独立を確定するとともにアルザスとロレーヌの多くの地域を獲得したほか、ルイ14世親政期にはファルツ継承戦争（1688〜97年）や王孫フィリップ（後のスペイン王フェリ

ペ5世)の即位をめぐるスペイン継承戦争(1701〜13年)などの戦争が複雑な国際関係の中でヨーロッパ大陸,海外植民地を舞台として行われた。ルイ15世もオーストリア継承戦争(1740〜48年),七年戦争(1756〜63年)に参戦した。

 これらの戦争は,直接的な王位継承や戦勝にともなう領土獲得などを目的としており,獲得された領土は国家主権の確立により恒久的な財源となりうるものであった。しかし,戦争の遂行には,恒常的な税収額を超えた一時的な多額の戦費を必要とし,増税に加えて公債の発行が行われた。この時期の王朝国家にとって王の恩寵を示す宮廷消費は統治上の重要な柱であったが,戦争・王室消費の拡大に対応するために国家による公債発行が常態化し,国家財政における公債の比重の高さの要因となった。

 このような公債に依存する財政運営は,関税や国内消費税を税収の柱とする国家の課税基盤の脆弱さを受けたものであり,さまざまな形での国家税収の増加策がとられた。特にルイ14世治世下の財務総監コルベール(1619-83)がとった税収増加のための貿易,産業の促進諸政策は,後述のように「重商主義」の代表的政策とされてきた。また,フランス革命へとつながる1789年の全国三部会の招集は,国王課税の貴族,聖職者への拡大をその目的としていた。なお,大きく公債に依存する王朝国家の財政は,他方では,マクロ経済において国家の比重が高くなったことを意味し,近年の研究では,宮廷消費によりパリの商工業が発展したことや公債が民間部門にとっての安定的な金融資産として機能したことなどが注目されている。

「コルベール主義」

 コルベールはマザランの死後にルイ14世政府の財政を担い,1665年からは財務総監になり,ガラス,タピストリー(ゴブラン織り)などの王立マニュファクチャーの創設および宣誓ギルドの拡大による輸入代替,輸出産業の奨励,輸入品に対する高関税政策,フランス東インド会社

(1664年) など貿易会社の設立による貿易奨励, フランス領北アメリカ植民地のケベックへの植民団の派遣など多くの経済政策を行い貿易, 輸出の振興に努めた。

コルベールに代表されるブルボン朝期の経済政策は, ヨーロッパにおける相互連関の高まりによる経済発展を前提としながら保護主義的政策により貿易そのものを阻害するという矛盾, 特定国内産業の振興による他産業の発達の阻害という問題を内包していた。そのため, 18世紀になり国民経済計算の先駆となった『経済表』(1758) を著したケネーらフランスの重農主義 (フィジオクラシー：自然の支配という意味) の経済思想家から, 農業を基盤とするフランスにおいて農業を犠牲にして特権的な都市の商工業を促進した等の批判を受けた。なお, 重農主義という呼称は, 重商主義の概念を一般化させたアダム・スミスが, ケネーらの学派を重商主義に対置される重農主義と位置づけたことに由来している。

このようなことから, ブルボン朝期の経済政策は, コルベール主義と呼ばれ, イギリスの「重商主義」と並ぶ重商主義政策であり, 保護貿易的な政策をとり特権的な都市商工業者の育成を特徴とするとされてきた。ただし, 近年の研究では, これらの諸政策を, 思想的前提がある体系的政策というより, むしろ, 当時の徴税システムでは間接税とりわけ関税が徴税費用の点で有利でかつ容易に徴収できる税であること, 当時の統治が中間団体に特権を与えて実務を担当させる「社団国家」システムで行われていたことなどの状況に応じて, 個々の政策が経験主義的に行われたものだと考えられるようになってきている。政府主導による外国の優秀な人材・技術を導入した先端産業の育成などの政策は, 日本をはじめその後多くの後発国の先駆となったとされる。

スペイン・ポルトガル　17世紀はスペインとポルトガルにとり, 衰退の時代であったとされてきた。そのきっ

かけとされてきたのが、オランダの独立につながった低地地方の反乱である。多くの戦費・兵力がつぎ込まれた末に、南低地地方はスペイン領にとどまったものの、北部のオランダは独立を達成した。この結果、このオランダをはじめ、戦争では反スペインに転じたイギリスおよびフランスに海外植民地支配の主導権を奪われただけでなく、ハプスブルク家の支配のもとで海外植民地や低地地方と結びついて発展していた国内の農工業も衰退した。

　このようなスペイン・ポルトガルの衰退の大きな要因として指摘されてきたのが、ハプスブルク家の王朝国家としての支配構造とスペイン国内構造のずれの存在である。たとえばスペインでは人口が増加したにもかかわらず、メスタ（特権的な移動牧羊業者組合）による移牧式牧羊業の発達によって農耕地の拡大が抑制され、小麦輸入が必要であった。こうした16世紀の繁栄のありかた自体にその後の衰退の要因が内包していたと考えられている。さらに、カトリック国としての体制が強化され、17世紀初頭に30万人を超えるモリスコ（キリスト教に改宗したイスラーム教徒）が追放されたことも、経済活動には大きな打撃となった。

4 中・東欧

　ドイツ語圏については、16世紀から18世紀末・19世紀初頭までを一括して「近世」として扱うことが多い。

　この時期のドイツ語圏からロシアの手前までの間の地域、すなわちいわゆる中・東欧（もしくは中央ヨーロッパ）は、中世から人種的・言語的・宗教的な多様性が西欧よりも際立っていた。政治的には16世紀以来、トルコから拡大したオスマン帝国と神聖ローマ帝国（ハプスブルク帝国）、さらにポーランド（・リトアニア）王国が角逐

していたが、この勢力争いの構図は17世紀にも基本的に維持された。

中・東欧ではイスラーム勢力に対峙しつつ複数のキリスト教（ローマ・カトリック、ギリシア正教会）が並立していたが、やがて宗教改革がおきると、ルター派、カルバン派といった新教諸派が紛争の核となった。当初は宗教戦争であった三十年戦争（1618～48年）が、ボヘミア新教徒の反乱である「第2次プラハ城窓外投下事件」をきっかけに、この地域でおきたことは不思議ではない。

> 三十年戦争と中欧経済の展開

(1) 中欧経済の繁栄

すでに13世紀はじめには神聖ローマ帝国の帝権衰弱が目立つようになり、ドイツ語圏においては各地で領域国家＝領邦の建設が加速した。独立性を強めた領邦君主の政治的・経済的意欲は植民活動と都市建設に向けられた。10世紀に始まった東方への植民活動は12・13世紀に二度目のピークを迎え、農民移住にとどまらず、交易ネットワークも拡大された。13世紀半ばから14世紀にかけてはドイツ騎士団を中心に植民活動はさらに活発化し、現在の地理的な通念からすれば西にかたよっていた当時の「ドイツ」の内・外で、都市建設が活発に進められた。これらの都市を拠点として商業・交易が展開する。

植民活動の結果生まれた東部ドイツの大農場経営は北海・バルト海沿岸の諸都市を中心とするドイツ・ハンザ（ハンザ同盟）の交易網に結びつき、穀物輸出が活発に行われた。輸出先は工業地帯であったフランドルなど西欧低地地方であった。また神聖ローマ帝国内の南ドイツ・バイエルン地方は銀採掘をはじめ鉱業で栄え、南北ヨーロッパを結ぶ交易網の結節点のひとつであった。16世紀後半にはアウクスブルクのフッガー家がスペイン王家（ハプスブルク家）の財政破綻により衰退するなどの変化があり、ハプスブルク帝国領域では「17世紀の危機」ともいわれる景気停滞が特に顕著だった。また、宗教改革期には政治的・社会的混乱が続き、大西洋経済への重

心のシフトも着実に進んだ。にもかかわらず,中欧の経済構造は17世紀初頭にはなお維持されていたといえる。

(2) 三十年戦争の勃発

しかし,ここで三十年戦争が中・東欧地域の経済発展に大きな影響を与えた。三十年戦争は神聖ローマ帝国におけるキリスト教新旧両派間の宗教的内紛として始まり,ヨーロッパ諸国の政治的覇権をめぐる多国間戦争へと展開した。とりわけ戦場となったドイツ語圏諸地域の戦後の荒廃は,その後の経済的発展を長く阻害したと考えられてきた。

たしかに三十年戦争による人口減少と農業生産の後退は深刻であった。戦争の結果,「ドイツ」の人口は半減したとも,あるいは都市部で約30％,農村部で約40％の人口が喪われたともいわれてきた。これらの推計はどうやら過大であり,地域的な差異も大きかったと考えるべきである。しかし,たとえドイツ語圏都市住民の死亡率が15～20％程度と推定されるにせよ,もちろんこれは無視できる規模ではない。戦闘,略奪暴行,疫病の流行,頻発した飢饉などによる人口喪失は甚だしいものだったといわねばならない。また,これらの人口減少は戦争勃発以前からの疫病流行や経済停滞の延長線上に生じたものだとする見方もあるが,そうだとしても三十年戦争がひとつの画期であったことは間違いない。

問題は,こうした破局的といっていい事態が,社会にいかなる影響を与えたのか,またそれがどの程度持続的なものだったのかであろう。

三十年戦争の政治的・社会的な帰結は明白だとかつては考えられていた。戦争を終結させるウェストファリア条約（1648年）によって諸侯の主権確保と皇帝の権限低下が定められたことで,神聖ローマ帝国は事実上分裂し,ドイツ語圏の一円支配的な統一国家の形成はほぼ不可能になった。この政治的なドイツ分裂は,当初300以上

あった独立的な諸侯領地がその後整理統合されていったとはいえ，基本的には19世紀まで持続した。

　もしもイギリスやフランスなど西欧有力国と同じく，いわゆる国民国家と国民経済の建設が経済発展の不可欠の条件であるとするならば，三十年戦争がドイツ経済に与えた悪影響は甚大かつ半ば永続的だったと考えなければならないはずであろう。現にしばしば，近現代ドイツ社会の後進性を説く議論は，この三十年戦争が極端な政治的分裂状態をもたらしたことを前提にしてきた。

(3) 三十年戦争のもたらしたもの

　だが近年では，こうした従来の議論に見直しが進められている。三十年戦争の政治的・社会的帰結については，ウェストファリア条約は「帝国の死亡診断書」では決してなかったという見解が定着している。すなわち神聖ローマ帝国がなお，統一的な国制としてある程度機能していたことが強調されるのである。たしかに帝国はなお完全主権者としての皇帝をもち，帝国議会や帝国最高法院を維持していた。ウェストファリア条約の結果，ヨーロッパでは対等な主権国家が並立する「ウェストファリア体制」が成立し，近代的な国際関係につながった——とする近代国制史の定説がかつてあった。これに対して最近の研究では，近代以降の一国史的理解を超えた近世ドイツ語圏独自の国家・社会のあり方を探りつつあるといえよう。

　また経済に関しては，三十年戦争後のドイツ語圏経済には単なる回復を超えた新しい動きがみられた。統一国家の不在や国民経済的統合の遅れによる悪影響だけが強調されるべきではなく，むしろ地方主権国家の分立が発展のダイナミクスをもたらした側面もあった。

　つまり注目すべきは，三十年戦争後の復興期において，オーストリアを含めドイツ語圏諸邦の活動の比重が全体として明らかに以前より東にシフトしたことである。17世紀後半から18世紀にかけて，かつて辺境であった東部には多数の都市が新たに成長した。また，

中世末期から形成されてきた東部ドイツの特徴である農場領主制（グーツヘルシャフト）は，さらに強化された。三十年戦争による農民の窮迫によって，自立的だった農民保有地が各地中小領主の直営地に吸収される傾向が進んだのである。中世の植民運動・征服に起源をもつ大農場経営は，15〜16世紀の領邦権力の弱体化に乗じて発達を遂げ，農民の農奴化や賦役の強化が進む「再版農奴制」と呼ばれる事態が進行していた。

これは同時代の西欧における領主直営地・農奴制の解体の進行とはまったく逆の事態であり，三十年戦争は西欧と中・東欧の経済構造の地域差を固定し，後年の「ドイツ」経済の地域差を決定づけたといえる。この大農場主＝騎士領所有者は，所有地内で排他的な警察権と裁判権をもつ領主として独特の支配体制を確立したが，その経済的基盤は穀物生産とその取引（輸出）であった。

一方，フランスが宗教的寛容の根拠であったナントの勅令を廃止（1685年）したことにより，17世紀末には多数のユグノーがブランデンブルク辺境伯・選帝侯フリードリヒ・ヴィルヘルムの招き（「ポツダム勅令」）に応じて東部ドイツに移住し，ブランデンブルクの商工業の発展を促進した。

三十年戦争による経済的被害はたしかに甚大であった。しかし，三十年戦争はドイツ語圏をはじめとする中・東欧の経済・社会に単に混乱と停滞のみをもたらし，克服しがたい後進性を刻印したとのみ言い切ることも難しい。経済発展につながる新たな動きが，そこにはたしかにみられたのである。

ハプスブルク帝国とプロイセン王国

17世紀後半から18世紀にかけて，中・東欧では地政的な構造の変化が生じた。それはかつての「ドイツ」にとっての東方辺境の成長を軸としていた。

ハプスブルク家の神聖ローマ皇帝としての支配力は，三十年戦争

後にたしかに弱まった。商工業が発達したラインラントを含む帝国西部では中小諸邦が乱立し，近代に至る「ドイツ」の政治的分裂が確定した。しかし17世紀後半にオーストリアを本拠とするハプスブルク帝国は，次第にオスマン帝国への圧迫を強め，18世紀にはオスマン帝国の欧州戦略における橋頭堡的存在であったトランシルヴァニアを奪うなど版図を東部・南部のバルカン半島に拡大した。多民族がひしめき合う人種的・宗教的・文化的に多様な「ドナウ帝国」が，ドイツ語圏南東部を中心に形成されることになる。

(1) プロイセン王国の台頭

これと並んで中・東欧地域全体の動向を左右していったのは，神聖ローマ帝国の辺境，ブランデンブルクの拡大と強国化であった。選帝侯ホーエンツォレルン家は，15世紀はじめにブランデンブルクに入り，17世紀からは当時ポーランドに属していたプロイセン公国も相続していたが，三十年戦争に参加して大選帝侯と呼ばれた上述のフリードリヒ・ヴィルヘルム以来，常備軍の建設を軸に国力充実を進めた。その孫である選帝侯フリードリヒ3世は，1701年に「王」の称号を許されて「プロイセンの王・フリードリヒ1世」を名乗り，ここに近現代ドイツ史上に大きな存在となるプロイセン王国が出現した。

フリードリヒ1世の子で「軍隊王」と呼ばれたフリードリヒ・ヴィルヘルム1世のもとで，新興プロイセン王国は財政改革と国家官僚制の整備を進め，独特の軍国主義を確立した。この父王が遺した強大な常備軍と豊かな国庫を活用し，ハプスブルク帝国に対抗して領土拡張と列強の仲間入りを果たしたのが，「大王」ことフリードリヒ2世（在位 1740-86）であった。「王は国家第一の下僕」という有名な文句で知られ，いわゆる「啓蒙専制君主」（18世紀啓蒙思想の影響を受けつつ，絶対主義的な政策を行う君主）の一人に数えられたフリードリヒ2世は国内では重商主義的な産業振興と農民保護を進め，

西欧的な法制の整備と国家官僚制の強化に努めた。18世紀のプロイセン王国は，効率的な統治の一モデルとして同時代人に知られることになる。

(2) ハプスブルク帝国の改革

オーストリア継承戦争（1740〜48年）とそれに続く七年戦争（1756〜63年）でこのプロイセン王国と対決したオーストリア・ハプスブルク帝国でも，改革の動きがみられた。オーストリア継承戦争での苦戦の結果，シュレージェン地方のプロイセン王国への割譲などの犠牲を払ったことで，マリア・テレジア（在位 1740-80）は老朽化した政体を強化する必要を痛感した。徴兵制施行による常備軍の強化や国家財政の整備は，中央集権的な国家をめざすものであった。

その共同統治者・後継者で啓蒙専制君主の代表でもあるヨーゼフ2世（在位 1765-90）は，農民解放やユダヤ人に対する寛容令を断行した。これもまた，守旧的な抵抗勢力ともいうべき貴族・教会＝大土地所有者層の抑えこみを主眼とするものであった。ヨーゼフ2世は母マリア・テレジアが着手していた農業改革や教会改革を継承し，1780年代にはハプスブルク帝国各地で農奴制（領主裁判権などの農民の領主への人格的服属）を廃止していき，ついに1789年には賦役の廃止を主内容とする租税・土地台帳令を帝国全土に発令した。これは税制と土地制度の改革により，大土地所有者である貴族の経済力をそごうとするものであった。

ヨーゼフ2世の開明的・急進的な政策を，プロイセン国王フリードリヒ2世は，あまりに野心的にすぎると批判的にみていたともいわれる。彼らドイツの啓蒙専制君主たちによる経済体制の革新の試みは，領主層の強い抵抗の前に結局貫徹されえなかった。とりわけプロイセン王国の領主制的大農場経営者は，この後，ユンカーと呼ばれる貴族的地主層として近代ドイツ社会全体に強い影響力を及ぼす存在となったことで知られる。

ポーランドの栄光と衰退

かつてハプスブルク帝国，オスマン帝国と並ぶ中・東欧における一方の勢力であった大国ポーランドの没落は，近世における東欧の衰退の象徴ともいわれる。

中世後期以来のポーランドはシュラフタ（自由人＝領主）といわれる土地貴族による選挙王制が敷かれた一種の「共和国」であった。その国力は強大で，一時期はドイツ騎士団も支配下においた。16世紀にはリトアニアと合邦し，繁栄と領土的拡張のピークに達した。

それを支えたのは，隆盛をきわめた穀物輸出であった。当時，主な輸出先である西欧では人口増によって穀物価格が上昇したため，シュラフタやマグナーテン（大農場を各地に経営する大土地貴族）といった貴族たちは積極的な輸出拡大に乗り出し，直営地拡大と農場における賦役の強化を進めた。穀物輸出量は16世紀中に10倍に拡大したともいわれるが，これを支えたのは農民層の負担増であった。この事態を領内ガリツィアなどでは「貴族の天国・農民の地獄」とも呼んだという。穀物輸出の見返りとして，西欧から工業製品や植民地物産が輸入された。なお，領主直営地の経営実務を担ったのは主にユダヤ人であったため，彼らへの反感がこの地域の民衆によるユダヤ人差別を助長することともなった。

この穀物貿易こそがポーランド衰退の原因であるとも指摘される。17世紀以降，穀物価格が低下すると貿易赤字が恒常化したが，穀作地帯化が進行した国内には代替的な産業の発達も国内消費も乏しかった。にもかかわらず領主は概して無策であり，西欧からの奢侈品購入などの浪費を続ける一方で国内投資には不活発であったとされる。領主直営地における農民の過酷な労働は輸出不振のこの時期以降さらに強化され，ここでも「再版農奴制」と呼ばれる領主による農民の人格的支配が確立した。農民層に負担増を強いた穀物生産へのいっそうの傾斜＝専業化は，流通を押さえる外国商人によるポー

ランド経済支配を招いたともいわれる。

またポーランドにおいてもプロテスタンティズムの浸透があったが，これは領主・大領主＝貴族を中心としていた。カトリック教会と結びついた国王権力への貴族層の対抗という側面も強く，三十年戦争など宗教戦争の中でポーランドの中央集権化はいっそう遅れることになった。

ブランデンブルク＝プロイセン王国の成長から，弱体化したポーランドが影響を免れることはできなかった。ポーランドが内戦やあいつぐ外国の干渉に苦しむなか，プロイセン地方は17世紀中頃にはポーランドの宗主権下から離れる。18世紀に入ってからもスウェーデンとロシアの覇権争いに巻き込まれて衰退を続けたポーランド王国は，列強に成長したプロイセン王国がロシア，オーストリアに提唱した第1次ポーランド分割（1772年）で多くの領土を喪うことになった。

● 参考文献 ●

伊藤宏二『ヴェストファーレン条約と神聖ローマ帝国――ドイツ帝国諸侯としてのスウェーデン』九州大学出版会，2005年

大津留厚編『中央ヨーロッパの可能性――揺れ動くその歴史と社会』昭和堂，2006年

佐村明知『近世フランス財政・金融史研究――絶対王政期の財政・金融と「ジョン・ロー・システム」』有斐閣，1995年

野村真理『ガリツィアのユダヤ人』人文書院，2008年

J. ド・フリース＝A. ファン・デァ・ワウデ（大西吉之・杉浦未樹訳）『最初の近代経済――オランダ経済の成功・失敗と持続力 1500～1815』名古屋大学出版会，2009年

Allen, R. C., *The British Industrial Revolution in Global Perspective*, Cambridge University Press, 2009.

議論のための課題

1. 16〜18世紀の低地地方の経済成長について、その経済史的な位置づけを考慮して述べなさい。
2. 一円支配的・統一的な国家の成立と経済発展との関係をどのように考えればよいか。ヨーロッパのいずれかの国や地域を例にとって論じなさい。

第3章 ヨーロッパの工業化をどうとらえるか

　本章は学説史の整理にあてられる。

　本書「第Ⅱ部」以下で詳説する通り、ヨーロッパ（とりわけ、西ヨーロッパ）は、世界の歴史の中でいちはやく顕著な——おそらくそれ以前にはみられなかった規模と持続性をもった——経済成長を遂げた。そしてそれは「工業化」という概念で把握されるべき経済と社会の変化をともなうものであった。このことは誰も否定できない。人類の歴史上ではごく最近に起きた、しかしきわめて大きな事件であった。

　この現象を理解するため、当のヨーロッパの人々を中心にさまざまな解釈が施されてきた。とりわけ重視された問いは、2つあるといえる。

　まずあげられるのは、ヨーロッパの突出した役割をめぐる問いであった。すなわち「なぜヨーロッパだけが工業化したのか」である。20世紀に入り、工業化が必ずしもヨーロッパに限られた現象ではないことが——日本の工業化などを目の前にしたことで——わかってからも、この問いは「なぜヨーロッパ（または西欧）がいちはやく工業化したのか」という形で人々をとらえ続けた。

　いまひとつ重要な問いは、比較的近い過去に起き、目下も起きつ

つある工業化を，歴史上にいかに位置づけるのかであった。これは，「産業革命とは何か」という問いとして，「最初の工業国＝イギリス」の経験の解釈をめぐる，100年以上途切れない議論となった。

これらに対して絶えずアプローチの刷新があり，それぞれにふさわしい道具立てが工夫された。本章ではそれらを概観しておきたい。

1 なぜ最初にヨーロッパが工業化したのか

「近代経済成長」と「なぜヨーロッパが最初に？」という問い

「近代経済成長」とは文字通り，過去二百数十年以内に起きた経済成長のことで，その定式化は20世紀アメリカの経済学者サイモン・クズネッツに多くを負っている。ある国において人口や1人当たり生産量・1人当たり所得が持続的に増加し，産業構造の大幅な変化や都市化など「近代化」と呼ばれるべき社会的変化が同時に生じる事態を指す。経済成長自体は人間の歴史においてこれ以前にも起きていたが，一定期間以上持続したわけではなく，そのテンポもきわめて遅いものだった。クズネッツは世界各国の歴史的経験を収集し，国民経済計算の視角から数量データとして整備した。この作業によって，ある一定の時期から特定の国々において経済成長が持続的となり，テンポも加速することが確認された。そしてそれらの国々では，所得分配や消費構造などさまざまな側面で共通の現象がみられることも実証し，普遍的な概念である「近代経済成長」を主張したのである。

この一方でクズネッツは，「近代経済成長」を達成した先進国が（日本を除いて）すべてヨーロッパに属するという事実を重視した。「近代経済成長」の移植が非ヨーロッパ世界に可能かどうか，可能であるとすればそれはどのような要素に限られるのかがつきとめら

れねばならないからであった。クズネッツを含む第2次世界大戦後の経済学者の大きな関心は、20世紀半ばにおける後進国（発展途上国）の経済開発にあった。そこではヨーロッパの経験をいかに生かすのか（あるいは、そもそも生かすことができるのか）が議論された。

「近代経済成長」はかつて多くの場合、「産業革命」や工業化、あるいは近代資本主義の成立とほぼ重なるものであるとされてきた。「近代経済成長」は歴史的現象としてはヨーロッパにおいてはじめて起き、それにほぼ特有の現象であると考えられてきたことになる。ここから、「なぜ西欧（あるいは欧米）だけが経済成長に成功したのか？」という、ヨーロッパの歴史的な固有性を重視する問いが発せられることになった。

アジアNIESや大陸中国の経済的台頭をみている現代の私たちには、「なぜヨーロッパだけが？」といった問いの存在自体、もはや思いもよらないことかもしれない。しかし、20世紀前半においては（新興国・日本を除き）、工業国や工業化された地域と呼べるものはほぼ欧米にしか見出すことはできなかった。北米・豪州をヨーロッパの社会的・文化的・経済的連続体だと考えるならば、工業化や「産業資本主義」の成立は、たしかにヨーロッパでのみ起こった現象であった。人種論や単純な文化決定論は問題外であるとしても、なぜヨーロッパという特定の地域に——そこ「のみ」ではないにせよ少なくとも（おそらくは）はじめて——「近代経済成長」が生じたのか、が重要な問いであることは間違いない。

この問いに答えようとする試みは、「近代経済成長」の開始と同じくらい古くから——つまり2世紀以上前から——繰り返されてきた。そうした学説や理論の間には当然、思想や力点の差異による対立や論争があった。これらをたとえば、アダム・スミス以来の古典派〜新古典派的な市場機能重視のオーソドックスな経済学的説明と、これを批判するマルクス主義的立場、さらに何らかの制度的要因を

図3-1 若き日のマックス・ウェーバー（1864〜1920年）

（出所）http://de.wikipedia.org/

最重視する立場，と3つに区別することも可能である。しかしこれらの大きな陣営ごとの差異は，相互に影響を与え合った論争の結果，小さくなってきているようでもある。

これとは別に，「近代経済成長」が起きた要因をヨーロッパの内部に求めるか，あるいはヨーロッパ外部の世界に求める（ヨーロッパとアジア・アフリカとの関係をより重視する）かによって，上の各陣営に属するさまざまな議論をとりあえず大きく2つに分けることもできる。以下ではこちらによって，おおまかな整理を試みてみよう。

1　ヨーロッパ内部の要因を重視する議論

宗教と資本主義：M.ウェーバーのテーゼ　　近代ヨーロッパは基本的にキリスト教社会であり，なかでも経済成長が顕著だったイギリスはじめ北西ヨーロッパは，宗教改革後にはプロテスタンティズム（新教）が支配的な地域である。この

点をとらえ，19世紀末から20世紀初頭のドイツで活躍した社会学者マックス・ウェーバーは，近代資本主義の起源についての古典的な説を唱えた。有名な論文「プロテスタンティズムの倫理と資本主義の『精神』」(1904-05)においてウェーバーは，プロテスタンティズムの有力な神学のひとつであるカルバン主義に立つ清教主義が，資本主義的な社会を作るのに都合のよい倫理的・政治的な諸条件をつくった（つくってしまった）と主張している。

ウェーバーにとって，世界の他地域にみられない西ヨーロッパ近代文明の本質的特徴は，その合理性にある。そこで発達した資本主義の「精神」とは，合理的な経営・経済活動を支える精神や行動様式にほかならないが，ウェーバーによればカルバン主義はこれと親和的であった。カルバン主義には予定説といわれるものがあり，個人は神によって救済されるかどうかがあらかじめ決まっているのだが，本人はそれを本来知りえないとされた。そこで，個々人が現世で善行を積むことで神の栄光を示し，救済を確信するしかないと考えられるようになったという。またプロテスタンティズムによって，従来のキリスト教にみられる呪術的な儀式（「魔術」）からの解放があったともされる。こうしたカルバン主義の普及は結果として，禁欲的に「天職（calling, Beruf）」に勤しむこと（勤労）による蓄財や飽くなき営利追求を正当化した，とウェーバーは論じた。

ウェーバーの説は発表当初から，実証面で厳しい批判にさらされた。カルバン主義の教説の理解が正確ではない，非プロテスタント地域にも資本主義精神の発達はみられた，むしろ経済成長の結果として宗教的教説が変化したと考えるべきだ，……といったものである。しかしウェーバーの試論は，宗教と経済成長の関係を論じる上で最も成功したものであろう。ウェーバーはユダヤ教，仏教，儒教，道教，イスラーム教などの世界宗教を比較し，宗教社会学の一大体系を構想したが，その結果からもプロテスタンティズムという

（西）ヨーロッパの固有の特徴が近代資本主義の成立といかに密接に関係しているか，ひいては近代資本主義の合理性が西欧的なものでしかありえないことが端的に解明されるはずだった。

そもそもウェーバーを刺激したのは，社会科学の開拓者の一人W.ゾンバルトであった。ゾンバルトは「資本主義（資本制）」という学術用語をいちはやく定着させ，資本主義の成立についてユダヤ教徒，恋愛・贅沢（消費），戦争といった多様な角度から包括的に論じた。ゾンバルトによれば，「初期資本主義」は古代文明以来の商業の発達と本質的に変わらないもので，産業革命を経た「高度資本主義」に入ってはじめて独自性が生じるものであった。ゾンバルトの足跡も大きいが，資本主義成立論としてはウェーバーのテーゼの方が後世への影響力が強く，また持続的なものとなった。

ウェーバーとマルクスの影響下に

ウェーバーの宗教社会学には当時影響力の強かったマルクス主義的な唯物史観に対抗する意図があったが，マルクス的な歴史把握とウェーバーのそれとをむしろ併用ないし接合しようとするユニークな研究が20世紀半ばには出現した。

たとえばナチスに追われて渡米したドイツ・フランクフルト学派の中国史家・社会学者K. A. ウィットフォーゲルは，ウェーバーの影響下にマルクスの「アジア的生産様式」の概念を発展させ，中国史における「水利社会（水力社会）」（大河流域の文明の「中心」においては治水灌漑の必要を通じて，官僚支配の専制的な王朝が出現する）という古典的な把握を提唱し，さらに当時のソビエト・ロシアをも視野に入れた「東洋的専制（オリエンタル・デスポティズム）」という全体主義の一般概念に辿り着いた。ここでは近代資本主義の前提として，（西）ヨーロッパの中世封建制以降の政治体制の存在が念頭に置かれている。つまり，（西）ヨーロッパではアジアの専制王朝のようにあまりにも強大で私的企業に敵対的な政府が経済発展を抑制する

ことがなかった，という考えである。ウィットフォーゲルの「東洋的専制」論には政治的な毀誉褒貶がつきまとったが，このアイディアは裏返すと，初期近代（近世）ヨーロッパ（もしくはその一部）に経済発展を導くような固有の価値観や組織の勃興があったことを強調するものであった。

　大塚久雄は，マルクス以上にウェーバーの宗教社会学的視角に強い影響を受けた。第2次大戦前後の苦難に満ちた時期に独自の体系を確立した大塚は，近代資本主義の起点を15世紀のヨーロッパにおける農村工業の発展とそれにともなう本質的に新しい市場（局地的市場圏）の成立に見出し，封建体制に「寄生」する前期的資本（商人資本）を新しい農村の織元である産業資本が圧倒し，これへの反動である絶対主義王政をさらに市民革命が打倒することで，資本主義的な蓄積が全面的に可能になったと主張した。いまや資本主義的発展への障害が取り除かれるや，中産層の分解（資本家―賃労働者）が進行するが，大塚は「近代化」を主導する人間類型をそれら中産的生産者層（独立自営農民など）に見出すことで，西欧社会の独自性を説くとともに敗戦後の日本の復興の方向性を示したのである。大塚の対立的な二分法（都市―農村，前期的資本―産業資本，……）や近代主義的バイアスなどへの実証的批判は，大塚の考えを継承した比較経済史学派（いわゆる「大塚史学」）内部からさえも出尽くした感があるが，その戦後思想としての意義は今日も繰り返し省みられている。

ヨーロッパ経済の先進性(1)：人口と資本蓄積

　20世紀後半に展開された，ヨーロッパ経済には近代経済成長を生みだす固有の要因があったとする諸学説は，その力点をどこに置くかによって2つに分けられるようである。ひとつは，16世紀から18世紀にかけてのヨーロッパは資本蓄積すなわち富の水準においてすでに世界の他地域にはるかに先行していたとするものである。

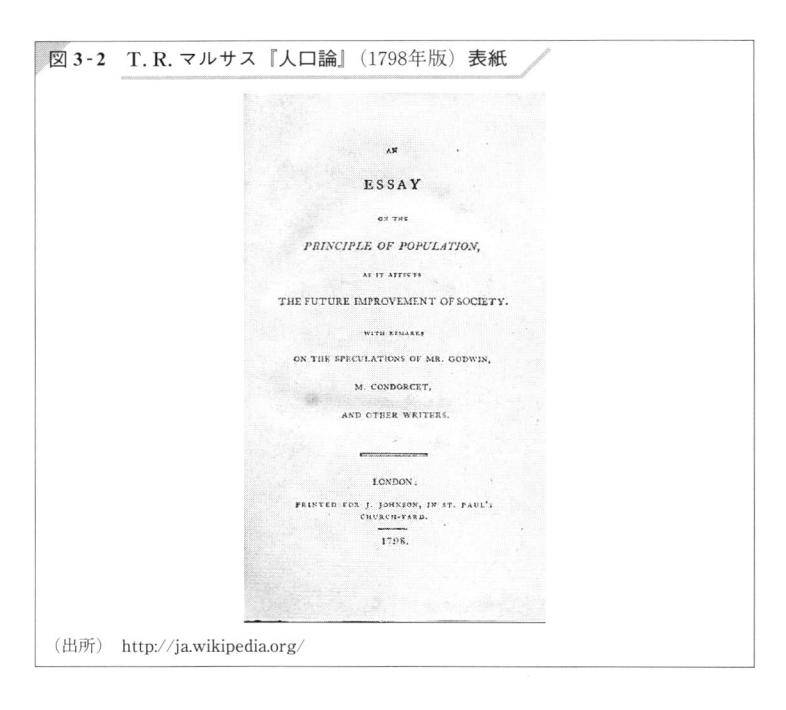

図 3-2 T. R. マルサス『人口論』(1798年版) 表紙

(出所) http://ja.wikipedia.org/

　それらの議論は，多くの場合（すでに J. ヘイナルが「北西ヨーロッパ型結婚パターン」といったタームで説明してきた），人口様式の独自性から議論をスタートさせる。「前工業化」社会のヨーロッパは，「マルサスの罠」という制約からいちはやく抜け出すことができた。「マルサスの罠」は「前近代的人口再生産様式」と言い換えることができるが，そこでは，もし何らかの理由で生産量が増加しても人口圧力が働く結果，長期的には人口も生産量も停滞せざるをえない。

　しかしヨーロッパでは，人口再生産へのさまざまな慣習的抑制（遅い結婚や聖職者の独身など，マルサスのいう「予防的抑制 (preventive check)」にあたるもの）がとられた。この結果，より多くの非農民の扶助が可能なヨーロッパが創りだされていた。つまり庶民がより多

くの道具や家畜をもち，より健康的で生産的な生活を行う社会において，必需品にとどまらない諸商品のより大きな市場が成立した。こうして長期間にわたって，単にトータルにではなく，1人当たりについて資本ストック（物的資本のみならず，人的資本も含まれる）を増加させることが可能となった。この意味での内包的成長（intensive growth）と区別されるのは，人口・資本を含めた資源投入量の増大のみによる外延的成長（extensive growth）である。

こうした前工業化期ヨーロッパの達成を重視する考えは『ヨーロッパの奇跡』（1981；邦訳 2000）のE. L. ジョーンズに代表される。超長期の成長は成長促進的な要因がたくさんあったことによってではなく，成長を阻害する要因が取り除かれていることによって説明されるのだとジョーンズは考えた。そして，1400年代から1800年代のヨーロッパは，他の地域に比べて，まず環境要因において有利であったと主張する。

他の地域と違い，絶え間ない人口圧や大災害（あるいは遊牧民の攻撃）の打撃から免れていたヨーロッパ固有の自然条件は，比較的高い1人当たり所得の達成や資本蓄積を容易にした。また，ヨーロッパ内部の多様で分散的な資源賦存状況が，交易を促して市場の勃興を生んだのだという。こうしてヨーロッパでは非常に早い時期に工業化への準備過程が現れており，たとえば累積的な技術変化がそれだとする。同時に，市場の勃興や「諸国家併存体制」というヨーロッパ固有の政治的特徴の，「帝国」に対する優位も強調される。この点でジョーンズは，第2のグループである制度主義的な視角とも認識を共有している。

ヨーロッパ経済の先進性(2)：制度の役割　D. ノースが代表する新制度学派の視角は，初期近代（近世）ヨーロッパ（もしくはその一部）に経済発展を導く力がある組織や制度の勃興があったことを強調する。こうした議論の焦点におかれる

のは，効率的な市場の勃興と私的所有権の確立である。それらは，土地・労働・資本の使用について従来よりも生産的な方式を発見した者に，正当な報酬をもたらす仕組みであった。

ノースとR.P.トマスは『西欧世界の勃興』(1973；邦訳 1980)において，これまでヨーロッパのいちはやい経済成長の理由にあげられてきた，技術革新や規模の経済性や資本蓄積や教育（人的資本）などの経済成長論的な要因は「成長そのもの」であって，それらをヨーロッパにもたらしたそもそもの説明要因を探るべきだとした。そして，取引費用（transaction cost：財の交換機会に関する「調査費用」，交換条件に関する「交渉費用」，契約実施に関する「実施費用」など）を削減する効率的な経済組織の存在こそがそれだと主張した。具体的には，16〜18世紀のヨーロッパ，とりわけオランダとイギリスで発展・確立した，国家による私的所有権の保護があげられる。それは取引費用を削減することで取引参加主体のインセンティブを高め，市場取引の拡大をもたらしたとするのである。

こうしたノースらの考えは，理論経済学者J.R.ヒックスの『経済史の理論』(1969)と共鳴する点が多い。ヒックスは（狭義の）経済活動が行われる場である「市場」に経済史学は関心を払うべきだと考え，市場の勃興（交換経済の勃興）とその浸透（市場制度の支配領域の拡大）を中心に世界経済史の一般的な理論を示した。そして，「ヨーロッパ文明が都市国家局面を通過したという事実」をアジアとの違いとして重視する。なぜなら都市国家とは「商業を行う存在」であり，18世紀のオランダやイギリスのような国民国家と古代・中世の都市国家とはここで多くの共通点をもつからである。つまり古代都市国家以降の商人的経済の発展のピークに，「産業革命」もおかれているのである。

こうした制度の最重視は，新古典派経済学にもとづく経済史研究と並び，今日の経済史研究において大きな影響力をもっているが，

全体としてヨーロッパの持続的な成長の起点をより早い時期に遡らせる傾向が強いといえる。これは言い換えれば，西ヨーロッパは「地理上の発見」以降の海外への拡大のずっと以前から，独自に前途有望な道をたどっていたのだとする見方だといえる。たとえばかつて「暗黒時代」視された中世ヨーロッパには，すでに相当よく機能する市場があり，創造的な科学や技術の発展があったと考えられるようになった。

最近，ノースらの新制度学派経済史研究をゲーム理論の応用によって発展させているのが，いわゆる「歴史制度分析」学派である。その主導者であるA. グライフは，11世紀の地中海商業が公権力による契約執行（の強制）という制度的な保護なしに「復活」できた制度的根拠を，当時のイスラーム化したユダヤ系商人たち（マグリビ）が独自に生み出した多角的懲罰メカニズムをもつネットワーク的な組織（結託）に見出している。

2 ヨーロッパ外との連関の重視

I. ウォーラーステインの「近代世界システム」論

上でみた議論と鋭く対立することになるのは，工業化に先立ってヨーロッパが海外植民地をもっていたことを重視する議論である。こうした議論は思想的には，マルクス主義にもとづく従属学派の主張の影響下にある。K. マルクス自身は，「アジア的生産様式」についての議論を後世への置き土産にした以外には，ほぼ西ヨーロッパにおける資本主義の成立と発展に関心を集中させていたが，近年の経済史研究におけるマルクス主義的関心は，海外帝国などのより広大な地理的フレームワークでの「搾取（収奪）」に向けられる。

I. ウォーラーステインは主著である『近代世界システム』（1974 –；邦訳 1981–）などにおいて，近代西ヨーロッパを「中核」とする

図 3-3 16世紀における南蛮人の日本来訪

(出所) 狩野内膳筆『南蛮屏風』神戸市立博物館蔵。

資本主義的なシステムである「世界経済」の存在と「史的システム」としての特異性を力説した。「世界経済」とは世界的な広がりをもつ経済的分業体制の意味であり、このアイディアをウォーラーステインは、フランスの社会史・アナール学派の第2世代の指導者フェルナン・ブローデルの「経済＝世界」の概念から受けとった。

『地中海』(1949；邦訳 2004) で知られるブローデルは「経済＝世界」という語によって、近世以前にも存在したであろう、ひとつの経済システムがひとつの世界であるような全体性を構想した。一方、ウォーラーステインが世界経済として重視するのは、近代資本主義

経済を紐帯とする「長期の16世紀」(1450年頃から1620年頃まで)以降に成立したシステム(「近代世界システム」)のみである。一体化した世界における地域的な分業体制によって、システム全体の余剰の大半が(西)ヨーロッパによって収奪され、国際貿易が進展すればするほど西ヨーロッパとその他全地域の経済格差が増大する事態こそが重要であったからである。

ウォーラーステインによれば、自由労働が実現している「中核(コア)」での利潤蓄積が達成されるには、不自由(強制的)な労働形態が支配的な「周辺(ペリフェリィ)」(また、中間的・過渡的な存在である「半周辺(セミ・ペリフェリィ)」)の存在が不可欠であった。「封建的」な東欧と「資本主義的」西欧との交易の増大が世界経済の成立開始であったが、このシステムは遠隔地商人と軍隊によってヨーロッパ外に急速に広がり、農産品・原料と工業製品との不等価交換を通じて「周辺」諸地域の産業構造の第1次産業への固定・資源輸出国化が決定され、一方で「中核」地域においては資本蓄積と工業化がもたらされたのだという。

こうした近代世界システムは500年にわたって続いているが、その中で特定の「中核」の一国が他の「中核」諸国を圧倒する経済力をもつことがあり、そのような状態を「覇権(ヘゲモニー)」と呼ぶ。「産業革命の母国」であると同時に自由貿易体制の母国でもあったイギリスは、19世紀半ばにおけるそうした「ヘゲモニー」国家にほかならないとされる。

「近代世界システム」論は、現代世界における経済格差(南北問題や「低開発の開発」)の問題を考える上で、なおきわめて示唆的である。しかしウォーラーステインとその学派だけが「世界システム」の形成について論じているわけではなく、さまざまな「世界システム」論とそれらの間での未解決の論争があり、そうした議論がしばしば史実の誇張や歪曲をともなうことも否定できない。また、国境や大洋を越えたグローバルな経済連関の(時期ごとに異なるであろう)

意義を認めた上で，西ヨーロッパの成長に海外交易がどれだけ貢献したかを数量的に確定しようとする試みもなされたが，そこからは比較的低い数値の推計結果しか出されていない。「『中核』の経済成長にとって『周辺』はあくまで周辺的であった」というのが，試算を行ったイギリスの経済史家 P. オブライエンの結論である。

さらに一方，西ヨーロッパ工業国の収奪によるアジア，ラテンアメリカなどの工業化阻害という通念に対しては，根本的な批判の動向も近年にはあることを付け加えておかなければならない。たとえば16〜18世紀の東アジアにはヨーロッパ中心の「世界システム」から自立した地域経済秩序があったことを強調するものであり，19世紀以降についてはむしろ「工業化を普及させる海外帝国」という像を提示するものである。後者は「ジェントルマン資本主義論」ともいわれ，イギリス経済は（「産業革命」の舞台となったマンチェスターの産業資本ではなく）シティの金融資本が主導していたのであり，それは国際通商秩序という「公共財」を提供することで他地域の経済成長を促進したと主張される。

「大いなる分岐」と「有用な知識」

18世紀以前の東アジアの高い経済的達成を主張する，いわゆるカリフォルニア学派に属する K. ポメランツは，『大いなる分岐』（『大分岐』）(2000) で多大な反響を得た。斬新な比較史的な視点によって，「世界システム」論に共通の「植民地化による富の獲得がヨーロッパの経済変化にとっては決定的な意味をもつ」という考えを甦らせると同時に，18世紀後半の「産業革命」のターニングポイントとしての再評価に成功したからである。ポメランツは，持続的成長をもたらしたヨーロッパの独自性を時期的に遡らせようとする新制度学派的傾向を，「ヨーロッパ中心主義」として批判する。そして「ヨーロッパ中心主義」にはウォーラーステインすら含まれるとする。ポメランツによれば，18世紀まで西ヨーロッパとアジアの

一部地域とはきわめて似通った道筋をたどってきたのであり、資本蓄積や制度のみならず1人当たりの所得（生活水準）についても、ヨーロッパ経済が決定的に優位にあったわけではない。

たしかに「産業革命」以前の数世紀にわたり、西ヨーロッパの中核地域には市場の発展とそれにともなう成長があり、それらは疑いなく工業化の前兆であった。しかし、中国の沿岸部はじめアジアの多様な中核地域にもまったく同様の商業化と労働集約的な「プロト工業化」（本章で後述）が確認されるのである。しかし、それらはともに工業化に直結したわけではない。それどころか、イギリスをはじめとするヨーロッパ、アジア双方の地域は18世紀には成長の袋小路（収穫逓減）に入っていた、とポメランツは主張する。ここでヨーロッパだけが工業化したのは、ヨーロッパには石炭資源が利用しやすい形で賦与されていたというまったく偶然の自然的条件と、新大陸をはじめとする海外植民地の存在（さまざまな資源や市場の獲得）とによるものにほかならない。したがって、ヨーロッパと世界の他の地域との「大いなる分岐」は、新たなエネルギー資源である石炭を利用した「産業革命」の時期である1750年以降に生じたのだ——というのである。

18世紀にイギリスはじめヨーロッパの経済が収穫逓減に突き当たっていたという主張には、多くの批判がある。しかし、マルクス主義的な世界システム論や新制度学派的な視角のみならず環境論をも包括的に摂取し、ヨーロッパの経済成長について新たな視角を提供するポメランツの議論は、彼の議論に反対する立場をも刺激するものだろう。

そうしたもののひとつに、近年 J. モキアが展開する「有用な知識（useful knowledge）」に関する西欧世界の特有性についての議論がある。

モキアは19世紀の工業化の重要性を認めつつ、それに先立つ啓蒙

時代の知的世界の大きな変化を重視する。「有用な知識」が社会において（存在するばかりではなく）実際に用いられるようになったことは，それ以前の他の社会にみられなかった現象であり，それこそが近代物質社会をつくった西欧のユニークな点だとするのである。それを可能にしたのは，大学，出版業，職業的科学などのさまざまな制度を含む社会的ネットワークであり，イギリスをはじめとする国家（国民国家）の役割もこの文脈で評価される。こうしたモキアの議論は，「ヨーロッパ中心主義」と批判されがちな立場から，ポメランツらの比較史的問題提起に新たな視角で応えたものだともいえよう。

　また，知識やアイディアや技術が経済成長に果たす（歴史的に果たしてきた）役割は，理論や政策の研究でもあらためて注目を集めている。知識・アイディアの増加と経済成長や人口増大などとの関連については，今後も認識が深められるであろう。

2 「産業革命」をめぐる議論

●学説の変遷

「産業革命」論の誕生と展開

　上で述べたように，欧米の経済史学において，イギリスにおける歴史的な工業化すなわち（いわゆる）「産業革命」をめぐる議論は，最も古くかつ継続的な関心が払われてきた研究分野のひとつである。

　「産業革命」という語自体は，19世紀はじめにフランス人が自国の政治革命と比較して，対岸の隣国・イギリスにおける「産業上の大革命」を観察したときに遡ることができる。

　「（イギリス）産業革命（The Industrial Revolution）」が英語になり，歴史用語として定着したのは，19世紀末の社会改良家 A. トイン

図 3-4 「産業革命」の語を定着させた社会改良家 A. トインビー

(出所) http://en.wikipedia.org/

ビーによるとされる。若くして死んだトインビーは,漸進的な改革で社会主義をめざそうとした1884年設立の政治結社「フェビアン協会」の同志であった。フェビアン主義者として当時のイギリスの労働者階級の救済に身を捧げたが,彼にとって「産業革命」とは美しい中世の田園生活を崩壊させ,かつての農民に産業労働者としての過酷な生活を強いるようになったそもそもの発端であった。

現代の経済史家 D. キャナダインは,このトインビー以来の研究における「産業革命」概念のもつ支配的なイメージの変遷を整理した。その1984年の論文によれば,

(1) 19世紀末〜1920年代：当時の社会問題の根源にある断絶的な変化として,その破壊的な影響を重視(産業革命の社会的帰結への悲観論が主流)

(2) 1950年代前半まで：景気停滞,大不況といった経済変動や「資本主義の終焉」を背景に,長期の景気循環の一局面として「産

業革命」を把握する

　(3) 1950年代後半〜70年代初頭：西側先進国の未曾有の高成長とケインズ経済学・開発経済学の隆盛を背景に，「史上初の持続的経済成長」を「産業革命」に発見

　(4) 70年代〜80年代：低成長時代を背景に，より長期的で緩慢な変化を確認

という，それぞれの時期の経済状況，支配的な社会観や経済学のパラダイムに対応した認識やイメージの変化がみられたという。

　この整理は図式的ではあるが，にわかには否定しがたい説得力をもつ。たしかに「すべての歴史は現代史」（B.クローチェ）であり，「産業革命」論も例外ではない。

| 第2次世界大戦前後までの「産業革命」論 |

　「産業革命」への本格的な研究の開始（キャナダインの整理によれば第(1)期）は，「産業革命」が多くの人々の生活を貧困に陥れたとする悲観論者たちによる。19世紀末から20世紀初頭当時のイギリスは断続的な不況と諸外国製造業の追い上げによる経済の停滞感に悩み，同時に労働問題，都市化，選挙権拡大など社会的な変化を鋭く意識していた。上記のトインビー，ハモンド夫妻，ウェッブ夫妻ら社会改良家＝フェビアン主義者は，こうした将来への危惧に充ちた経済社会の出発点として「産業革命」をとらえた。

　彼らの言葉によれば，「旧秩序は蒸気機関と力織機の一撃で粉砕された」のであり，1780年代に産業革命がそれ以前のよき時代と現代とを切り離したのであった。その結果，何が生じたか。イギリスの農民は耕すべき土地を失い，田園から追われ，都市の貧しく不衛生で危険な生活に苦しむことになった。労働者は奴隷なみの悲惨な境遇に落ち，現在に至っているではないか。彼らを貧困に追い込んだのはレッセフェール（経済的な自由放任主義）だ。このことこそ「産業革命」史の教えるところであり，レッセフェールを修正しな

ければならない——というのが悲観論者の主張だった。多くの経済史家もレッセフェールに同調しているわけではなかったから，悲観的な「産業革命」像は広く受け入れられた。

これに対して経済史家 J. H. クラッパムは悲観論者が「産業革命」をまさに「革命」的に突発的かつ劇的な現象であると把握していることを批判し，実際にはより連続的かつ緩やかで局地的な変化があったのだと論じた。彼によれば，1830年以前にはいかなるイギリスの産業も全面的な技術革新を経験したわけではない。またクラッパムは統計数値に依拠して1790年以降実質賃金が上昇していることを示し，長期的にはむしろ人々の生活が向上していると主張した。上にあげた当時の通念に反するこうした主張は楽観論と呼ばれる。悲観論と楽観論は，産業革命の社会的帰結に関する最初の「生活水準論争」を繰り広げた（→第4章2）。

2つの世界大戦の時期である20世紀前半には，経済の循環的変動や資本主義体制の動揺（「没落」）が人々の関心を支配するようになった。国際金本位制の停止，復興，崩壊というプロセスや戦間期の世界経済の不安定，未曾有の規模の失業をともなう大不況といった事態がその原因だといえる。このキャナダインのいう第(2)期にも，現在と過去の経済現象に向かうまなざしには悲観主義的な傾向が強かった。

この時期，経済学者の主要な関心は経済の循環的変動にあった。アメリカ合衆国の全米経済調査研究所（NBER）ではW. C. ミッチェルらが景気循環についてのデータを蓄積して国際比較と将来予測を行い，一方でJ. A. シュンペーターなどがさまざまな長さの波動について理論を提示した。シュンペーターは大著『景気循環論』（1939）で，3種類の波動の同時進行によって進む経済発展の壮大な見取り図を描いた。

こうした景気循環の観察を「産業革命」にまでさかのぼろうとす

る関心は,経済史家の間にも広まった。フランス革命・ナポレオン戦争後の国際的な経済再建(再調整)ならびに不況と第1次大戦後のそれとの間には類似性が認められたため,1790年代から1820年代に分析が加えられた。W. H. ベバリッジは賃金,物価,出生率などのデータを収集し,周期的変動が失業に及ぼす影響を「産業革命」期にさかのぼって考察した。失業という20世紀前半に浮上した社会問題を通して,18世紀末〜19世紀初頭の「産業革命」を長期の景気循環の中に位置づける歴史的展望を得たのである。

一方でこの時期にも,「産業革命」の意義を肯定的に論じる楽観論は出され,学問上の影響力をもった。クラッパムの議論を支持した E. リプソンは,19世紀中にイギリスの人口が3倍以上になり,しかもその大多数の生活は世紀はじめより生活水準を上げたと論じた。T. S. アシュトンは機械化が進まず人口のみ増大したインドや中国の低開発状態との対比により,「産業革命」の成果を高く評価した。

| 経済成長と「離陸」:ロストウ |

1950年代半ばに欧米工業国の経済は戦後復興を達成し,さらに高成長へと進んでいく。貧困と失業は前時代の問題として解決されたかのようだった。ケインズ経済学によってマクロ経済安定化の処方箋が得られたかに思えた。それを利用して繁栄をもたらすのは,政府に新たに認められた役割だった。一方,第2次世界大戦後にはアジア,アフリカの旧植民地国の独立が相次ぎ,それら新しい国々の政府や国際支援による経済開発が新たな課題として意識されるようになった(→第9章2)。

この未曾有の規模の長期にわたる好況と「豊かな社会」到来の予感は,経済学者の関心を循環から成長へとシフトさせるとともに,経済史家の「産業革命」理解にも大きな影響を与えた。それは現代世界における経済開発に直接役立つ歴史的経験,最初の経済成長と

しての「産業革命」把握であった。かつての悲観的な「産業革命」観は後退した。生活水準論争における悲観論者の代表である E. J. ホブズボームですら，自身の「産業革命」研究が「現代の関心である（……）経済発展と工業化の問題」を反映していると認めたほどである。

　アメリカ合衆国ではミッチェルに学んだクズネッツが国民経済計算にもとづく実証的・理論的分析を進め，上述のように「近代経済成長」の概念を定式化していた。これは一義的には1人当たり所得の持続的成長を指すが，こうした所得上昇と人口の成長をともないつつ，産業構造変化・都市化・貿易拡大……などといった「近代化」が観察される事態が想定されている。クズネッツは国民経済計算を歴史的に遡及し，現代の経済成長・経済開発に役立つ含意をそこから得ようとした。経済成長の初期には一国内の経済格差は増大するが，一定期間後に格差は縮小しむしろ平等化に向かう——すなわち横軸に時間，縦軸に格差の指数をとると，逆U字型の曲線が描ける——といういわゆる「クズネッツ・カーブ」は，その成果として得られた経験則のひとつである。

　こうしたマクロ経済（学）的視点からの経済史研究はヨーロッパの研究者にも刺激を与え，国民経済計算の歴史的推計作業を促した。イギリスの P. ディーンと W. A. コール，ドイツの W. G. ホフマンらは自国の「産業革命期」の成長率の推計に取りくんだ。これらは物価史を中心とするそれまでのヨーロッパの数量経済史の伝統とも異なる，新しい流れであった。

　W. W. ロストウの「離陸」論はこの時期（キャナダインによる第(3)期）の「産業革命」論の代表である。ロストウは戦前には景気変動に焦点をあてた18世紀末～19世紀前半のイギリス経済史研究で一家をなしたが，『経済成長の諸段階——ひとつの非・共産党宣言』（1960；邦訳 1961）で広く知られることになった。投資の量や性質

が経済のパフォーマンスに与える影響を重視する点では彼自身の以前の研究と変わりがないが、「産業革命」はもはや景気変動ではなく経済成長として把握されている。

ロストウは「離陸（Take-off）」という概念で、過去の工業国では、経済成長が「社会の正常な状態」になる近代社会への断絶的な大変化が起きたことを主張した。離陸の指標は資本蓄積と投資増大である。投資率（貯蓄率）が国民所得の10％ないしそれ以上に達するとき、一国の経済はあたかも飛行機のように「離陸」するのだとした。

ロストウの整理によれば、こうした変化はイギリスでは1783年から1802年にかけていちはやく生じた。これに続き、ベルギー（1833～60年）、アメリカ合衆国（1843～60年）、ドイツ（1850～73年）といった順で経済が離陸したとされる。これらの時期は、伝統的な「諸国の産業革命」観による時期設定とあまり変わらない。ちなみに日本の離陸は1878年から1900年にかけてとされた。それぞれの国では主導的産業部門（リーディング・セクター）が経済を牽引したという。リーディング・セクターとは、突出した生産性上昇と成長をいちはやく実現し、国内産業にプラスの連関効果を与えると考えられる産業部門で、イギリスの「産業革命」では綿工業がこれにあたったとされた。

ロストウはこの「離陸」を中心に、19世紀のドイツ歴史学派以来の伝統的な発展段階説を成長論的にアレンジしてみせた。すなわち、「伝統的社会（Traditional society）→ 離陸への先行条件（Preconditions for take-off）→ 離陸 → 成熟社会への前進（Drive to maturity）→ 高度大衆消費時代（Age of high mass consumption）」である。

ニュートン力学に代表される近代科学が成立するまで、非常に長い期間にわたって「伝統的社会」が続く。そののち、近代科学の普及・市場の拡大とともに「経済進歩は善である」という社会的通念

が成立するための必要条件が揃う「過渡期」である「離陸への先行条件」の時期がある。これを経て，ついに「離陸」がおき，いったん経済成長の軌道に乗ると，「成熟社会への前進」が生じる。このとき，投資率は国民所得の10～20%を着実に占めるようになり，人口増を上回る所得上昇（言い換えれば，生活水準の上昇）が起きる。同時に産業構造の高度化が達成されるであろう。かくして「高度大衆消費時代」が到来する。この「高度大衆消費時代」の指標は当時のアメリカ合衆国や西欧諸国の現状から導かれた，広範な消費財およびサービスのブームといったものであった。

ロストウの議論の軸である「離陸」に関しても，実証的な批判は数知れない。「産業革命」期の金融の規模は小さく，貯蓄の上昇は工業化のむしろ結果であるという観察結果も出た。詳細に観察すれば，資本蓄積や綿工業の発展は断絶的で激しいものではなくむしろ連続的な緩やかな変化であり，「離陸」といった概念があてはまるものではないことがわかる。

この時期の経済史家の多くはもちろん，イギリスの産業革命と「第三世界」（新たに独立したアジア・アフリカ諸国）における発展途上国とでは，前提となる経済的条件が大きく異なることに気づいていた。産業革命直前のイギリスは人口過剰，資源不足，低識字率といった問題からは無縁であり，生産性の高い農業セクターと発達した市場をもっていた。「最初の工業国家」はまさに最初であるがゆえに，後発国の模範になるものではないとも言い得たのである，しかし，こうした考えはあまり広まることがなかった。「産業革命」論を現代の経済問題に直接適用し，投資や政府による誘導の重要性を強調したいという願望は強かったのである。

『経済成長の諸段階』は"ひとつの非・共産党宣言"という副題が示すように，冷戦下のアメリカ合衆国の世界戦略を直接的に反映したものであった。当時の「第三世界」をめぐって合衆国・西側陣

営とソビエト連邦はじめ社会主義圏・東側陣営との対立は深まり，冷戦は局地的には「熱い戦争」の形をしばしばとった。ベトナム戦争がその最も端的な例である。低開発国の共産主義化への危惧から，社会主義化をともなわない経済発展の可能性と手段を西側陣営は示す必要があった。ロストウの主張は，「産業革命」論としてその必要に応えるものだったのである。

後進性の利益：ガーシェンクロン・テーゼ　A. ガーシェンクロンは，20世紀初め当時ロシア帝国のオデッサに生まれ，ロシア革命を避けて亡命，オーストリアのウィーンで学び，さらにナチスを避けて1938年にはアメリカ合衆国に亡命した。ロシア経済史の専門家であったが，「ガーシェンクロン・テーゼ」の別名をもつ「経済的後進性（Economic Backwardness）」仮説を唱えたことでさらによく知られる。

ガーシェンクロンは産業革命論における単線的発展段階説には批判的な距離をとり，先進国と後進国（後発国）の工業化パターンには本質的な違いがあることを指摘した。

産業革命論にとどまらず，経済史全体において発展段階説はかつて優勢・一般的であり，現在もややもすれば意識されない議論の前提となっている。F. リストを始祖に仰ぐドイツ歴史学派に始まりマルクスのそれを経て，20世紀にはマルクス主義に反対する上記のロストウが現代的なバージョンを提示してみせた。

ガーシェンクロンはこれに対し，後発国の工業化への観察から得られた以下の法則を示した。すなわちガーシェンクロンによれば，一国の経済が後進的であればあるほど，次のような傾向が強くみられたのである。

(1) 急速に成長する（断絶的に起きる）：後進国は先進国の開発した技術を借用することや，当初の技術ギャップを一気に埋められることによって，先進国より急速に経済発展を実現することが可能になる

〔＝後進性（後発性）の利益〕ため，成長率はより高くなる（外資を導入できることがこれに関連する）。
(2) 消費財よりも生産（資本）財の生産により重点がおかれる：イギリス産業革命は綿糸や鉄といった中間財生産の大量生産によって起きたと見なされていた。後進国にとっては重工業生産へのシフトがより有利になると判断される。
(3) 工場・企業の規模がより大きくなる：より多くの資本設備を有する重工業の比重が高まる結果である。
(4) 住民の消費水準はより抑圧される：資本形成を急速に進める必要が高いため，貯蓄－投資の国民所得における比率を高める必要から，再分配において消費は犠牲にされる。
(5) 農業の役割がより小さい：工業製品の市場として農業セクターは重要ではなく，農業セクターそれ自身の生産性上昇も顕著ではない。
(6) 資本を供給し工業化を促進するための特別の制度（組織）的要素の役割がより大きい：重工業中心の工業化のため，たとえばドイツでは大銀行，より後進的なロシアでは政府が，大きな役割を果たす。これはイギリス「産業革命」では民間の経済主体が果たした役割を代替するものである。
(7) 工業化のためのイデオロギー（ナショナリズムなど）の重要性が大きくなる：後進国の工業化達成のためには，特別な目標設定や国民意識の誘導で工業化を国民に志向させる必要が高い（たとえば明治日本の「富国強兵」といったスローガンがこれにあたる）。

以上のような傾向を通じて，後進国はより先進的な工業国にキャッチ・アップするというのがガーシェンクロンのみた工業化の波及ないし諸国民の「産業革命」の実態であった。

こうした観察には，ロシアはじめ中・東欧といったヨーロッパの後発工業国におけるガーシェンクロンの人生の豊富な経験が生かされていたといえるだろう。

ただし「ガーシェンクロン・テーゼ」に対しても，実証的な批判を避けることはできない。後述のように，「後発諸国（late-comers）の急激な成長・劇的（断絶的）な変化」は19世紀ヨーロッパ諸国では現実には観測されなかったからである。また，イギリス，アメリカ，ドイツで製造業（工業）と経済全体の生産性を比較すると，製造業では19世紀中にたしかに米・独が追いつくが，経済全体では農業・サービス部門におけるイギリスの永続的な優位が明らかであり，これらの部門の比重も動かないという分析結果がある。工業でのみ経済全体のキャッチ・アップを論じることはできなかったのである。

　しかし，ガーシェンクロンは上記のテーゼによって，工業化には国・地域により前提条件に応じてさまざまなパターンがあることを示唆したといえる。これにより，最も単純な発展段階論を批判すると同時に，過去の経験から何ら法則性や一般性を見出すこともできないという歴史一回性論の極論をも退けたのであった。

「産業革命」論の退潮

　1970年代は，先進工業国における持続的な経済成長と第三世界における経済開発の深刻なつまずきの時代であった。ヨーロッパにおける「経済成長の黄金時代」は過ぎ去った。石油ショックはローマ・クラブによるレポートの表題である「成長の限界」を実感させ，一方，発展途上国では「低開発の開発」が問題視されるようになった。不況下の物価高という事態に対して，ケインズ経済学は有効な対処法をもちえず，信用を失墜させた。それは，適切な政策によって成長・開発を達成できるという政府の機能への信用の失墜でもあった（→第9章3）。

　こうした低成長の時代に，「産業革命」は持続的経済成長や経済開発とのアナロジーから切り離され，「断絶的で大きな変化」というかつてのイメージに否定的な研究結果があいついだ。上記キャナダインによる第(4)期である。

　18世紀末から19世紀前半における個々の（しかも，リーディング・

セクターというべき）工業部門における技術革新や生産性上昇は意外に限られたものであったこと，工場制度の普及の遅さ，動力源の水力への依然として高い依存度，就業構造に占める伝統的分野の比重，……といったことが，新しい発見として提示された。これらは総じて，「産業革命」期のイギリス経済の地域的な差異の大きさを確認し，前時代との連続性の強い変化を強調するものだった。

こうした議論から，歴史的現実にそぐわない「産業革命」という用語を避けようとする動きもみられた。多くの場合，「工業化（industrialization）」で代替されたようである。

「産業革命」理解に，スタンダードな経済学の手法を導入した「新しい経済史」の普及が与えた影響は大きかったであろう。1960年代初頭には，経済史学のスタイルそのものに劇的な変化を加えた「新しい経済史（New Economic History）」あるいは「クリオメトリックス（Cliometrics：計量経済史；クリオはローマ神話の歴史の女神であり，"メトリックス"は"計量経済学＝エコノメトリックス"のそれを指す）」の担い手が現れた。彼らは経済史学の叙述的な伝統と対決して，経済学の視角や分析手法を前面に押し出した。その一人であるR. フォーゲルによるアメリカ合衆国の経済発展における鉄道業の役割の否定的な評価や，南北戦争期の奴隷労働の収益性に関する大胆な通説破壊は大きな論争をまきおこした。そのセンセーションによってかえって「クリオメトリックス」は学界に定着し，アメリカ合衆国を中心にやがて支配的なスタイルとなっていった。

広い意味で新古典派的な発想と問題意識にもとづくクリオメトリックスは，市場の存在と良好な機能を前提とすることが多い。このため，数量に現れにくい，経済構造そのものに生じたはずの歴史的にユニークな大きな変化を勘定に入れない傾向がある。

「産業革命」理解に決定的な影響を及ぼしたのは，ニック・クラフツらによる「産業革命」期の経済成長率推計であった（→第4章

1）。これは上記ディーン＝コール推計の大幅な修正であり，推計手続きにおける妥当性をより高めたものではあったが，作業仮説は「より緩慢な成長」という支配的な見解にもとづいており，むしろこれに誘導された結果だという批判もある。

　この時期に一般化された「産業革命」の地域性と連続性という概念は，しかし，こうした手法や視角の限定性を超えて定着した。実証的な裏づけに加え，これに沿った新たな概念装置も次々に現れた。

地域の工業化論：S. ポラード

1960年代以前の「産業革命」ないし工業化をめぐる議論の多くは，ヨーロッパにおける国民国家の枠組みを前提に組み立てられていた。2度の大戦を含む国民国家間の角逐が19世紀末から20世紀前半の現実であり，ロストウやガーシェンクロンの議論は自身の体験に裏打ちされたものだった。

　しかし第2次世界大戦後，冷戦体制下で東西両陣営に二分されたヨーロッパにおいては，とりわけ西欧において政治的統合に先立つ経済的統合が進められた。それはまず共同市場の形をとったモノ・カネ・ヒトの自由な移動の促進であり，国民国家の枠組みと無関係な地域間の経済連関がそこから浮かび上がった。ECからEUへと進展するヨーロッパ統合は一面では国家間条約の集合体でもあったが，反面たしかに超国家組織の形成でもあり，ヨーロッパ統合を担う欧州委員会による経済的政策の対象は国境線と無関係な「地域」であった。こうした動向を受け，ヨーロッパ経済の歴史的経験である工業化についても，これを地域のレベルで把握する必要が意識されるようになった。

　工業化という現象の単位を「国」ではなく，地域に求めることが通念として定着したのは，1980年代前半に入ってからである。そこには，S. ポラードの『平和的征服』（1981）以下の議論の影響が大きい。

ポラードは「産業革命」に始まるヨーロッパの工業化を，全ヨーロッパ的なひとつの過程と考えた。特定の有利な条件をもった地域でおきた工業化の影響が，先進的な「中心ヨーロッパ（Inner Europe）」に属する別のいくつかの地域に及んだというのである。そこには技術移転，移民，企業家の移動，資本移動，交易といった経済的・市場的関係が働いている。国家の役割はこうした地域間の資源移動への障害を除去するという消極的なものにすぎない。「中心ヨーロッパ」における工業化は，やがて「周辺ヨーロッパ（Peripheral Europe）」にも及ぶであろう。ポラードにとって工業化とは，ヨーロッパ経済統合の進展そのものなのである。だが，後発的な諸地域における工業化は社会的な矛盾に突きあたり，全ヨーロッパ的な経済連関の進展に対してときには国民国家は敵対的ですらある。第2次世界大戦後，ヨーロッパはようやく本来の一体化した工業化・経済統合の過程に復したのだとポラードは考えた。

　こうした議論は欧州経済史研究における地域史的視点の長い伝統を受けつぐと同時に，国境の存在とは無関係な地域の経済成長を重視する，ヨーロッパ統合という進行中のプロジェクトの刻印も明らかに帯びているだろう。

　一種のスタンダードとなったポラード流の地域工業化論には，もちろん批判もある。そもそも「地域」とは何か。つまり，「地域」が意味する空間・領域の概念は一般的な定式化が必ずしも完成されているわけではない。また，工業化のメカニズムそのものと「地域」空間との関係が完全に解明されているわけでもない。「産業革命」論としてのポラードの議論は，普遍的なメカニズムを提示するよりも，比較的単純な一回性論だとも読める。しかしこの「地域」概念の曖昧さゆえに，「地域こそが工業化の単位である」という認識は広く受け入れられたのだともいえる。付け加えると，実体としての国境や国家が工業化・経済成長に対してもった意義を強調する

議論は根強く,地域工業化論と両立しうるものだと考えられるようにもなっている。

地域における工業化のメカニズムをより具体的に明示しようとしたのが,プロト工業化論であった。

プロト工業化論の貢献 「プロト工業化論」とは,1970年代にF. メンデルスやH. メディック,P. デーヨンらによって唱えられた,近代産業社会の起源に関する学説である。「Proto」工業化とは,「工業化に先立つ工業化」といった意味で命名され,本格的な工業化=「産業革命」の起源(「工業化の第1局面」)がそこに求められた。

近世(15／16〜18世紀)のヨーロッパ各地における農村工業の発達自体は,たとえばわが国の「大塚史学」の体系でも強調された,学界周知の史実であった。農閑期労働や兼業による安価な労働と低廉な設備(最小限の固定資本)を利用する工業が農村部——特に山間部農村に立地していたのは,前工業化時代(18世紀以前)のヨーロッパに共通する特徴でもあった。しかしメンデルスはフランドル地方(とりわけ土地の痩せた内陸部)などを例にとり,人口学的な視角を大幅に導入することで,新しい概念を生み出したのである。

回帰分析なども利用したその説明は,以下のようにまとめられる。リンネルの価格変動と結婚率との間の正の相関からは,農村工業の導入が農民家計の再生産行動を通して,近世農村社会における人口動態に影響を与えたことが示唆される。プロト工業化により就業機会が増加することで,平均的な結婚年齢が下がり,出生率が増大することで人口増が起きる。そしてひとたび人口増が始まると,それを止める力は内生的にはないのである。これは言い換えれば,マルサス・モデルによる人口動態——もしも一時的に人口増大があったとしても,食糧(生存資料)供給増と人口増のギャップにより,長期的に人口は減りも増えもしない「天井」に張り付いてしまう事態

=「マルサスの罠」——からの離脱である。だが,家内工業はその後の都市における工場制工業とは異なり,1人当たり生活水準の上昇には結びつかなかったのだとメンデルスは強調した。

また,「プロト工業化」の時期にはその結果として,土地の痩せた地域と肥沃な地域で農工間分業が成立したことも主張された。土地の痩せた地域では手工業に労働が集中し,食糧供給を外部に依存することになったが,これが肥沃な地域における商業的農業の発達を刺激したからである。

主に織布(毛織物,リンネル,綿織布など)の繊維工業を中心とするこれら「プロト工業」は,都市の商人によって問屋制的に編成された域外市場向けの生産であるとされる。このためにプロト工業による就業機会の拡大は(たとえば域内における農業生産の拡大とは異なり)一定期間以上続くことが期待され,その効果としてそれまで制限されていた結婚行動の抑制が解かれて,長期間にわたる人口増が可能になると考えられた。

「プロト工業化」論は,こうした持続的な人口増加の過程における農民層の分解とそれにともなう原始的蓄積から,やがて訪れる労賃上昇への対応としての資本深化=機械化までを視野に入れる。プロト工業化論の最初の論者たちは,「工業化の第1局面」を説明するモデルをつくったと考えており,農村家内工業から近代的工場制工業が成長する過程を明らかにすることで,近代工業の地域的な発展も説明できるとしていた。

メンデルスの描いたこうした「プロト工業化」像の普及にともない,モデルへの実証的なテストが積み重ねられた。その結果,メンデルス・モデルは,ヨーロッパ内外のすべての「プロト工業」地域にあてはまるものではないことがわかった。安価な労働力供給(低賃金)は機械化を促進したとも阻害したとも考えられる。地域ごとに事情は異なったらしく,モデルの一般化は困難である。また,対

象とする産業部門が輸出向け繊維工業にほぼ限定されていることも難点であった。さらに，農村手工業自体も必ずしも職人的熟練を必要としないものばかりではない。この熟練形成には時間を要するから，結婚年齢が下がるとは限らないわけである。加えて「プロト工業」が独身の女性労働中心で，しかもそれが家計補助的労働であるときには，世帯形成は必ずしも促進されなかったとせねばならない。

　このように「プロト工業化」論には欠点も多い。しかし，農村立地の家内工業＝「プロト工業」が発達した地域と「産業革命」期以降の工業地域とには，地理的な重なりがしばしばみられることは間違いない。長期的・連続的視野から「産業革命」を把握し，18・19世紀の工業化と農村工業，家族，女性・男性の役割（分担）などの多面的なかかわりに光を当てたことは，たしかに「プロト工業化」論の貢献であった。

「産業革命」論の今日　　経済状況や支配的思潮の時代ごとの変化は，こうしてみるとたしかに「産業革命」概念の変遷に影響をもった。この論法で私たちの時代として「第(5)期」を説明することはできるだろうか。思いつくところをあげれば，「イギリス病」からの回復と国際的に開かれた金融市場としてのロンドン＝シティの存在感が際立った1980年代末以降のイギリス経済のパフォーマンスと，「マンチェスター（産業資本）」ではなく「シティ（金融資本）」の意思と活力こそがイギリス経済の19・20世紀を支えたとする「ジェントルマン資本主義論」の定着とは何らかの関連がある，などとはいえるだろうか……？

　さほどクリアな像は，まだ描けそうにないようである。自分たちの眼の前にある時代の経済状況を整理することは，かえって難しいというばかりではない。今日，個々の論者の関心・問題意識の所在がそれぞれに異なり，きわめて多様になっていることこそが「産業革命」や「工業化」把握を複雑にも多様にもしていると考えられる

からである。

　「産業革命」分析の焦点は，生活水準（特に，その端的な現れとしての体格・健康），消費，人口動態，市場の発達，都市史，環境への影響，疾病・衛生，家族，ジェンダー，階級形成，成長誘引的な制度・組織の成立，知識・技術の変化，……などきわめて多岐にわたり，今日ではさらに拡散する傾向がみられる。

　1970年代以降——前述の「第(4)期」——に起き，80年代に目立った「産業革命」という用語の学問的世界からの追放の動きに反対し，そのリハビリテーション（＝王座への復帰）を唱えたP.ハドソンは，「産業革命」期に社会全体が大きく変化したことをあらためて強調した。その変化の意義は，上にあげられたさまざまな論点においても再発見される傾向がある。産業革命は「これまで信じられていたほど急ではなかったし，たいしたことは起きなかった」と片付けてしまえるものではなかったことを，私たちは思い出したといえそうである。

　しかし，「経済成長」そのものへのより厳密な測定や，より超長期にわたる推計の試みは，連続的で緩慢な成長という側面を否定する結果を出してはいない。いかなる論点に議論を集中させ，そこに非連続・断絶や「進歩」を見出せたとしても，そこから，たとえば「前近代」と「近代」とを「産業革命」で決定的に二分するようなシンプルな史観が復活する可能性は少ない。また，仮に復活があったとしても，その現実的意義はさほど大きくもないであろう。

　「産業革命」の連続と非連続の双方の側面に目配りする議論が，新たに組み立てられる必要があるだろう。今日の多様化・拡散した論点は，そうした新しい大きな議論の礎となるはずだと考えられる。

◉ **参考文献** ◉

川北稔編『知の教科書 ウォーラーステイン』講談社選書メチエ，2001年

斎藤修『比較経済発展論』岩波書店，2008年

中村進『工業社会の史的展開——エネルギー源の転換と産業革命』晃洋書房，1987年

湯浅赳男『「東洋的専制主義」論の今日性——還ってきたウィットフォーゲル』新評論，2007年

C. フォーラン（神戸大学・西洋経済史研究室訳）『産業革命とは何か』晃洋書房，1979年

K. ポメランツ（川北稔・杉原薫監訳）『大分岐』名古屋大学出版会，2014年刊行予定

F. メンデルスほか（篠塚信義ほか編訳）『西欧近代と農村工業』北海道大学図書刊行会，1991年

Cannadine, D., "The Present and the Past in the English Industrial Revolution, 1880–1980", *Past and Present,* 103（May 1984），pp. 131–172

✎ **議論のための課題**

1 ヨーロッパの経済的な先進性を強調する議論には2通りの視角があると考えられる。それぞれについて代表的な議論を整理して述べなさい。

2 19世紀末から20世紀末に至るまでの「産業革命」観の変遷を，欧米経済・世界経済の展開との関連に触れながらまとめなさい。

3 I. ウォーラーステインの「近代世界システム」論を紹介し，あわせてそれを評価しなさい。

Columu ③ ヨーロッパの中心と辺境

ロンドンのセント・ポール大聖堂やウェストミンスター寺院，イギリス国教会の大主教座，カンタベリー大聖堂やヨーク・ミンスターを訪れたことのある人であれば，その荘厳・華麗な様子に目を瞠ったことがあるのではないだろうか。18世紀に世界に先駆けて産業革命を達成し，19世紀には

世界の工場と呼ばれて全世界に広がる植民地を支配した大帝国を建設したイギリスにふさわしい建築だと思われるかもしれない。しかし、パリのノートルダム大聖堂やドイツのケルン大聖堂、ミラノのドゥオモ、さらにカトリックの総本山サン・ピエトロ寺院を見たことのある人であれば、むしろ「こんなものか」という感慨を抱くのではないだろうか。

イギリスがヨーロッパの中で重要な地位を占めるようになったのは、それほど古いことではない。たしかに、産業革命期に綿業が勃興するまでヨーロッパで一般的だった服飾素材である羊毛生産について、イギリスは古くから知られていたが、それは原材料である羊毛が良質だったことによるもので、イギリスは大陸の先進地域への原料供給国にすぎなかった。16世紀前半に、未仕上げ未染色の毛織物がアントウェルペンへ大量に輸出されるようになるが、これもまた完成品ではなかった。自国で仕上げや染色を行ったものは、当時の最先進地である低地諸邦でなされたものとは比べものにならないほど、洗練さに欠けるとされていた。イギリスが独自に仕上げ染色したものを輸出できるようになるのは、ルイ14世によってナントの勅令が廃止されたことで大陸の新教徒がイギリスに移り住んでくる、17世紀の後半以降のことである。

そもそも、現代の王室につながるウィリアム1世（在位 1066-87）は、フランス国王の臣下であるノルマンディー公という一フランス貴族であった。それは、当時においてはフランスの一地方であるノルマンディーの経済力に比べ、イングランド王国の経済力が王国全体をあわせてもそれと同等かそれ以下でしかなかったことを意味する。

イギリスがヨーロッパ諸国から大国の一員と見なされるようになり、イギリス人として自らを誇るようになるのは、カナダを獲得し、インド、西アフリカ、西インド諸島からフランスを駆逐した七年戦争（1756〜63年）以降のことであり、この時代はまさに産業革命が始まろうとする時期でもあった。

もっとも、七年戦争の栄光から20年後には、アメリカ合衆国の独立を認めることになる。そして、自国への原料供給地であり工業製品の市場にすぎなかった北米植民地の後継国家に、20世紀初頭には覇権を明け渡すことになるのである。

Column ④　旅するヨーロッパ人(1)

　18世紀以前の「前工業化期」にも，ヨーロッパの人々の生活には旅がつきものだった。本書「第7章」では19世紀に爆発的に増加した移民について触れるが，その背景に労働移動の分厚い伝統があったことにもほんの少しだけ言及している。それに付け加えておくべきものとして，中世以来の宗教的巡礼や，国際的な学問上の交流でヨーロッパ全体がつながった「文芸共和国」における学者・文人の往来といったものがただちに思い浮かぶ。

　とはいえ，19世紀の社会の変化が新しい種類の旅を発明した——そうでなくても，少なくとも普及させたのはたしかなことだ。ほぼ純粋に楽しみとしての旅，だから安全で快適な（少なくとも，安全で快適でなければならないとされる）旅，すなわち旅行（漫遊）tour である。トラベル travel という英語はフランス語の「仕事」「労働」を意味するトラヴァーユ travail から来たが，そのまた語源はラテン語の tripaliare すなわち「拷問にかける」だそうである。辞書を繰って語源を探したから何かわかった気になってはいけないが，少なくとも，「旅」にはもともと労苦や刻苦勉励の匂いがあったことはたしかだといえるだろう。こうした危険をともなう人生の一大行事としての旅や冒険行 voyage ではない娯楽としての旅は，ヨーロッパではいわゆる工業化期に，はじめてより多くの人々のものになっていく。

　18世紀後半のイギリスにおける上層中間層が，かつて貴族や富豪の子弟のものだったヨーロッパ大陸へのグランド・ツアー（数カ月からときに数年に及ぶ，家庭教師つき修学旅行）を真似るようになったことがはじまりだろう。パリ，リヨン，ローマといったフランスやイタリアの諸都市や古代遺跡などの名所旧跡をめぐったのだが，今日の私たちのパック・ツアーの目的地とほとんど同じである。19世紀になっても，このグランド・ツアーのイメージは消えなかった。1815年以降，平和と金銭の余裕を得てますます増大する旅行者たちを迎えたのは，ナポレオン・ボナパルトの残した観光インフラだった。アルプス越えの幹線道路や，ルーブル美術館にならって続々と開館した一般開放の博物館である。

　今日的な旅行ガイドブックもまた，膨張したナポレオン帝国の遺産である。19世紀はじめの先駆的なガイドブックである「リシャール」シリーズ

は1784年にH. A. ライハルト（仏語読みがリシャール）が創刊し，革命期フランスの地理的拡大とともに普及，フランス語版で最も多くの読者を得た。ガイドブックを手にした旅行客の中には，そろそろ女性の姿もみえはじめる。

第II部

近代：工業化の世界

▶概観　長い19世紀

　第Ⅱ部が取り扱う時期は，一言でいって近代化と工業化の時代である。誰でも知っている2つの大事件（アメリカ独立革命とフランス革命）による政治システムの変化と，これに前後してようやく顕在化した経済的な変動（工業化）によって，「近代社会」としてのヨーロッパ・北米の骨格が完成された。

　ここでいう工業化とは，端的には「農業社会から工業社会への移行」を指す。ある社会において富の生産や労働人口の比重が農業から工業・商業に移ることである。その中では，植物や土地生産物などの生物的・有機的資源への依存からの脱却——燃料や動力としての無生物的・無機的資源の利用——や，これまでにない持続的な経済成長や，労働者・資本家といった新しい社会関係，そして人々の意識の変化といったものが，実現することになる。この工業化と，都市化，民主化，官僚的組織化，思考の科学化，国際化，等々といった要素からなる近代化とは，相互に作用・促進しあって進んだ。

　これはとりわけ，ヨーロッパ北西部——西欧に顕著な事態であった。したがってこの第Ⅱ部の取り扱う「ヨーロッパ」はもっぱら西欧のことにならざるをえない。それはなぜだろうか。

　初期近代のヨーロッパ各地域では，人口動態，市場，社会関係，産業構造など多方面にわたり，長期間のゆっくりとした社会・経済の変化が生じていた。農村部を中心とするプロト工業の発達（「プロト工業化」）は，そうした変化のひとつである。しかし18世紀後半のイギリスの各地において，手工業的だった繊維工業が新発明や工場（機械・動力を導入した集産的生産組織）とはじめて結びついた。すなわち「産業革命 The Industrial Revolution」である。ヨーロッパ大陸の工業化は，すでに成立していたヨーロッパ内外の国際市場の枠組みの中で，これに刺激されて進むことになる。いきおいそれは，イギリスからヨーロッパ諸国への「工業化（あるいは「産業革

命」)の伝播」とみられるようになった。ヨーロッパ大陸の北西部
——低地地方やフランス，ライン川流域などがまずその影響を強く
受け，いちはやく「工業化」「近代化」した西欧とそれ以外の後発
地域（東欧，北欧，南欧）というイメージが成立していく。

　18世紀以前にさかのぼる政治的・社会的変化の結果，ヨーロッパ
においては「国民国家」における「国民経済」が強力な観念となっ
た。こうして西欧に始まる「諸国民の産業革命」が進むなか，複数
の「国民経済」を結ぶルールが整備されるようになった。イギリス
を中心とする国際通貨体制であった国際金本位制はその象徴である。
さらに19世紀の後半には，これまで「産業革命」の及ばなかった産
業部門でも技術革新と生産増大が起こり，いわゆる「新産業」（化
学，電機など）が発達する。また，近代企業という新しい経営スタ
イルが定着した。ここで「後発国」であったドイツやアメリカ合衆
国は，工業化の競争においてイギリスへのキャッチ・アップを果た
したとされる。新しい工業化（第2次産業革命）は持続的な経済成長
をさらに加速させるとともに，欧米人の生活水準を押し上げた。

　一方，近世（初期近代）以前には明白に経済的な優位を保ってい
たアジアなどのヨーロッパ外の地域は，産業革命以降のこの時期，
欧米を中心に形成された国際経済の秩序の中で風下に置かれるよう
になる。「帝国主義」のくびきは，これらの地域の多くの住民を苦
しめた。

　20世紀初頭におきた第1次「世界」大戦は，事実上は欧州大戦で
あったが，戦争の結果，ヨーロッパ—西欧を主役とするかのような
世界経済にも動揺と再編の兆しが現れる。フランス革命に始まり大
戦に終わったいわゆる「長い19世紀」こそが，たしかにヨーロッパ
の時代であった。

▰▰略年表 アメリカ独立とフランス革命～国民国家と工業化～ドイツ・イタリア統一

1733年	ジョン・ケイ，飛び杼を発明
1769年	ワット，蒸気機関の改良
1776年	アメリカ独立宣言／アダム・スミス『国富論』
1785年	カートライト，力織機の発明
1789年	フランス革命はじまる
1806年	ナポレオン，大陸封鎖令（ベルリン勅令）
1807年	フルトン，汽船を製作・試運転
1814年	スティーブンソン，蒸気機関車の試運転
1814-15年	ウィーン会議（ナポレオン戦争後の復古主義的な体制）
1834年	ドイツ関税同盟成立
1840-42年	阿片戦争
1848年	ヨーロッパ各地で革命勃発（「二月革命」，「三月革命」）
1851年	ロンドンで第1回万国博覧会
1856年	ベッセマー製鋼法開発
1858年	イギリス，インド直接統治を開始（ムガール帝国滅亡。1877年より英領インド帝国へ）
1860年	英仏通商条約締結
1861-65年	アメリカ南北戦争
1867年	マルクス『資本論』第1巻
1869年	アメリカ，大陸横断鉄道／スエズ運河開通
1870-71年	普仏戦争（独仏戦争）の結果，ドイツ帝国成立
1873年	「大不況」開始（ウィーン金融恐慌，世界的に波及）
1879年	エジソン，白熱電灯発明
1882年	コッホ，結核菌発見
1883年	ビスマルクによるドイツの社会保障制度はじまる
1886年	ダイムラー，内燃機関を発明
1889年	第2インターナショナル成立（-1914年）
1894年	マルコーニ，無線電信の実験に成功
1899年	南ア戦争（ボーア戦争）勃発
1904年	ドイツで鉄鋼，人絹，染料工業カルテル結成
1904-05年	日露戦争
1907年	英露協商
1911年	米シャーマン反トラスト法により，スタンダード石油に解散命令

1914年　　第1次世界大戦勃発

第4章 ヨーロッパにおける工業化の始動

「イギリス産業革命 The Industrial Revolution」と地域工業化

1 イギリス産業革命の諸相

●原因, 成長率, 技術革新

　産業革命とは, 概ね1760年頃から1830年頃にかけてイギリスで生じた産業技術上の変化をきっかけとした一連の経済社会の変革を指す。この時期を通じて, イギリスは農業や手工業に基盤を置く社会から, 機械制生産に基礎を置く工業化社会へと変貌を遂げた。その影響はイギリスにとどまらず, 欧米諸国や世界全体にも大きな影響を与えた。この一連の変化は, 冠詞をつけて大文字で始まる The Industrial Revolution とされ, 他の国の工業化や19世紀後半以降のさまざまな産業の発達（第2次産業革命と呼ばれることもある→第6章 1）とは区別される。

　この4半世紀ほどの研究蓄積によって, 産業革命のイメージは大きく変化している。一般的な産業革命のイメージは, 綿業における技術革新や製鉄業の発展, ますます広範に利用されるようになる蒸気機関といったものであろうが, それが政治的なものにも匹敵するような「革命」であり, 経済生活が急激に変化したことを示唆する

点がしばしば強調されてきた。アシュトンは,すでに1948年の記念碑的著作『産業革命』の中で,「『革命』revolutionという言葉は変化の急激であったことを意味するが,実際はそれは経済的過程の特徴ではない」と述べているが,近年の研究によって,その革命性について,改めて疑問が呈されている。

　確かに,18世紀後半には,産業技術上のさまざまな発明や改良があった。紡績機や力織機の発明・改良,製鉄業における木炭から石炭(コークス)への熱源の移行,蒸気機関の改良などは,すべて1760年代から80年代にかけて相次いで起こった出来事である。しかしながら,こうした技術革新の影響が経済全体に明確に現れるようになるまでにはある程度の時間的幅が必要で,同時代人に自分たちが何か以前とは違う社会に生きていると広く実感されるようになるのは,1830年代以降のことである。他方で,生産手段を所有する者が労働市場を通じて労働者を雇用して生産を行い,その製品が市場を通じて商品として販売されるという資本主義的な生産のあり方の萌芽は,18世紀よりもずっと以前から存在している。たとえば,1688年の段階で,イングランドとウェールズの国民所得5080万ポンドのうち,実に40％に当たる2030万ポンドが,勤労所得から成っていたという同時代人グレゴリー・キングによる推計があり,自らの労働以外に生産手段をもたない「自由な労働者」は,古典的な産業革命期が始まる時点では,すでに一般的な存在になっていた。

マクロ指標でみた産業革命　このように経済的な変化は,イングランド内乱におけるネイスビーの戦いやチャールズ1世の処刑のように,一昼夜で政治体制を変えるような急激なものではそもそもありえないが,「革命」というイメージに対する反論を形作る際に大きく寄与したのは,ニック・クラフツであった。1985年に出版された『産業革命期イギリスの経済成長』で,クラフツは,この時点までにスタンダードとなっ

表 4-1 イギリスの国内総生産(GDP)成長率と人口増加率(1700〜1831年)

(単位:年率%)

期　　間	国内総生産 (GDP) 成長率の諸推計			人口増加率
	クラフツ=ハーリィ推計 (1992年)	クラフツ推計 (1985年)	ディーン=コール推計 (1962年)	
1700〜1760	0.69	0.69	0.66	0.38
1760〜1780	0.64	0.70	0.65	0.69
1780〜1801	1.37	1.32	2.06	0.97
1801〜1831	1.90	1.97	3.06	1.45

(注) GDP成長率は、1801年まではイングランドとウェールズ、1801〜31年はグレート・ブリテン。人口増加率は、イングランドのみ。
(出所) 斎藤修『比較経済発展論』岩波書店、2008年、231ページ。

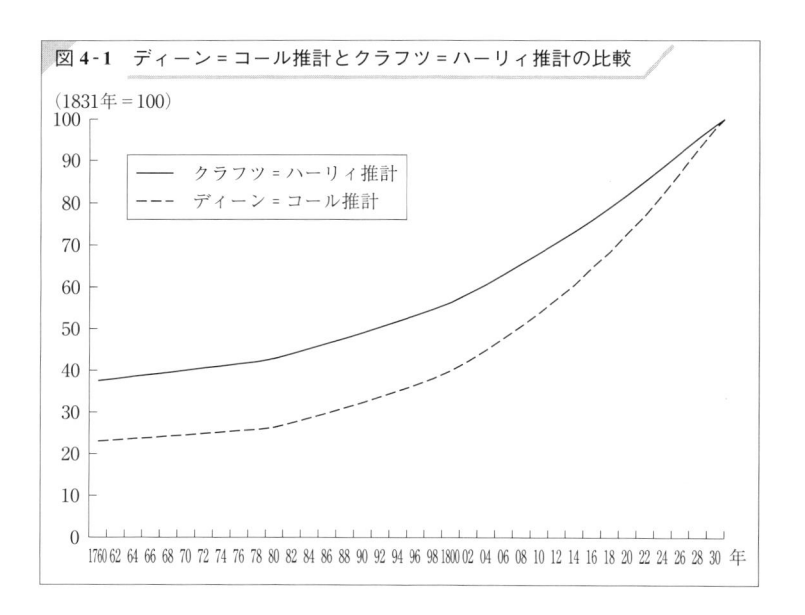

図 4-1 ディーン=コール推計とクラフツ=ハーリィ推計の比較

ていたディーンとコールによる成長率の推計を見直し、古典的な産業革命期における、より緩やかな経済成長の図を描き出した。表4-1は、ディーン=コール推計とクラフツ推計、およびその改定

版であるクラフツ＝ハーリィ推計の比較である。1780年までは新旧の推計にほとんど差はないが，1780年から1801年については2.06％から1.3％台へ，19世紀初めの30年間については，3.06％から2％以下へと大幅に下方修正されている。

この下方修正のインパクトを図4－1によって視覚的に確認しておこう。図は，1831年を100とした場合，国内総生産が1760年時点でどの程度の水準にあり，その後，1831年までにどのように増加していくか，ディーン＝コール推計とクラフツ＝ハーリィ推計の成長率を当てはめて描いたものである。前者に従えば，1760年の水準は23.0であり，70年間に約4.4倍となる。他方で，クラフツ＝ハーリィ推計では，当初の経済規模は，従来考えられてきたものよりもはるかに高い水準（37.4）で，その結果，累積的な成長も2.7倍程度という控えめなものだったという結論になる。ちなみに，かつての日本や近年の中国のような年率10％もの経済成長が起こると，経済規模はわずか8年で2倍を超える。クラフツらが示した経済成長は，「革命」とはほど遠い緩やかなものであった。

クラフツらによるこの下方修正の最大の理由は，生産高を実質化するために用いた物価指数の取り扱いによる。単一の財のみを生産している経済であれば話は単純である。ある財について基準年の価格が100円，生産量が100個だったとしよう（生産高＝10,000円）。50年後に価格は150円となり，生産量は200個になったとすれば，その年の生産高は30,000円で，この50年間における名目の成長率は200％である。しかし，同時に価格も1.5倍に上昇しているので，これを考慮した実質成長率は，133％（＝200/1.5）となる。では，基準年における価格と生産量はやはり100円，100個だが，50年後には価格が80円，生産量が10倍の1000個になったような財が混在している場合を考えてみよう。この時，基準年の生産高は20,000円，50年後の生産高は110,000円なので，名目の成長率は450％ある。では，物

第4章　ヨーロッパにおける工業化の始動

価はどう考えればよいのであろうか。基準年でも50年後も100個ずつ消費していると考えた場合，物価は1.15倍に上昇したと考えてよい（ラスパイレス指数）。この時，実質成長率は391%（=450/1.15）である。しかし，基準年でも50年後もそれぞれ200個と1000個を消費していると考えると，物価は0.92倍となりむしろ下落したと捉えることができる（パーシェ指数）。この場合は，実質的な成長率は上方に修正され，489%（=450/0.92）となる。

　ディーン=コール推計では，物価指数の取り扱いについてさまざまな工夫をこらしてはいるが，ラスパイレス指数やパーシェ指数を系統的に使ったわけではなく，時期や産業ごとに非常に場当たり的なやり方を用いていた。クラフツは，この点を整理し，より整合的な物価指数を用いて実質成長率を計算したのである。

　加えて，ディーンとコールが『イギリスの経済成長 1688年から1959年』を執筆した1960年代には利用できなかったさまざまなデータが利用可能となったことも無視できない。この間に，歴史人口学の飛躍的な発展による詳細な人口史研究や，職業構造についての分析，資本蓄積の検討，工業産出高の再推計などが次々と現れた。

　たとえば，工業化以前における最大の産業であった農業に従事していた人口について，ディーンとコールは1688年時点で労働力の60%から80%を占めると考えていたが，新しい推計では最大でも56%程度であるとされた。これにより，18世紀後半から19世紀前半までの農業における成長が，従来よりも過小に評価されることとなった。また，産業革命を象徴する産業として綿工業や製鉄業の飛躍的な発展がイメージされることが多いが，1770年時点の付加価値ベースでみると，工業全体に占める割合は綿業でわずか2.6%でしかなく，製鉄業も6.6%を占めるにすぎない。綿業は1831年になると22.4%まで相対的な比重を伸ばすが，製鉄業の割合は1801年に7.4%とわずかに上昇するものの，1831年の値は6.7%に戻っている。他方で，

一貫して大きなパーセンテージを占めていたのは,建設業や皮革産業など,目立った技術革新を経験しなかった伝統的な産業であった。綿業や製鉄業の産出高の再推計により,ディーン＝コール推計はさらに下方に修正されることになったのである。

　上述したように,クラフツによる農業人口の推計では,労働者人口に占める農業人口の割合は低く見積もられており,1759年時点ですでに48％と5割を切っていた。伝統的な産業革命の始期までに,イギリス経済にはかなり大規模な非農業人口が存在していたことが示唆されている。言い換えれば,産業革命は工業化ですらなかった可能性さえある。しかし,たとえ産業革命期初期において経済全体に占める位置が微々たるものであったとはいえ,綿業や製鉄業における技術革新は,それまでの生産のあり方を大きく変えたことも事実であり,これらの産業内での急激な成長は,最終的には経済に占める割合を増加させ,全体の成長率を押し上げることになる。たとえば,年率10％で成長する近代的な産業と年率0.5％で成長する在来産業からなる経済があり,初期時点で生産高に占める前者の割合が10％,後者が90％だとすると,1年目の経済成長率は1.5％だが,24年目には5％を越え,生産高に占める新産業の割合は25年目に50％を越える。では,具体的にこの時期にどのような技術変化が起こったのかを確認しておこう。

綿業における技術革新

ヨーロッパの伝統的な服飾素材は,亜麻や羊毛であった。まず,毛織物を例にして,一着の服ができあがるまでの工程をまとめておこう。最初に,生きた羊から毛を刈る作業がある。これは通常6月頃に行われる。続いて,刈った毛を洗って汚れを落とす洗浄工程があり,糸として紡ぐ前に羊毛を梳（くしけず）って繊維をそろえる梳毛（そもう）工程,紡いで糸にする紡糸工程,上下に開口された経糸（たていと）に緯糸（よこいと）を通して布に織りあげる織布工程,できあがった布の毛羽を取り除く剪毛工程,藍などを使って布

図4-2 棉花

(出所) http://photogallery.nrcs.usda.gov/Index.asp

地を染める染色工程,石鹸水などにつけて繊維をつめる縮絨工程と続く。こうして完成された布地が,仕立屋によってさまざまな衣料に縫い上げられていくのである。

　服飾部門で産業革命期に起こった主な変化は,主要な服飾素材が羊毛から綿に変わったこと,および,紡糸工程と織布工程で大規模な機械化が進展したことである。もともと棉花(図4-2)はインド原産といわれているが,インド産綿布はヨーロッパにはレヴァント貿易を通じて知られていた。また,イスラーム勢力の拡大とともに8世紀にはイベリア半島でも栽培が行われるようになっていた。陸路による綿布輸入は,ヴェネツィアによって独占されていたが,16世紀に入って喜望峰経由のインド航路が確立されると,ポルトガル,スペイン,フランス,オランダといった国々が相次いで綿貿易に参入していくことになる。17世紀を通じて,イギリスは海軍国としてスペインやフランス,オランダを凌駕するようになっていたから,18世紀に入る頃にはイギリス商人によって,直接インド産綿布がイギリスに入るようになった。

図 4-3 織機の仕組み

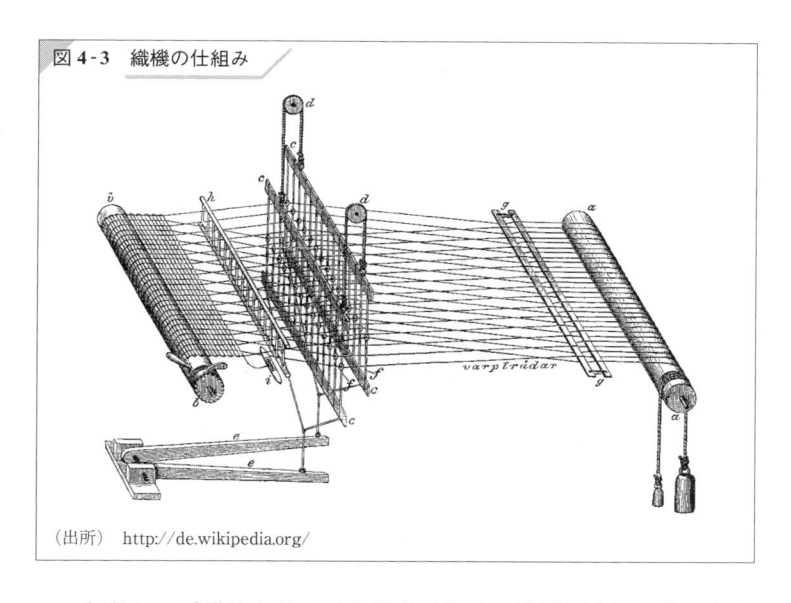

（出所）http://de.wikipedia.org/

　一般的に、毛織物と比べると綿布は軽くて洗濯が容易であるため、キャラコと呼ばれるインド産綿布はイギリスで大流行する。16世紀から17世紀にかけて、毛織物工業でも大陸ヨーロッパで技術革新が起こり、伝統的な厚手のものに代わって軽くて薄手の新種毛織物が生産されるようになっていたのだが、宗教改革とその後の混乱によって、フランドルなどの毛織物先進地域から多くの織布工がイギリスへ亡命してきたため、イギリスでもこの新種毛織物が生産されるようになっていた。インド産のキャラコはこの新しい産業を脅かすことになったため、政府は1700年と1720年に奢侈禁止令を出し、綿布の使用を禁止するほどであった。この奢侈禁止令が廃止されることになるのは、国産技術でインド産綿布に対抗できるようになってからの1774年のことである。

　イギリス綿業における技術革新は、まず織布工程で始まったとされる。1733年に発明されたといわれるジョン・ケイの飛び杼である。

図 4-4　ジェニー紡績機

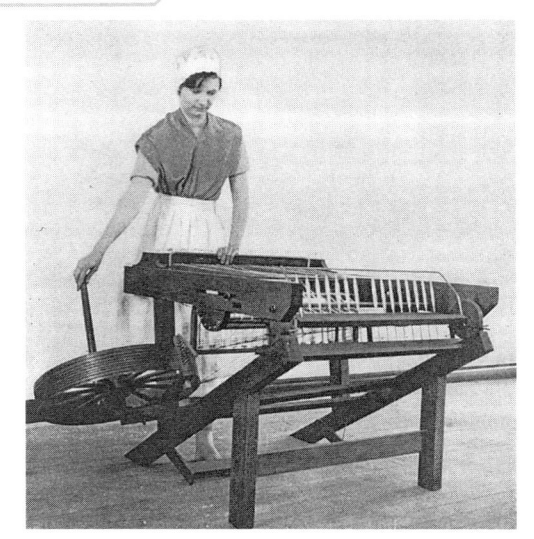

（出所）　Aspin, C., *James Hargreaves and the Spinning Jenny*, 1964, p.75

　図 4-3 に示したように，織布とは，綜絖（c）を使って 1 本ごとに上下に開口した経糸の間に，杼（i）で緯糸を通し，筬（h）で手前に打ち込んだ上で踏み板（e）を踏み換えて，上に開かれていた経糸を下に，下に開かれていた経糸を上にすることで緯糸を織り込む作業である。ケイの飛び杼は，緯糸を通す作業を格段にスピードアップさせた。また，それまでは手で経糸の間に杼を通していたから，一人で織れる布の幅は両手を広げた長さ以上にすることはできなかった。幅広の布を織ろうとすると，杼を飛ばすために補助者が必要となるのである。飛び杼はこの問題も解決することになった。

　飛び杼の発明によって織布工程の作業スピードが上がると，今度は糸の供給不足が深刻となる。これに対応する形で，1764年頃にジ

図 4-5　アークライトによる水力紡績機

(出所)　http://www.sciencemuseum.org.uk/

ェームズ・ハーグリーブスによってジェニー紡績機が発明される（図4-4）。これは、機械の横についたホイールを手で回すことで一度に複数の糸を紡げるようにしたものである。最初は6本程度から、後には数十本の糸が一度に紡げるようになった。

綿業の紡績工程をさらに細かく分けると、まず綿の固まりから繊維を引き出す作業と、それに撚りを加えることによって単体では短くて糸としては利用できない繊維を絡み合わせることで糸にする作業、撚りあわされた糸を巻き取る作業の3つに分けることができる。リチャード・アークライトによって1769年に発明された水力紡績機は、繊維を引き出す作業において速度の異なる2つのローラーを用いて引き出すことによってより丈夫な糸を作ることに成功した（図4-5）。図4-3からもわかるように、織布工程において経糸はある程度の力で前後に引っ張られているのだが、ジェニー紡績機で作

図 4-6 ミュール紡績機

(出所) http://en.wikipedia.org/

られた糸はその張力に耐えられず緯糸にしか使えなかったため、経糸に麻糸を使うといった工夫がされていた。この交ぜ織りの織物をファスチアン織と呼ぶが、水力紡績機の発明によりファスチアン織に代わって綿100％の布が作られるようになったのである。

アークライトの水力紡績機で作られる綿糸は、丈夫だが太かった。ジェニー紡績機によって作られる糸は細いが切れやすかった。この両者の利点を組み合わせて、丈夫でしかも細い糸を作れるように改良したのがサミュエル・クロンプトンである。雄ロバと雌馬を掛け合わせた動物をラバ（mule）と呼ぶが、ジェニーと水力紡績機の長所を掛け合わせたという意味で、クロンプトンの紡績機はミュール紡績機と呼ばれた（図4-6）。こうして、18世紀末の機械綿糸は、100年前にイギリス人を虜にしたインド産綿布と同様の品質の綿布を作ることができるようになる。1774年のキャラコ禁止令の廃止は、

こういった背景による。

製鉄業における革新　鉄は、自然界においては、赤鉄鉱や磁鉄鉱などの鉄鉱石として酸化鉄の状態で存在する。これを加熱によって化学的に還元し、酸素を取り除くことで得られたものが、私たちの身の回りにある鉄である。たとえば、赤鉄鉱（Fe_2O_3）の場合を例にとると、炭素の燃焼によって発生する一酸化炭素（CO）によって、

$$Fe_2O_3 + 3CO \rightarrow 2Fe + 3CO_2$$

という反応が起き、鉄と二酸化炭素とに分離される。純粋な鉄は比較的柔らかく、加熱してハンマーなどで叩くことで形を整えることが容易であるが、これを可鍛性に優れているという。他方で、融点は高く、完全に溶解するためには高温が必要となる。少量の炭素が含まれた鉄は、可鍛性は低いものの融点も低いため、比較的低温で完全に溶解することができる。溶けた鉄を鋳型に流し込んで成形する鋳造に適しているのは、こうした鉄である。

このように、鉄は炭素含有量によっていくつかの種類に分けられ、炭素含有量の多いもの（3.5〜4.5％程度）を銑鉄、含有量が非常に少ないもの（0.02〜0.2％程度）を錬鉄、両者の中間くらいの含有量のもの（概ね2.0％以下）を鋼鉄（鋼）と呼ぶ。

製鉄は、古くから世界各地で行われており、中世以前は、粉末状の磁鉄鉱（砂鉄）を木炭で加熱・還元することで、鉄鉱石から直接錬鉄を作る方法が一般的だったが、イギリスにおいては、18世紀初期までに、鉄鉱石から銑鉄を取り出す製銑工程と、銑鉄を再び溶融してリンや硫黄などの不純物を取り除き、炭素含有量を調整して錬鉄や鋼鉄にする製錬工程の二段階に分けて行う間接法が支配的になったといわれている。

18世紀における製鉄業の技術革新は、品質は高いが高コストの木炭による製鉄をいかにして脱するかという方向で進む。革新は、ま

図 4-7 石炭（左）とコークス（右）

（注）石炭には光沢があり、コークスは多孔質。
（出所）筆者撮影。

ず，木炭製銑から石炭製銑への転換という形で起こった。

石炭は，暖房用としては以前から広く利用されていたが，木炭と異なりリンや硫黄などを含んでいるため，そのままでは製鉄用の熱源として利用すると，不純物を多量に含んだもろい鉄になってしまう。これを解決する方法としては，石炭からあらかじめ不純物を取り除いておくという方法がとられる。

そもそも木炭も，生木を切り，蒸し焼きにして不純物（有機物）を取り除いたものである。この酸素を遮断しての加熱によって，固形物から特定の成分を取り除く作業を乾留というが，木炭は生木を乾留したものということができる。同様に，天然に存在する石炭を乾留することで得られるものがコークスである（図4-7参照）。このコークスを使った製銑を実現したのがエイブラハム・ダービー1世（1678?-1717）であった。

錠前職人の息子として生まれたエイブラハム・ダービー1世は，徒弟時代をバーミンガムのモルト工場で過ごしており，その際に，

熱源として利用されていたコークスをみて，その製銑への利用を思いついたといわれている。徒弟期間を終えて結婚した彼は，その後，ブリストルで真鍮鍋工場を設立する。そこでは鋳型に関する特許をとったが，真鍮製品に見切りをつけて，1708年に，シュロップシャーのコールブルックデイルの製鉄所を買い受け，そこで本格的なコークスによる製鉄を始めた。

シュロップシャーで産出する石炭は硫黄をあまり含んでいなかったという幸運もあるが，ダービーによるコークス製鉄は成功し，銑鉄価格は劇的に低下した。製銑過程では，鉄鉱石と木炭やコークスなどの熱源を高炉の中で交互に積み上げて点火するのだが，コークスは木炭よりも安かったことに加え，燃焼中もより丈夫なため，高炉を大型化することも可能となった。これらが，価格低下に大きく寄与した。

1779年に，彼の孫，エイブラハム・ダービー3世によって完成されたアイアン・ブリッジは，世界最古の鉄橋として世界遺産にも登録されている。ダービー以前では，木炭を使ってこれほどの規模の鉄を作ることは高くつきすぎ，石炭を使って安く作ろうとするともろくて崩壊してしまっただろうといわれている。

ダービー家の人々によって開発されたコークス製鉄は，しかしながら，製銑工程にとどまっており，銑鉄を精錬する際には，未だ木炭が使用されていた。製錬工程における革新は，ヘンリー・コートによるパドル法によってもたらされた（特許1784年）。コートの炉は，図4-8のように，石炭を焚く部分（D）と銑鉄を溶解する炉床（F）が壁によって仕切られており，石炭の成分が直接的に鉄と接触することが妨げられていた。また，石炭の燃焼による熱は炉の天井で反射して炉床へ伝えられるため，この炉のことを反射炉と呼ぶ。熱源と炉床が壁によって仕切られていることで，石炭に含まれる不純物が銑鉄に混入することは避けられており，石炭の燃焼中に

図 4-8 反射炉

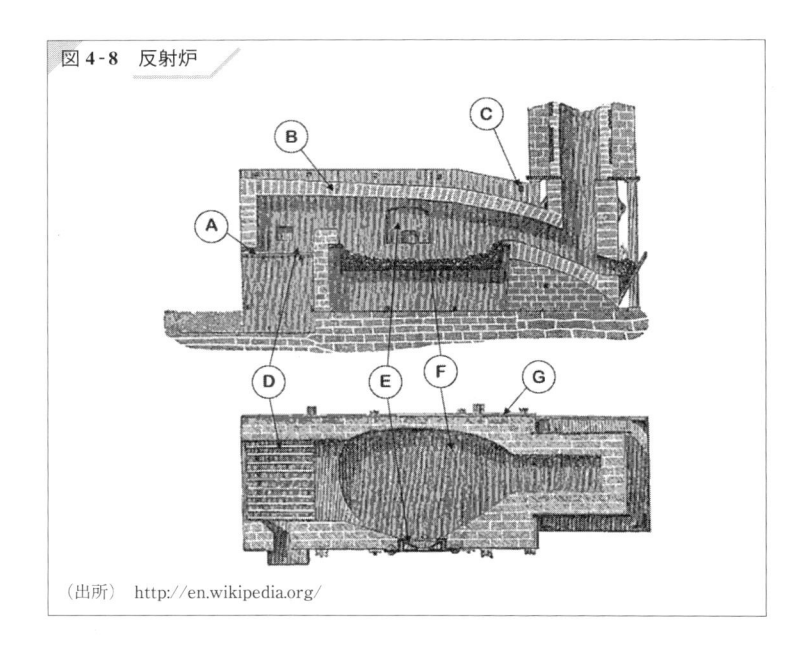

（出所） http://en.wikipedia.org/

大量に送風して空気中の酸素によって銑鉄を脱炭するという仕組みになっていた。前述したように，鉄は不純物が少なくなると融点が上がる。したがって，脱炭が進むと，溶解した鉄は次第に粘り気を増していき，反応が不均一になっていく。この炉には窓（E）が開けられており，ここから鉄の棒（パドル）を差し込んでかき回してやることで，反応を進行させるのである。この作業をパドリングというが，ここからパドル法の名前がきている。

このコートの発明した反射炉によるパドル法は，その前年に特許をとった圧延法とともに語られることが多い。前述したように，錬鉄は可鍛性に優れているので，ある程度加熱すると，容易に形を変えることができる。この性質を利用して，球状の錬鉄をローラーの間に通すことで，任意の形に成型することを目的としたのが圧延法

図4-9 圧延法

(出所) Annandale, C. ed., *The Popular Encyclopedia or Conversations Lexicon*, London, 1883, Vol. 7, Plate CVII.

である。図4-9の中央には、さまざまなローラーが並んでおり、図の奥から手前に向けて錬鉄がローラーを通され、棒状の錬鉄が作られている。こうして、さまざまな形状の錬鉄が大量に生産されるようになっていく。

| 蒸気機関の発展 | 産業革命における技術革新の中で、おそらく最も象徴的なものは蒸気機関であろう。

その集大成としての蒸気機関車を利用した鉄道は、1825年にストックトンとダーリントンとの間で最初の近代的鉄道として営業を開始し、1830年のリバプール＝マンチェスター鉄道の開通を経て、1830年代から40年代にかけて爆発的に普及する。しかし、こうした動力としての利用は、ワットによる改良を待たねばならない。

蒸気機関の発展は、鉱山などにおける揚水と密接に関わっている。

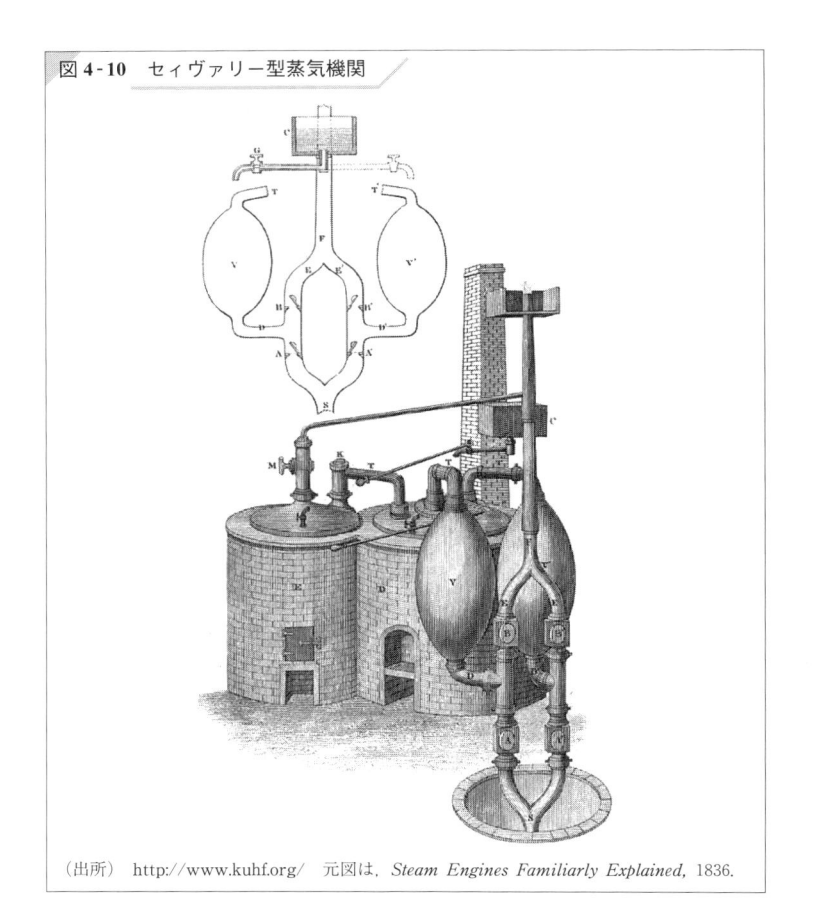

図4-10 セィヴァリー型蒸気機関

(出所) http://www.kuhf.org/ 元図は, *Steam Engines Familiarly Explained*, 1836.

1698年に, トマス・セィヴァリーが発明した蒸気機関は, 揚水用のポンプとして製作され,「鉱夫の友」と名づけられた。この機関は, 図4-10にあるようにピストンをもたず, 高温の水蒸気を冷水で冷やすことによって生じる負圧を直接利用したものである。ボイラー (E, D) で温められた水蒸気は, 受容器 (V) に満たされるが, そこに上部タンク (C) に蓄えられた冷水を噴射すると体積が減って

図4-11 ニューコメン型蒸気機関

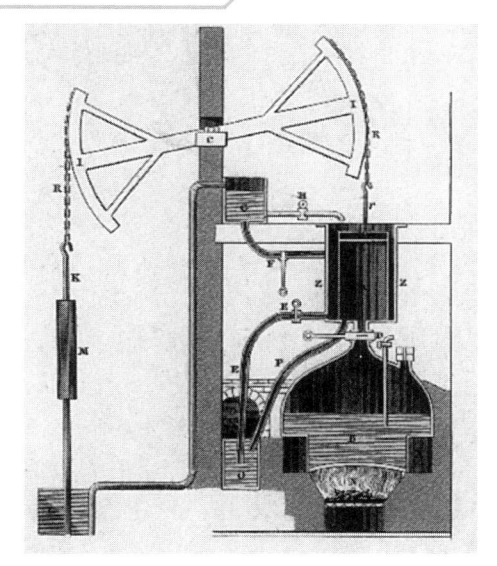

(出所) http://www.uh.edu/ 元図は, *The 1832 Edinburgh Encyclopaedia,* 1836.

真空状態ができる。その際に、受容器の下部にある弁（A, A'）を開けることによって水が吸い上げられる。次に、下部の弁を閉め、上部の弁（B, B'）を開けて、再度水蒸気を吹き込んでやることで、水を上方に押しやるという仕組みになっている。

　1712年にニューコメンによって製作された蒸気機関は、これとは異なり、ピストンを備えたものであった。図4-11のように、この蒸気機関ではピストンがシリンダー内に収められており（Z）、ピストンの下部に満たされた水蒸気が、冷水（C）の噴射によって収縮することで負圧を生じる。ピストンの上下の気圧差によってピストンが押し下げられると、上部のビーム（I）によってつながれた左側のポンプ棒（K）が引き上げられて、水が吸い上げられるのであ

第4章　ヨーロッパにおける工業化の始動　135

る。ニューコメン型の蒸気機関は広く利用され，18世紀中に500台ほど製作されたといわれている。さらに，鉱山の揚水用だけでなく，ロンドンの水道会社でも利用され，河川の水を汲み上げて配水することに利用されていた。

ニューコメン型の蒸気機関では，シリンダー内に直接冷水を噴射したため，シリンダー内の温度変化が激しく，石炭消費の点で，非常に効率が悪かった。一説によれば，ある炭坑では，産出する石炭の3分の1がニューコメン型蒸気機関を動かすために消費された。また，得られる運動は，ピストンの上下に連動した往復運動だったため，機械の動力として応用するには，もう一段の工夫を必要とした。

ジェームズ・ワットによる蒸気機関の改良は，以下の4つの特許に集約される。すなわち，①分離コンデンサー（1769年），②複働機関（1781年），③「太陽と惑星」型回転装置（1782年），④平行運動装置（1784年），の4点である。

1736年にグラスゴウ近郊のグリーナク（Greenock）で，造船工の息子として生まれたワットは，正規の教育をほとんど受けていない。幼少の頃は，母親が先生となり，自宅で勉強をすることが多かった。18歳のときに母を亡くし，同時に父親も病気がちとなったため，器具修理・製造業を将来の職業とすることを目的に，ロンドンで1年間学んだ。グラスゴウに戻って器具製造業を営むことを企図したが，当時正式とされた7年間の徒弟教育を受けていないとの理由で，グラスゴウのギルドからは独立して営業を行うことを認められなかった。しかし，グラスゴウ大学の教授陣に知己を得て，学内に小さな作業場を設立することが認められた。1758年のことである。

当時，グラスゴウ大学にはニューコメン型の蒸気機関の模型があったが故障しており，大学は，ワットにその修理を依頼した。その修理の過程で，ワットは，一回ごとにシリンダー内に冷水を噴射し

て，内部の温度を下げてしまうニューコメン型機関の欠点に気づいたといわれている。これを解決するための装置が分離コンデンサーで，水蒸気の冷却と凝縮のために，シリンダーとは別に冷水の入った円筒が設けられた（図4 - 12のOの部分）。

分離コンデンサーの付いた蒸気機関は，ワットの第1機関と呼ばれ，この発明によって，石炭消費の効率性は大幅に改善された。しかし，第1機関は，依然として揚水用ポンプとして使用されるのみで，石炭の燃焼によって取り出されるのは，ピストンの往復運動であった。ワットは，パートナーを組んでいたマシュー・ボウルトンの要請によって，往復運動を回転運動に換える装置を発明したといわれている。それを実現したのが，「太陽と惑星」型回転装置（遊星装置）である。

図4 - 12の右側下部に「Sun wheel (j)」と「Planet wheel (i)」がみられるが，「太陽と惑星」型回転装置は，弾み車の軸に取り付けられた「太陽」ギア（上部）の周りを，ビームに取り付けられたロッドの先の「惑星」ギア（下部）が回ることで，往復運動が回転運動に変換される。今日，往復運動を回転運動に変換する装置として一般的に使用されているのはクランクであるが，1780年にジェームズ・ピカードがすでに特許を取得していたため，ワットは代替的に「太陽と惑星」型装置を開発したといわれている。

「太陽と惑星」型装置を備えた蒸気機関は第2機関と呼ばれるが，これには，そのほかにも複働機関と平行運動装置が取り付けられていた。第1機関では，シリンダーの片方からのみ水蒸気が取り入れられ，ピストンは上方から大気圧によって押し下げられるのみであったが，複働機関では，上下双方に水蒸気の取入口が取り付けられた。これにより，ピストンによって引き下げられる力を伝えるのみでよかったビームとピストンとの連結部分は，押し上げる力にも対処できるものとしなければならなかった。ニューコメン型機関では，

図 4-12 「太陽と惑星」型回転装置

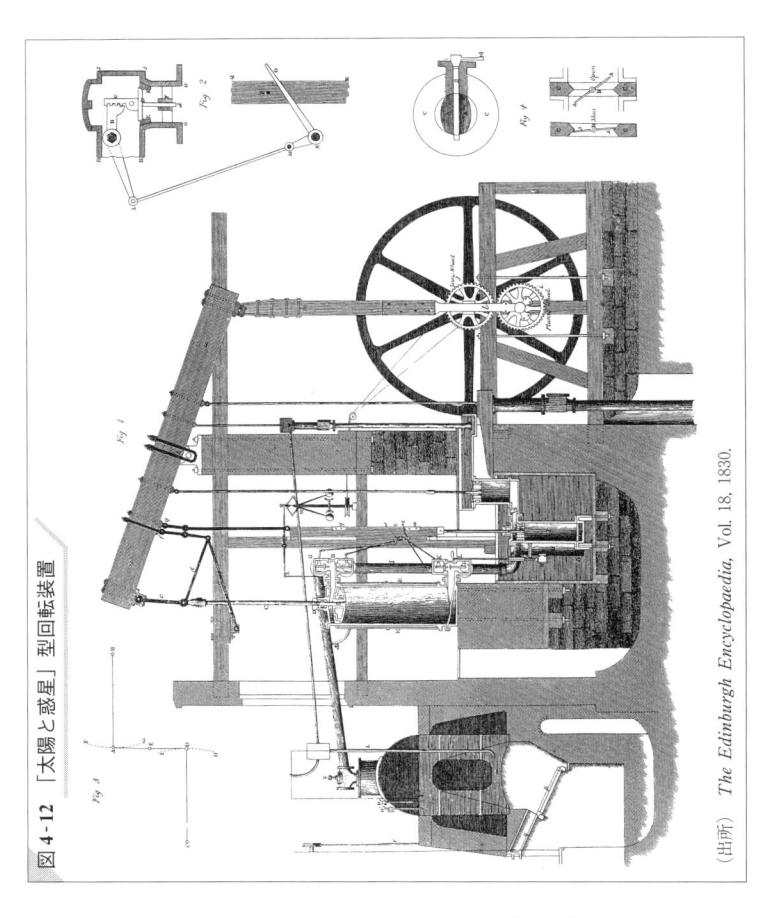

(出所) The Edinburgh Encyclopaedia, Vol. 18, 1830.

ピストンとビームは鎖でつながれていたが、複働機関では、ロッドによって連結されていることとなった。

　他方で、ロッドによって伝えられるピストンの動きは直線的なものであるが、ビームの両端は円弧運動をする。したがって、先端にロッドをそのまま取り付けたのでは、ピストンの水平が保てない。これを解決したのが、平行運動装置である。図 4-12 の左上（Fig

3）に，この仕組みが図解されている。すなわち，ビームとは別に梁を設け，ビームの円弧とは逆方向の円弧を描くロッドを設置して，ピストンにつながれたロッドが直線上を上下するよう調整したものである。こうした一連の発明により，ワット型蒸気機関の燃料消費効率は，ニューコメン型蒸気機関の5倍ほどにも高められたという。

産業革命はなぜ起こったか

こうした発明の重要性は疑いようもない。少なくとも，蒸気機関を使った機械化の代表的な存在である綿業に関する限り，他の諸産業と比較して，その成長率が飛び抜けて高かったことは，クラフツ自身も認めている。しかし，同時に，他の側面においても，産業革命を準備した要因として着目すべき点がある。

第3章1で概観したような，「なぜヨーロッパが最初に？」という問いについての議論は，「なぜイギリスが最初に？」という議論の中でも述べられてきた。もっとも，プロテスタンティズムの普及や早婚を抑えて1人当たりの資本ストックを増加させた独特な人口学的行動様式などは，必ずしもイギリスにのみ当てはまるものではないが，マルクス的な歴史把握の系譜に属する囲い込みの帰結としての農業労働者（資本＝賃労働関係）の早期の形成や，ノースやトマスが主張した国家による私的所有権保護の仕組みは，大陸諸国では明確に見られなかったり，その成立が遅れた国も見受けられる。また，アレンのように貿易の拡大が都市の発展を刺激した結果として効率的な農業が成立することで非農業人口が拡大したという対外的な関係を重視する議論（→第2章2）は，その結果としてイギリスにおいて研究開発による利益が最大になるような価格構造が形成されたとして，貿易拡大を産業革命が最初にイギリスで起きた主要な原因であると主張している。

ポメランツの「大いなる分岐」に対する反論として紹介したモキアの「有用な知識」論も，ヨーロッパに共通の現象と考えられる。

これは，プロテスタンティズムの普及と独特な人口学的行動様式の複合的な結果と捉えることもできるだろう。プロテスタンティズムを通じて現世における蓄財や営利追求が正当化された西欧では，適度な人口規模が1人当たりの資本ストックだけでなく人的資本ストックも増加させたため，上層の知識人だけでなく，より下層の職人層も自然界に対する科学的な態度を共有しており，科学上の新たな知見が即座に機械の製作などに応用されビジネスとして成立したのが産業革命だ，というわけである。近年，モキアは，こうしたいわば文化としての科学を「産業的啓蒙主義（Industrial Enlightenment）」と名づけたが，綿業や製鉄業における発明の数々は，この産業的啓蒙主義の成果であろう。

　以下では，イギリスに固有の要因のひとつとされ，経済発展一般にとって近年重視されている制度的な側面について，私的所有権の保護に焦点を当ててみていこう。

　経済の発展にとって，私的所有権の保護は重要な意味をもつ。誰しも，自分のものでなければ，それを改良しようとは思わないからである。たとえば，水はけの悪い重粘土質の耕地において，小麦が栽培されている場合を考えてみよう。麦類はもともと乾燥地帯を原産地とするため，地表に水たまりがあったり地中の水分が多すぎるような土壌では生育が悪くなる。逆に，適切な排水設備があれば，水はけのよい軽砂質土壌での栽培よりも単位面積当たりの収穫量は多くなる。中世において一般的だった開放耕地のもとでは，個々の農民の持ち分はひとつの耕圃に散在しており相互に明確に区分されているわけではないので，ある特定の個人が排水溝を作った場合，その恩恵は周りの農民保有地でも享受されることになる。言い換えれば，排水溝を作るためのコストを支払っていない農民たちによるフリーライド（ただ乗り）が容易に生じてしまうため，率先して排水設備を整えようというインセンティブは低くなる。

このように，土地に対する排他的な私的所有権が確立されていない場合，排水や施肥，雑草取りといった土壌改良は，共同体の取り決めの上で行われることはあっても，特定個人が自分でコストを負担する形で行われることはない。つまり，個人の側には，投資に対するインセンティブが生じないのである。農地については，囲い込み（エンクロージャー）によってこうした開放耕地をなくして，排他的所有権が確立されるが，18世紀末から19世紀初頭にかけての囲い込みは，議会制定法によって法的に進められていった。ここで，議会の役割を強調しておくことが必要だろう。

イギリスにおける17世紀は革命の時代であり，1688年の名誉革命によって王権に対する議会の優位が確立した。このことの意味は，たとえ王であろうとも，議会の同意なしに勝手に政治を行うことができなくなったということである。王権は，しばしば私的所有権を侵害する。恣意的な徴税や強制的な公債引受はその最たるもので，個人の資産を強制的に取り上げ，または借り上げて，国庫を潤わせようというものである。こうした王権の恣意的な行使による私的所有権の侵害は，イギリスにおいては，17世紀の市民革命を通じて劇的に低下していく。ブラディックによる最近の研究から，国家収入のうち，議会の承認を経ない収入の割合は，1640年以前は4分の3にも相当していたが，1689年以降は3％までに激減したらしいことがわかっている。

王権と議会との争いは，知的所有権の保護を目的とする特許制度の成立にも影響を与えた。近代的な特許制度は，独創的な発明に対して，その発明品の使用や製作，販売する権利を特許権者に独占的に与える制度で，これによって技術革新が促進されることが期待されている。

しかし，初期においては，塩などの一般的な財の生産や販売に対する独占権を，専売特許証（letters patent）という形で与えるとい

うものであった。特にエリザベス1世（在位 1558-1603）からジェームズ1世（在位1603-25）の治世期においては，寵臣への褒美として与えられたり，独占権と引き替えに金銭を得るという形で使われた。こうした状況は，王権と議会との間の紛争を生んだが，最終的には1623年の独占法（Statute of Monopolies）が議会によって可決されることで，独占が違法であることが確認された。ただし，発明に関する独占は例外とされ，真の発明者による「新たな発明」に限って，最高で14年間の独占が認められるようになる。その後，18世紀を通じて判例が積み重ねられることで，「発明」という言葉の法的意味や，発明の内容を記載した明細書の位置づけが確定し，さらには明細書にどこまで具体的に記述すべきかといった点が明確にされていった。

このように，イギリスでは，名誉革命によって王権に対する議会の優越が確立されたことで，土地を始めとする資産や知的所有権が恣意的に損なわれるケースが減少していった。

2　産業革命の社会的帰結

●生活水準論争

楽観論と悲観論　産業革命期を生きた人々が，自分たちが何か以前とは違う社会に生きていると自覚するようになったのは，1830年代以降になってからのことであったということは先に述べた。そうした認識は，同時代の知識人には，産業革命によって人々の生活は豊かになったのかという疑問を生じさせた。この問題は，生活水準論争として知られる長い論争になっていく。「産業革命」という言葉が，アーノルド・トインビーによって著された『18世紀イギリス産業革命史講義』によってより厳密な学術用語として使用されるようになる以前から，K. マルクスやF.

エンゲルスは産業革命によって人々の生活がいかに悲惨なものになったかという悲観的な見解を展開している。言い換えれば，この論争は，体系的な「産業革命」研究よりも長い伝統をもつのである。

　20世紀に入ると，クラッパムやアシュトンによる実質賃金系列の整備が進み，人々の生活は豊かになったという楽観説が優勢になるが，1960年代にはマルクス主義の立場に立つホブズボームが悲観論を展開し，近代経済学の立場に立つハートウェルが楽観論を展開するという，ハートウェル＝ホブズボーム論争が闘わされた。この論争においては，実質賃金や消費財消費などの経済指標に加えて，健康状態や死亡率なども議論の俎上に載せられた。

　生活水準論争は，19世紀におけるマルクス自身の言説から始まって，悲観論を展開するのはマルクス主義的な立場に立つ研究者であり，楽観論は近代経済学的な指向をもつ研究者によって展開されるという傾向があった。その背景には，資本主義経済を是とするか非とするかといった政治的な立場が色濃く影を落としている。往年の栄光は見る影もないとはいえ，現在のイギリスは依然として世界で最も豊かな国のひとつであることを考えれば，産業革命あるいは工業化によって豊かな生活が実現されたことは疑いようがないし，とりわけ，冷戦後の今日において，そうした政治的な価値判断を含んだ論争には，あまり意味が見い出せなくなっている。代わって，近年の生活水準論争では，クラッパムを嚆矢とする実質賃金推計がますます精緻化されていることに加えて，必ずしも所得では測ることのできない生活の質的な側面に光を当てようとする研究が進んでいる。

生活水準の諸指標

　表4－2は，近年の研究によって得られた生活水準の諸指標であるが，この表を一瞥するだけでも，生活水準論争に簡単に決着が付きそうにないことがみてとれる。1人当たり所得（Y）は，マクロ的視点で推計された

表 4-2 生活水準に関するさまざまな指標

年	Y	W	H1	H2	WK	E	M	L
1760	1803	109	167.4	171.1	2576	34.2	174	48.5
1780	1787	100	168.0	164.6	2956	34.7	173	49.5
1800	1936	103	168.3	164.6	3328	35.9	145	52.5
1820	2099	113	170.7	167.2	3342	39.2	154	54.5
1830	2209	120	170.7	165.6	3356	40.8	149	57.5
1850	2846	135	165.3	164.7	3185	39.5	156	61.5

(注) Y ：1992年時点の購買力平価による1人当たり所得（US＄）
W ：年間を通じて雇用された場合の実質賃金（1780年＝100）
H1：20歳からの23歳の新兵の身長（出生年次別）：フラウドによる推計
H2：20歳からの23歳の新兵の身長（出生年次別）：コムロスによる推計
WK：年間労働時間（1780年と1820年の値は線形で外挿）
E ：出生時平均余命（歳）
M ：乳児死亡率（1000人当たり）
L ：識字率（％）
(出所) Voth, H. J., "Living standards and the urban environment", Floud, R. and P. Johnson (eds.), *The Cambridge Economic History of Modern Britain*, Vol. I, 2004, p.271.

一国全体の国民所得を人口で割って求められた値であり，実質賃金（W）は，名目賃金系列を物価系列で割って推計したものであるが，この2つの系列をみる限り，変化率の違いはあるものの，1760年から80年にかけて一度低下したあとは上昇をみせるので，産業革命の期間を通じて生活水準は上昇したと読みとることができる。また，識字率（L）もほぼ一貫して上昇している。しかし，身長に関する2つのデータ系列（H1, H2）は，必ずしも整合的ではないし，労働強度（WK）は，1830年までむしろ悪化している。出生時平均余命（E）や乳児死亡率（M）も，1830年までは改善傾向があるが，1830年から50年にかけては，どちらも悪化している。

実質賃金の推計は，生活水準論争の中でも，最も重視されてきた指標のひとつであり，カバーする職業の種類を増やすことと，デフレートするための物価指標に含む財の種類を増やすという2つの方

向で精緻化が進められてきた。表4-2に掲げられた数値は1998年に公表されたファインシュタインの推計値であるが、1980年代に生活水準論争はとうとう終結したと宣言したリンダートとウィリアムソンによる超楽観主義的研究を修正したもので、実質賃金は上昇傾向をみせるものの、リンダートとウィリアムソンが示したものよりはかなり緩やかなものとなっている。さらに留意すべき点は、この数値には女性や子どもの稼ぎは入っていないということである。ファインシュタインに限らず、実質賃金推計は、史料上の制約からもっぱら成人男性の賃金を用いて議論がなされてきた。しかし、家計データの収集・分析から、ホレルとハンフリーズは、産業革命期を通じて女性の就業機会が奪われていくことにより、夫であり父親である成人男性の賃金は上がったかもしれないが、世帯全体の実質所得はむしろ低下した可能性があることを示唆した。

　身長が生活水準の指標として利用されるようになってきた背景には、実質賃金や実質所得は、もっぱらインプットしか考えていないという指摘がある。産業革命期は都市化が進んだ時期でもあるが、都市の賃金は一般に高い。しかし、それは都市の不潔さや不快さを補償しているとも考えられるので、病気にかかるリスクなどを考慮に入れないまま実質賃金を分析すると、過大評価を下してしまうことになる。身長は、生まれてから25歳時くらいまでの栄養状態をトータルで表すと考えられており、たくさん食べても激しい労働をしたり頻繁に病気にかかったりする場合には身長は低くなるし、比較的少食だとしても労働が軽微で健康的な生活を送っていれば高くなる。したがって、名目賃金と身長との間には明確な相関は見い出せず、貧しい農村出身の新兵の平均身長が、都市出身の人々よりも高いということはしばしばみられる。したがって、身長は、非常に広い意味でのウェルビーイング（wellbeing）を反映したものと考えることができる。

生活の質についてのより直接的な指標は，出生時平均余命や乳児死亡率であろう。これらの数値は，歴史人口学の成果である。イギリスで最初に国勢調査が行われたのは1801年のことであり，出生や死亡，結婚の登録が世俗的な役所によって行われるようになるのは，1837年以降のことであるが，それ以前の詳細な人口学的指標については，16世紀以降，教会での記録が義務づけられた洗礼簿（出生を記録），埋葬簿（死亡を記録），結婚簿からなる教区簿冊と呼ばれる史料から，復元されている。出生時平均余命や乳児死亡率が，1830年から50年にかけて悪化している理由としては，都市化のさらなる進展があげられよう。都市の不快さ，不健康さは，こうした指標に如実に表れている。

　年間労働時間は，比較的近年になって利用可能となった数値のひとつである。これは，ハンス‐ヨアヒム・ヴォスによって開発された頻度ベース法（frequency-based method）という手法を用いた推計で，犯罪記録を用いて，証人による証言からどのくらいの割合の人々が仕事中だったかを計算し，1日24時間のうち睡眠時間を7時間とした残りの17時間にそのパーセンテージをかけることで，年間労働時間を推計するという方法である。現在の先進国における年間労働時間は1500時間から2000時間であり，2007年の日本の値は1785時間（OECD Factbook 2009）だから，産業革命末期の1830年における3356時間という数字がいかに長時間労働かがわかる。労働時間の短縮＝生活水準の改善と考えれば，人々の生活水準は1830年まで一貫して悪化し，その後，わずかに改善したということができるが，これは，先に見た人口学指標とはまったく矛盾している。

　最初にも述べたが，現在のイギリスはまぎれもなく先進国の一員であり，豊かな生活を享受している国々の多くが工業化を経験したことを考えれば，産業革命は，最終的には人々の生活を豊かにしている。しかし，産業革命期として1850年くらいまでをとった場合，

その期間内では，必ずしも上述した生活水準指標がすべて同じように改善を示しているわけではない。より重要なのは，産業革命期の生活水準に関する議論を通じて，豊かさや幸福とは何かという，より広い問題についての理解が深まることなのかもしれない。

◉ 参考文献 ◉

荒井政治ほか編『産業革命の技術』有斐閣，1981年
斎藤修『比較経済発展論』岩波書店，2008年
T. S. アシュトン（中川敬一郎訳）『産業革命』岩波文庫，1973年
P. ハドソン（大倉正雄訳）『産業革命』未來社，1999年
M. J. ブラディック（酒井重喜訳）『イギリスにおける租税国家の成立』ミネルヴァ書房，2000年
P. マサイアス（小松芳喬監訳）『最初の工業国家——イギリス経済史 1700-1914（改訂新版）』日本評論社，1988年。
Crafts, N. F. R., *British Economic Growth during the Industrial Revolution,* Oxford University Press, 1985.
Allen, R. C., *The British Industrial Revolution in Global Perspective,* Cambridge University Press, 2009.

議論のための課題

1. ある研究者は，「産業革命＝工業化ではない」と述べている。あなたの意見を述べなさい。
2. あなたは科学博物館の学芸員であるとする。企画展で，イギリスの産業革命を取り上げることになった。綿業，製鉄業，蒸気機関についての技術革新について，どのような展示をするか考えなさい。
3. 生活水準論争で議論となっている指標について，それぞれの長所と短所をあげなさい。

第5章 さまざまな工業化

地域と諸国家

1 地域工業化論

> イギリスの工業化

ポラードによる『平和的征服』(→第3章2)以来,工業化のプロセスは,けっして全国的に平均して生じたわけではないし,ある場所での工業化が同心円的に広がっていったわけでもないという考え方は,経済史家の間で共有されるようになった。天然資源の存在や交通の便,伝統的な農村工業のあり方など,機械を備えた工場で行われる近代的な製造業の立地には,さまざまな条件が存在し,それに適した特定の地域で工業化は開始するが,その伝播もそうした特性をもつ地域に飛び石的に波及していったという考え方である。ポラードによれば,工業化の初期局面において工業化が進んだ地域においても,運河や鉄道の建設といった交通事情の変化や市場の拡大など,外部状況の変化によっては,衰退していく地域もあったという。ここでは,そのポラード自身が提示した例にそって,イギリスにおける工業化の地域性をみていこう。

産業革命の初期局面において工業化がみられた地域としては，南から，コーンウォール，シュロップシャー，スタッフォードシャー南部，ウェールズ北部，ダービシャーの高地地帯，ランカシャー，ヨークシャーのウェスト・ライディング，ダラムのタイン・ウィア両河口地域，スコットランドのクライド渓谷地域などがある。これらのうち，19世紀後半に至っても18世紀中と同じ産業を基盤として繁栄を続けたのは，綿業中心地のランカシャーと羊毛工業の中心地のウェスト・ライディングなど一部の地域のみであり，その他の地域は，衰退するか18世紀とは異なる産業が立地することとなった。

衰退した地域

　コーンウォール，シュロップシャー，ウェールズ北部，ダービシャーの高地地帯の四地域は，19世紀後半までに初期の工業が衰退していった地域である。ブリテン島南西端に位置するコーンウォールは，古くから銅と錫が産出することで知られており，鉱業と精錬業が発達した。特に1740年代に銅の需要が増大すると，地下深くまで坑道が伸びたことから，排水用としてニューコメン型の蒸気機関がいち早く採用された。また，この地域では石炭は産出しなかったために石炭価格が比較的高く，1770年代から80年代においては，ワット型の蒸気機関の最初の市場となった。しかし，19世紀後半には，資源の枯渇から急速に衰退していく。

　シュロップシャーは，ダービー家によるコールブルックディル製鉄所の所在地である。ここでは，近隣で石炭と鉄鉱石が取れたことに加え，ブリストルから大西洋に注ぐセヴァーン川を河川交通路として利用できたため，鉄製レールや鉄製の船舶，鉄製の建築資材の製造が行われた。実際，世界で最初の鉄橋であるアイアン・ブリッジが1779年に建設されたのもシュロップシャーである。石炭と鉄鉱の生産を基礎にして，そのほかにも，レンガ製造業や製陶業，ガラス製造業，化学産業，武器製造業，機械製造業も発達した。しかし，

図 5-1　イギリス（イングランド・ウェールズ）の州（1974年以前）

この地も1820年代には衰退していく。コールブルックディルはセヴァーン川沿いの渓谷に立地しており，こうした陸の孤島的な立地が，その後の発展を妨げたといわれている。

　ウェールズ北部も，産業革命初期には重要な工業地域として発展した。ここは鉱物資源に恵まれた地域で，石炭，鉄鉱のほか，屋根用のスレート，鉛や銅が産出した。また，アイルランド―ブリテン島間の船舶交通にとって現在でも重要な港であるホリーヘッドが北西端にあるため，海運業や船舶用のロープ製作などの関連産業も発達した。加えて，紡毛織やリネン織などの在来産業もあった。なだらかな平地が多いイングランド南部と違って，ウェールズには比較的急峻な山地があるため，初期の紡績工場の動力として必要な水車を回すための急流も利用可能であった。しかし，当時の交通状況を考えると，それぞれの生産地が散在していて相互に連関して有機的な産地を形成することができなかったことから，19世紀に入ってからの発展はほとんどみられなかった。

　イングランドでも，初期における紡績工場は，急流を求めて山間に立地した。1771年にリチャード・アークライトが，水車を動力とする最初の綿紡績工場を建設したクロムフォードは，ダービシャーの高地地帯に位置する。スコットランド国境付近からダービシャーの首都ダービーまで南北に走るペナイン山脈は，イングランド北部を東西に隔てるイングランド唯一の山脈である。ランカシャーとヨークシャーの州境付近をピークディストリクトと呼ぶが，この地域最大の河川で，ヨークシャーを北上する河川交通の動脈トレント川の支流であるダウェント川の流れを利用したのがクロムフォード工場であった。ダウェント川の下流には在来の靴下編み工業が存在し，初期のクロムフォード工場の市場となった。しかし，ここでも交通の便がさほど良くなかったことから，蒸気機関に移行する以前に，綿紡績はランカシャーへと立地を移すことになる。

繁栄した地域　そのランカシャーと，隣接するヨークシャーのウェスト・ライディング，およびスタッフォードシャー南部といった地域では，18世紀から19世紀を通じて同一の産業を基盤として繁栄が続いた。ランカシャーは，産業革命期の綿紡績の中心地である。棉花はイギリスでは採れないため，イギリスの綿業はその原料をもっぱら海外からの輸入に依存するが，ランカシャーはリバプールという港をもち，マージー川によって，ある程度内陸まで，河川交通を利用することができた。また，ペナイン山脈の西側に位置するため，ある程度の水流も確保することができた。さらに，初期の紡績機では紡がれる糸が切れやすいという技術上の問題点があったが，年間を通じて適度な湿度のあるランカシャーの気候は，紡績業に適合的だったといわれている。主として綿業の発展に刺激される形で，その他の産業もランカシャーに立地した。機械製造業や石炭業が立地し，商業金融の発展がみられたし，最初期の運河であるサンキー・ブルック運河やブリッジウォーター運河が建設されたのもランカシャーであった。さらに，在来の金属加工業に加え，染料のための化学産業や，ガラス製造業，製陶業なども立地した。

　ヨークシャーのウェスト・ライディングには，伝統的な手工業として短繊維の羊毛を使った比較的厚手の織物である紡毛織工業と，長繊維の羊毛を使った薄手の梳毛織工業があったが，その機械化は綿業からはかなり遅れる。動物性の繊維は，綿やリネンなどの植物性繊維よりも切れやすいという性質があるためである。また，長繊維の梳毛糸の方が切れにくいため，梳毛工業における機械化が紡毛糸の機械化に先行する。実際，羊毛紡績が一般化するのは1820年代から30年代に入ってからで，力織機化が進むのは梳毛織で1840年代，紡毛織では1850年代になってからのことであった。もっとも，他の工程では，18世紀中に機械化が進んだ部門もあった。羊から刈り取

った羊毛を梳って繊維をそろえる梳毛工程では，1780年代には170の刷毛工場（Scribbling Mill）があったといわれている。また，紡毛織のみ必要となる縮絨(しゅくじゅう)工程では，すでに中世末期から縮絨水車が発明され，水力の利用が行われていたが，1770年代には115の縮絨工場があったとされている。ランカシャーとの大きな違いは，ウェスト・ライディングは内陸部にあるということだが，この点は，原材料が国内産であるためあまり問題にならなかった。河川をさかのぼって原料を内陸まで運ぶには費用がかさむが，地元で飼育されている羊の毛を刈って地元で生産される羊毛糸や毛織物を輸出のために川下へ運ぶのにはそれほど費用がかからないからである。

スタッフォードシャー南部には，非常に豊かな炭鉱があり，「ブラックカントリー」と呼ばれていた。伝統的に鉄加工業が繁栄しており，ガラス製造業，化学産業，機械製造業，武器製造業も発達した。また，すぐ近くにこの地域の商業中心地であるバーミンガムがあり，ボウルトン・ワット商会の拠点となるなど，鉄加工を主とした製造業の中心地となっていった。

これらの3地域では，ランカシャーとヨークシャーではそれぞれ綿製品，羊毛製品という特徴があるもののその品質に多様性があり，またスタッフォードシャー南部においては生産されるものがより多様であったこともあって，基盤となる産業の劇的な変化を経験することなく，産業革命期を通じて繁栄を維持したが，ダラムのタイン・ウィア河口地域やスコットランドのクライド渓谷地域は，時期によって主力となった産業が異なっていた。

ダラムを中心とするタイン川とウィア川の流域は古くからの炭鉱地帯であり，ロンドンにおける暖房用としての石炭を供給してきた。低価格の石炭を基盤として，製塩業やガラス製造業，石鹸製造業なども発達したが，その後，停滞期を迎える。この地域が再生するのは，19世紀後半に鋼鉄製の船舶が一般化して造船業や兵器製造が盛

んになってからであった。また、グラスゴウ近辺のクライド渓谷地域は、在来のリンネル織が存在したが、後に綿に転換し、ランカシャーに次ぐ綿業地帯になっていく。

> **工業化のプロセス**

このように、産業革命期のイギリスでは、工業化は地理的にきわめて限られた地域に立地し、ある地域での発展が周辺地域に順に伝播していくという現象はみられなかった。ウェールズ北部の経験からは、生産拠点がある程度集中していることが、経済発展にとって重要であることが示唆されている。産業の集積が一度起こると、互いに関連する技術がそこで蓄積され、同時に特定の熟練を要する人々も再生産される。また、原料の調達ルートも確立されていることが多い。このため、新規に起業する場合、まったく関係のない場所に工場を作るよりも、すでに確立した産地に工場を建てる方が、原材料や生産のための技術・知識、人的資本に容易にアクセスできるのである。

他方で、技術の伝播は、鉱物資源の賦存状況や伝統的な手工業で培われた技術、制度的な背景など、特定の産業に好適な条件があれば、飛び石的に波及していく。明治期のお雇い外国人の例を出すまでもなく、このような技術の伝播は技術者の移動によってなされることも多い。ジョン・コクリルがベルギーのヴェルヴィエに作った羊毛紡績工場などはその一例である。

2 ヨーロッパ大陸における多様な工業化

1 ベルギー

> **繊維工業の発展**

ベルギーはヨーロッパ大陸諸国の中で最も早期に工業化した国として知られているが、

単にイギリスに次いで産業革命が起こっただけではない。歴史的・地理的要因が、産業投資銀行の発達などの特徴をその工業化にもたらした。

北低地地方がオランダとして独立した後もスペイン・ハプスブルク領にとどまった南低地地方は、フランスによる占領を経てウィーン会議後にはオランダとの統一王国を成した。しかしフランス七月革命の影響を受けて独立し、1831年に当時イギリスに滞在していたドイツ・ザクセンコーブルクゴータ家のレオポルド1世を迎え、ベルギー王国が成立した。

ベルギー王国がフランスとイギリス・ドイツ（プロイセン）の国際関係の中で成立したのと同様に、その工業化もこれらの諸国との深い関係の中で進展し、たび重なる支配体制・国境の変更が行われたが、このことでかえって国境を越えた経済活動が定着し、工業化の進展に大きな影響を与えた。また、ヨーロッパで最初の本格的な投資銀行が設立され、多額の固定資本を必要とする重工業の進展を支えたこと、さらに、ベルギー独立後の法体系・国家体制が当時のヨーロッパ諸国の中では工業化の進展に最も適合したものであったことなどは注目に値する。なお、地理的要因等による南部、北部、およびブリュッセル地域の工業化の進展の違いは、各地の所得格差も拡大させた。

ベルギーにおいても最初に近代的な工場制工業の発達をみたのは繊維工業であり、ヘントとリエージュ東部のヴェルヴィエの綿工業では18世紀末より機械制工場生産が始まっている。南部低地地方では、これまでの章で述べてきたように、中世以来の都市の毛織物業とその後発展を遂げた中小都市・農村部での新毛織物業や亜麻工業が栄えていたが、全欧的に綿織物の需要が拡大したことを受けて、18世紀後半には綿捺染および綿織物業が始まった。フランスによる占領期にその生産規模も拡大し、綿紡績も始められ、綿工業は最も

重要な産業部門に成長した。占領期当初にはこれらの綿製品の多くは地域内消費に充てられ、一部がオランダ、ドイツに輸出されるだけであったが、1802年のアミアンの和約以降はフランス本国が市場としての重要性を増した。

ナポレオンによる大陸封鎖令は、ベルギーの綿工業には生産拡大の好機となった。1815年のネーデルラント連合王国併合後は、南部を連合王国の工業地域として育成しようとした政府の産業保護政策を受けて、オランダ領インド（インドネシア）への独占的綿製品供給が可能となった。しかしその需要は限られ、また種類が異なる熱帯地域向け製品が必要とされたこともあり、失われたフランス市場の代替とはなりえなかった。しかも1831年の独立によりその市場も失われ、輸出がほぼなくなり、生産も落ち込んだ。しかしその後、好不況の波はありながらも国内消費を中心に生産も次第に増加した。19世紀後半には再び輸出も増加し、生産量の15〜25％を占めるようになった。

このように綿工業の成長には、他国に併合されたことによる域外市場の存在と政府の保護貿易政策が深く関わっていた。豊富な労働力と企業家の経営努力も大きく、紡績機械などの新技術の積極的導入や企業規模の拡大が図られ、ヘントは大陸ヨーロッパでも有数の綿工業都市となった。また、機械工業なども発展している。もっとも、ヘント以外の北部地域では、近代的工業はあまり発展しなかった。特に機械化が遅れ競争力を失ったフランドル農村の亜麻工業は1840年代に急速に衰退したが、これに農業危機も重なり、農民の貧困化が深刻化した。このため南部の工業地域に人口が流出し、後にはアメリカへの移民も拡大した。この結果、19世紀後半には北部地域と南部地域の経済的格差が拡大した。

重工業, 機械工業の発展

ベルギーの工業化を主導した南部地域における重工業の発展には, 採掘が容易な堅坑型の炭田の存在に加えて, フランス, ベルギー, オランダを結び, さらに上流でドイツのモーゼル川とつながったムーズ（マース）・サンブル水系という地理的要因が大きく寄与している。石炭はムーズ川沿いのリエージュおよび支流サンブル川沿いシャルルロワ近郊で採掘され, 近接するルクセンブルクからは水運を利用して鉄鉱石が輸送された。

18世紀に蒸気機関による排水が導入された石炭業は19世紀に急速に生産を拡大させ, 1815年に150万トンであった生産量は, 1835年には300万トン（対フランス輸出61万トン）, 1873年には1578万トン（対フランス輸出490万トン）に達している。このような石炭業の成長を受けて, 伝統的な武器, 鉄釘製造業が存在していたリエージュとともに, 炭田の開発までは確たる工業がなかったエノー州においてもシャルルロワを中心に製鉄業が発達した。製鉄業の発展においてはそれぞれの時点での最新の技術導入が図られ, シャルルロワでは遅くとも1821年にはパドル法が用いられ, コークス溶鉱法も1823年に導入された。1823年にコークス溶鉱炉が導入されたリエージュ郊外のスレーン工場は, 前述のヴェルヴィエで綿織物業に携わっていたイギリス系移民であるジョン・コクリルが1817年にオランダ国王から購入した城跡に建設したものであり, 製鉄のみならず蒸気機関の製造なども行われ, 1830年では2000人を雇用するヨーロッパ大陸最大規模の工場であった。

ただし, 1830年には木炭溶鉱炉がなお銑鉄生産の中心であり, 生産量も10万トンに満たず, コークス溶鉱炉を用いた製鉄業が本格的な成長を遂げるのはベルギー独立後のことである。なお, 独立直後の経済的混乱, 1838年恐慌, 1848年恐慌は企業淘汰を進め, 政府・銀行の融資や再編により生き残った企業は新技術を積極的に導入し,

経営規模を拡大させた。また，ドイツ関税同盟が1844年以来認めていたベルギー銑鉄への特恵関税を1852年に廃止したことを受け，関税障壁を乗り越えるために，ドイツ連邦（当時），ドイツ関税同盟に属したルクセンブルクやフランスなどに会社を設立している。

機械工業もリエージュ地域およびヘントで発展し，特に蒸気機関車はベルギー企業の海外鉄道建設投資とも関わり，ヨーロッパ大陸諸国や南アメリカへ輸出されている。また，ガラスと亜鉛の生産では特別な地位を占めた。窓ガラスは19世紀末にアメリカなどが台頭するまでベルギーが最も国際競争力を有し，生産量の大半が世界各国に輸出された。亜鉛についてはドイツに次ぐ世界第二の産出国であり，1860年代までは両国で世界の供給をほぼ独占していた。

鉄道，金融の発展　ベルギーは大陸諸国の中で最も早期に鉄道が普及した国である。統一ネーデルラント（オランダ）王国からの分離独立後のオランダによるスヘルデ川封鎖という状況のもと，ベルギー政府は，大国の狭間という地理的条件を活かして，ライン川に代わる国際的交通路としての鉄道建設を決定し，1834年に建設が開始された。首都ブリュッセルの北に位置するメヘレンを拠点に，まず，古代ローマ帝国時代以来の東西陸上ルートに沿う形で西には北海の港湾都市オステンド，東にはリエージュを経由してケルンに至る路線などの敷設が始められ，1843年までにベルギーを東西と南北に貫き，ドイツ，フランス，イギリス（オステンド港経由）を結ぶ559キロが建設された。その後は民間参入が認められ，1870年に総延長は3136キロに達し，さらに，1844～56年にはオランダ領を通らずマース川とスヘルデ川をつなぐカンペン運河が建設されるなど水路，道路の建設，増強も進み，国土が狭いこともあるがヨーロッパでは最も交通網の整備された国となった。

上述のように，産業投資に関わる銀行が早期に設立されたこともベルギーの大きな特徴である。まず，1822年にウィレム１世の意向

を受け設立されたソシエテ・ジェネラルは，当初は債券発行，公共投資が主要業務であったが，ベルギー独立後の経済危機時の救済融資などで産業界への影響力を強めた。さらに，1835年にはソシエテ・ジェネラルの独占的支配力に対抗する目的でベルギー銀行が設立され，両行は競いながら石炭・製鉄業など鉱工業，鉄道・運河に投資し，多くの株式会社を傘下に収めている。ベルギーの主要都市には二大投資銀行以外にも投資銀行，抵当銀行，投資信託会社が設立され，フランスやイギリスの資本も加わり豊富な資金が産業部門に投下された。しかし，産業部門への投資は資金の流動性を低下させ，不況期には銀行の支払い停止とそれに連動した企業倒産を招くことになり，1850年にはバンク・ナシオナルが設立され，事実上の唯一の発券銀行として中央銀行の役割を担うこととなった。なお，ソシエテ・ジェネラルは19世紀後半に国内外の産業，鉄道投資を拡大し，さらに，1866年には預金業務を開始し一般商業銀行を兼ねる混合銀行となり，ベルギー最大の金融グループへと成長を遂げたが，ベルギー銀行は投機に失敗し，また金融スキャンダルにも巻き込まれ，1885年に倒産するに至った。

自由主義的国家

フランス語系上層市民の主導で独立を達成したベルギーでは，自由主義にもとづく憲法が制定されただけでなく，商法，会社法においても規制が少なく，ヨーロッパにおいて最も工業化に適した政体・制度を有する国家でもあった。その結果，多くの多国籍企業の上場先となり，ブリュッセルの証券市場は1852年上場191社，総資本金8億8000万フランから1873年上場314社，総資本金20億フランという成長をみせた。また，永世中立国であったことから，他国資金の避難先・資金の調達先ともなり，社債や株式を引き受ける企業会社が設立された。一方，これらのブリュッセルに拠点をおく銀行，投資会社は国外への投資を拡大し，ヨーロッパ各国で建設が進みつつあった鉄道事業はその

重要な投資先となった。

　貿易政策においても，ベルギー独立後の自由主義政党のもとで，フランス占領期，統一王国期，ベルギー独立当初の高関税率の保護政策が改正され，次第に自由主義的傾向が強くなった。まず1846年の食糧危機を機に穀物輸入が自由化され，1850年には通過関税と都市関税が撤廃された。さらに，ベルギー政府は1856年および59年に相互協定による関税引下げを提唱し，1861年にフランス，62年にイギリス，63年にドイツ関税同盟と新協定が結ばれた。この協定下に，1865年には関税率の引下げが実施され，1873年には穀物，肉類，1875年にはほとんどの商品の関税が撤廃されるに至った。

2　フランス

緩慢な工業化，国民国家

　イギリスに遅れること約半世紀，フランスの工業化は，第 2 帝政期（1852〜70年）に本格化したというのが通説である。ただし，19世紀のフランス経済がイギリスのような意味で工業化することはなかった。表 5 - 1 は現代の経済史家による推計だが，農業生産は19世紀を通して GDP 構成の中で高い比率を保ち，農業人口が急速に減少するには実に第 2 次大戦後を待たねばならなかった。農村から都市へ，農業部門から商工業への労働力移動はゆるやかに進行したが，イギリスのような農地の囲い込み運動はフランスにはなく，革命によって生まれた小農経営が残存したのである。

　フランスは，イギリスやドイツのような製造業立国とは別の道を進んだのである。しかし，フランスにもフランスなりの「工業化」があった。蒸気機関と機械力の活用による生産能率の飛躍的向上という意味においても，アルザスや北部の繊維工業，中央部や東部の製鉄業などは，局所的とはいえ急速な発展を示した。こんにちのフランスに繋がるパリ・モードの服飾や奢侈品の製造も，19世紀半ば

表 5-1　フランスにおける農業生産と工業生産の比率

(単位：%)

年	農業生産	工業生産	その他	GDP
1830～39	42.9	37.9	19.2	100
1860～69	39.4	36.5	24.1	100
1875～84	39.2	35.1	25.7	100

(出所)　Verley, P., *Nouvelle histoire économique de la France contemporaine*, t. 2, 1989, p. 19.

には輸出産業として確立しようとしていた。緩慢としたスピードながらも19世紀フランス経済の成長は明らかであった。

　国家機構の問題も無視できない。フランスの場合，工業化は地域の問題であると同時に近代国民国家の問題であった。社団国家を否定し，理念的に「フランス国民」の観念を設定した大革命からのち，19世紀のフランスには地域と国民国家との相克が潜在していた。革命当時に設置され，ナポレオンの第1帝政（1804～14年）で確立した「県」は，伝統的な地域，地方を分断し，中央政府任命の県知事が地方行政に当たる中央集権的な行政区画であった。しかし，国民国家形成の中に埋没してしまったかのような「地域」は，土地に執着する農民のメンタリティーとともに実体として残存し続けた。1860年代になってもブルターニュや南部諸県は方言の王国であった。

　19世紀フランス史は，共和主義の理念が産み落とした国民国家が，革命や戦争，そして教育改革を通じて次第に実体を獲得していく過程であり，この「国民」意識の中で，やがて第1次大戦が戦われることになった。工業化の時代とされる第2帝政期，ナポレオン3世の政府は公共事業や博覧会の開催を通じてフランスの産業的威信の振興に努めた。20世紀にみるような体系的な国家干渉でないとはいえ，パリ市の都市計画や運河，鉄道のインフラストラクチャー整備にその貢献をみることができる。中央政府の役割は，技術教育につ

いても特筆すべきものであった。特に革命当時の1794年に設立されたエコール・ポリテクニク（理工科学校）は高度な教育水準を誇り，鉱山学校，土木学校における実科教育を経て鉱山業，製鉄業，土木事業などの分野にエリート技術者を供給した。

19世紀前半

17世紀の80年代，グレゴリー・キングの推計によるとフランスの1人当たり国民所得はイギリスの約8割であった。英仏の経済格差はそののち18世紀に拡大したともいわれ（ディーン＝コール推計），両国の格差は縮小してフランス革命（1789年）までにほぼ同水準になったともいわれる（オブライエン＝ケイダー推計）。ただしフランスの人口はイギリスの2倍以上であったから，どちらの推計をとるにしても革命当時の国民所得はイギリスを上回るものであった。

18世紀のフランスにとって成長の主要な源泉は貿易であった。西インド諸島の砂糖，タバコやインディゴ，アメリカ植民地の棉花，米，タバコなどが大きな利益をもたらし，植民地に向けては，奴隷やスカンジナビアの木材，また，ガロンヌ川やロワール川経由でもたらされる内陸の小麦や小麦粉が輸出された。大西洋に面したボルドー，ナント，またルーアン，地中海岸ではマルセイユといった海港都市が，貿易を通じて繁栄した。ボルドーやナントからは，後背地で産出するワインや蒸留酒，小麦などが北ヨーロッパに輸出され，マルセイユの貿易は近郊ボーケールの市場を活性化した。貿易港に居を構える仲買業者は，リヨンの絹織物工業やジュネーブのキャラコ製造業，ガロンヌ川流域の毛織物工業に対して資本や商業信用を供与していた。

しかし，1789年革命からナポレオン戦争へと続く政治動乱が終わったとき，フランス経済は混乱の極にあった。18世紀に繁栄した港湾都市は，海外市場をイギリスに奪われて急速に衰退に向かった。復古王政（1815～30年）の政府は，ブルボン王党派の地盤でもある

港湾都市とその後背地を支援して革命以前の繁栄を回復させようとしたが，英仏植民地戦争，ナポレオン戦争を経て失われた海外市場は戻ることがなかった。ナポレオンの大陸封鎖の期間，国内工業はそれまで外国から輸入していた機械や火薬，塗料などの国産化によっていくらかの刺激を受けたが，産業革命が進展しつつあったイギリスとは比べるべくもなかった。地域的にみると，東部のアルザス地方，北部のノール県などが以後の工業化の中心となり，西部，南西部の工業は衰退の道をたどった。

　19世紀初頭の工業化は農村に分散した繊維工業から始まった。イギリス伝来の新技術が活用の場を得たのも綿工業，特に綿紡績業であり，ナポレオン政府が保護主義をとり，資金援助を行ってから導入が本格化した。復古王政期になると，ベルギーの独立とともにヘントからリールへと綿工業が移転したノール県，ノルマンディー，また東部のアルザス地方が綿紡績業の主軸となった。なかでもミュルーズを中心とするアルザスの綿工業は，ヴォージュ山地の安価で比較的熟練した労働力とバーゼルの資本を活用し，高級捺染綿布の輸出によって繁栄した。ドルフュス＝ミーク，シュランベルジェなどが1805年から10年にかけて企業を設立し，ジェニー紡績機や水力紡績機，ミュール紡績機といったイギリスの機械を導入した。1830年代には，保護関税なしでフランス綿糸がイギリス細番手に太刀打ちできるとまで，企業家たちが自負するまでになった。

　織布工程の近代化は紡績に遅れ，フランスは綿布輸入を続けたが，手織機が進歩し，機械織機も導入された1830年代になると，アルザスを中心に近代化が進むことになった。ミュルーズの捺染綿布のほか，北部のエルブフ，ルーヴィエ，ルーベなどの毛織物業，ルーアン一帯の中級綿織物業などの産地織物業が登場した。毛織物業は，木綿との競争の中で安価な農村労働力に依存するようになり，都市から農村工業へその中心を移した。リヨン地域の絹織物業も周辺農

村部に定着することとなった。

　動力についてみると、ジャック・ペリエがシャイヨー工場で蒸気機関の製作に成功して以来、その数は1822年の100基程度から、42年には2600基、50年には5300基と急増した。しかし、60年代前半、パリとリヨンを除く全国10万あまりの工業事業所の動力（馬力数）を集計すると、水車60％、風車8％に対して蒸気機関は30％にとどまり、蒸気力の普及には限界があった。19世紀後半に至るまで農村家内工業や都市小工業が広く残存し、いわばフランス産業の二重構造を形作っていたのである。また、石炭の不足するフランスは工業化過程を通じて、イギリス、ドイツ、ベルギーからの輸入石炭に依存した。石炭不足は18世紀には大きな問題ではなかったが、産業革命後の新技術体系の中では、フランスにとって深刻なハンディとなった。さらに、資金供給の面からみると、長期の設備投資資金、短期の商業金融は潤沢に提供されたとはいえ、高い資金調達コストのために自己金融が一般化していた。

金融制度の整備と鉄道、製鉄

　19世紀前半の内陸交通は十分に整備されておらず、国内市場統合の妨げとなっていた。分散した製造業がより大きな市場をめざして拡大を図るためには、交通手段の整備と金融制度の改革とが不可欠であった。ナポレオン時代から建設と整備が進められた運河は、ベルギー石炭の輸入などに大きな役割を果たしたが、安価に大量の重量物を輸送するには鉄道網の整備を待たねばならなかった。しかし、鉄道整備は復古王政、七月王政（1830〜48年）の時代には遅々として進まなかった。

　1841年の国内の鉄道総延長は600キロ以下にすぎず、イギリスの約4000キロはもとよりドイツ関税同盟にも及ばなかった。当時開設されていたのはイギリス人、スイス人など外国人によるパリ＝ルーアン線、パリ＝オルレアン線などであり、フランス企業によるもの

としては，わずかにパリ＝サン・ジェルマン線，サン・テティエンヌ＝ロアンヌ線などの短距離ローカル線があるのみであった。ようやく42年6月，新鉄道法が半官半民での路線建設と民間企業による路線経営の分離を認めると，48年恐慌によって一時は頓挫したものの，50年代には幹線鉄道網の完成をみることになった。1841年から58年までの期間に，フランスでは新たに1万キロの鉄道が敷設された。1850年にはパリ＝リール線とクレイユ付近のローカル線を合併した北部鉄道，52年のパリ＝オルレアン鉄道，53年の東部鉄道などが相次いで開通し，55年には国土を南北に縦断するパリ＝リヨン＝地中海（マルセイユ）の路線も開通した。証券市場が活況を呈するなか，50年代の鉄道会社は社債を発行して容易に資金を調達し，形成されつつあった中産の金利生活者（ランティエ）階層が，フランス国債，外国債とともに政府保証の鉄道債券を購入した。

　鉄道の整備は，レール，機関車などの資材需要を通して国内製鉄業に直接の刺激をもたらした。革命当時の製鉄業ではコークス製鉄は銑鉄生産量の2％ほどにすぎず，1845年頃になっても木炭製鉄が全体の6割を占めていたが，伝統的な木炭製鉄を行い比較的高品質の製品需要に応える中小の製鉄所とは別に，1850年代には鉄道需要に応える中部のル・クルーゾ，東部のヴァンデルなどの製鉄大企業が急成長した。これらの大製鉄所は，ベッセマー法やジーメンス・マルタン法，トマス法など，19世紀半ばに開発された製鋼技術を積極的に導入した。

　鉄道建設，そしてコークス製鉄のための長期資金を供給したのは，事業銀行（投資銀行）と呼ばれる新しいタイプの金融機関であった。1852年，サン・シモン主義者のペレール兄弟が設立したクレディ・モビリエ（Crédit Mobilier）は，社債発行にこそ失敗したものの一種のベンチャー・キャピタルとして企業設立への参加や，企業株式の売買を行った。公債引受けを主要な業務としていたロスチャイル

ドなどの個人銀行（オート・バンク，高等銀行）も，競い合うように系列事業銀行を設立して鉄道建設ブームに参加した。製鉄業においても，ル・クルーゾを本拠とするシュネデール家は，事業初期にオート・バンクのセイエールからの出資を仰いでいた。クレディ・モビリエは57年に破綻したが，60年代にかけて商工信用銀行（1859年），クレディ・リヨネ（1863年），ソシエテ・ジェネラル（1864年）など，産業投資を行う新しいタイプの銀行が次々と生まれた。一方，クレディ・リヨネは，1882年のユニオン・ジェネラル破綻ののち産業企業への投資に慎重になり，国内支店網を充実させ大衆預金を集めてもっぱら短期の商業信用を供与する預金銀行（イギリス型商業銀行）に変化していった。

高品質製品への特化 すでに18世紀の段階で，成長のめざましかったシャンパーニュ地方の毛織物業が高級毛織物生産の比率を高め，一方，普及品を生産していたノルマンディーの毛織物業が次第に衰退したという歴史があった。フランスの優位は高級品の生産にあり，高品質製品への特化はすでに18世紀から始まっていたのである。

首都パリに生まれたさまざまの奢侈品製造業はその典型であり，クリスタルグラス，リモージュなどの陶磁器，高級木工製品などは，革命前からのフランスの輸出品であった。産業革命を経て機械による大量生産が始まっても，大きな変化がみられたのはもっぱら素材生産部門であり，加工部門，特に高品質製品の生産方法は大きく変化することがなかった。フランスの製造業は，大量生産とは別の方向にシフトし，市場競争の激しくない高級品，奢侈品の生産に向かった。1860年の英仏通商条約に始まる自由貿易の時代，高級品，高品質品への特化はいよいよフランス工業の特質となっていった。その一方，農村向け，植民地向けの普及品生産を行う木綿，羊毛などの農村手工業は，通商条約締結ののち国際競争に敗れて衰退してい

くことになった。

　1906年の工業統計によると，工業事業所の総数は60万を越えたが，雇用労働者の数は370万人，このほかに労働者を雇用しない150万人の「孤立経営」が存在したという。これから19世紀フランス工業の二重構造をみると，鉱山，製鉄などの部門には労働者数5万人を越えるような大企業が成立し，繊維，化学，陶器などの部門でも労働者100人以上の事業所が過半を占めた。他方，小経営主体の部門としては，パン製造業，縫製業などの伝統産業があったが，注目すべきことには新興の工業部門でも金属加工，機械（自転車，自動車を含む）などの部門が中小経営の活躍の場となっていた。工業労働者全体の4分の3は，生産性においてイギリスに匹敵するか，あるいはイギリスを凌駕するような部門に従事していたが，それは，大量生産とは異質の技術分野であり，素材産業ではなく，高度の加工技術，熟練を必要とするような川下の部門であった。

第1次大戦前夜

　フランスの工業生産，国内総生産の成長率は，19世紀前半にはイギリスに及ばず，19世紀後半にはドイツやアメリカに遠く及ばない。工業化のスピードが緩慢なものであったと同時に，社会構造の変化もまたゆっくりとしたものであった。都市化という点では，フランスでは首都パリのみが肥大化し，19世紀半ばには世界最初の百貨店ボン・マルシェが開店し，機械工業や縫製業，食品加工業，商業，印刷業など都市的な工業，手工業の展開が多くの労働者を農村部から引き寄せた。その一方，リヨン，マルセイユ，ボルドー，リールなど，各地方の中核となるべき都市の人口増加はゆるやかなものであった。さらに，19世紀末にかけての都市への人口移動にもかかわらず，フランスは膨大な農村人口を抱え続けていた。

　19世紀の末になると，化学，電機，石油などの新産業が登場し，いわゆる第2次産業革命の時代が始まった（→第6章1）。パリでは，

ロンドン，ベルリンなどほかの大都市と同様にガス灯が夜の世界を明るくし，やがて電灯にとって替わられた。しかし，アルミニウムなどの例外を別にすれば，ドイツやアメリカの成長が著しかった第2次産業革命の時期，フランスは新興産業の分野で大きく遅れをとることになった。化学産業においてはいくつかの発明がフランスでなされたにもかかわらず，ドイツ化学企業の子会社によってドイツからの輸入品が販売され，大戦前のフランス市場を席巻した。萌芽期の自動車製造業のみは大戦前夜に大きく成長し，アメリカに次ぐ生産国，世界第一の自動車輸出国となったが，これはパリ地域の熟練工たちが積み重ねてきた機械加工技術のおかげであった。しかし，高級家具の製造を思わせるような大戦前のフランス自動車工業は，やがてアメリカ式大量生産体制の導入に立ち遅れることになった。

第1次大戦前夜，いわゆる帝国主義の時代には，フランスはアジア，アフリカに植民地を領有する一方，盛んにロシア，東欧などへの資本輸出を行い，イギリスに次ぐ第2の資本輸出大国となった。フランスの資本輸出についてはそれがロシア国債など確定利付公債に偏った「高利貸的帝国主義」(レーニン)の特徴を示すことが指摘され，富裕層の資金が国内産業に活用されていないことが当時から批判された。

3 ドイツと中・東欧

> リストのみた19世紀前半のドイツ経済

(1) イギリス経済の重圧

第4章でみたように，18世紀半ばから19世紀はじめにかけ，いわゆる「産業革命」がブリテン島の多くの地域で進行した。これによって経済的に抜きんでた地位を確立したイギリスは，ヨーロッパ世界に決定的な影響を与える存在となった。

ナポレオン戦争はイギリスへの挑戦とその失敗という面が大きい。

経済政策としては，1806～13年の大陸封鎖・大陸体制がその代表である。外交・軍事的にはイギリスと共同してフランスに対抗したハプスブルク帝国（オーストリア）やプロイセンなどのドイツ諸領邦・中欧諸国もまた，ナポレオン戦争の終結後はあらためてイギリスの圧倒的な経済力に直面したことを意識しなければならなかった。大陸封鎖・大陸体制によるイギリス経済の大陸市場への遮断は，工業製品の価格高騰によってドイツのいくつかの工業生産には発展のきっかけを与えたが，ドイツ・ハンザをはじめとする伝統的なドイツ都市の商業・金融には直接的な打撃となった。大陸封鎖の期間中，イギリスは大陸市場においては常態化した密輸で対抗すると同時に，海外市場においても活動を広げ，工業・商業でむしろ力を蓄えていた。このため大陸封鎖解除後は，イギリスの工場製品の流入がさらに勢いをもって始まった。

「産業革命」にほぼ並行して成立したイギリス古典派経済学は，眼の前で起きていた工業化には体系的な関心をあまり明示してはいない。ただそこに含まれた経済的自由主義の主張は，大陸諸国に学問体系とともに伝わり，それぞれの思想と政策に支配力を及ぼした。ドイツではゲッティンゲン大学やケーニヒスベルク大学でさかんに講じられた古典派経済学は，ドイツ諸領邦の政府において伝統的な官房学（国家官僚による経済政策思想）と結びついた。こうしてプロイセン王国など有力な諸領邦においては，いわゆる開明的な官僚が自由貿易を推進する立場をとった。

(2) 国民経済の不在

だが大陸ヨーロッパにおける経済学的思考は，やがてイギリスとの関係に敏感に反応を始めた。古典派の経済的自由主義（自由貿易主義）から離脱し，独自の国民経済学の体系を模索したフリードリヒ・リストがその先駆けである。

経済学者にしてジャーナリスト，政治家でもあったリストはイギ

リストと当時のドイツ（ウィーン体制下のドイツ連邦）とを対比し，祖国の問題を明らかにした。

ドイツは17世紀の三十年戦争・ウェストファリア条約以来，神聖ローマ帝国の体制が有名無実化したとされ，18世紀中には王国，選帝侯領から騎士領にいたる世俗諸侯領や，教会・修道院領，自由都市などの無数の主権領域に分裂していた（→第2章4）。この政治的分裂はナポレオン戦争後のドイツ連邦の成立によっても解消されていない。ドイツ連邦は，イギリス，ロシア，フランス，オーストリア，プロイセンなどの政治的思惑が絡みあったウィーン会議の産物である。39（のち1820年代に38）の中小主権国家と自由都市から成るゆるやかな枠組みによって，いわゆる分邦主義は固定化され，ドイツ語圏を包含する国民国家の形成はむしろ阻害された。

リストのみるところ，ドイツ連邦の経済的分裂は，この政治的分裂がもたらしたものであった。さまざまなサイズの主権国家のエゴにより，無数の関税領域によってドイツ語圏の物流は阻害されている。同時に統一的な関税保護が不可能であるため，安価なイギリス商品の流入が国内産業を脅かし続けている。また一円支配的な国家の不在は，流通に不可欠の水路，道路，あるいは鉄道といった設備の充実を妨げているのだ——以上がリストの痛切な認識であった。

要するに19世紀前半のドイツにおける統一され保護された市場＝「国民経済」の不在をリストは鋭く批判した。そして，内国関税の撤廃と対外関税体系の保護主義的な形（「育成関税」）での統一，さらに（早い晩年には）新交通手段である鉄道の全ドイツ的システムの構築を提唱する。

(3) ドイツの「後進性」

リストは，経済学者としてはアダム・スミスやセーといった古典派の体系を脱却し，国民経済学派（歴史学派）の祖となった。「一民族の状況についての壮大なビジョン」（経済学者シュンペーターによる

評言）を提示したリストは，財の生産と生産活動を規準とする「野蛮状態→牧畜状態→農業状態→農工状態→農工商状態」という発展段階説を唱えた。そして国家による政策こそが国民経済をより高次の段階に進めるものだという考えによって，最高の農工商状態にあるイギリス経済を位置づけるとともに，ドイツの追うべき目標とその方策を示したのである。

リストはかつて政治的言論を咎められて公職追放やアメリカへの亡命を余儀なくされ，帰国を果たしたのちも自殺で生涯を閉じた。このことからもわかるように，19世紀前半，西南ドイツなどの例外を除いて憲法や議会が未発達だったドイツの地方主権国家においては，市民の政治的地位は総じて不安定であった。西欧市民社会を基準とするとき，政治体制においてプロイセンやオーストリアをはじめとするドイツ諸国は明らかに"後進的"(「封建的」)であり，この"遅れ"や"停滞"と経済的なそれとは，リストがそうしたように，しばしば同一視されてきた。19世紀以降のドイツの政治・社会に後発国特有の近代化の遅れを認め，それ以降の（むしろそれがゆえの）急速な経済成長とのズレの中に，ナチス・ドイツにもつながる近現代ドイツ史の特殊性を指摘する議論はその後の歴史研究でもさかんに行われ，現在も一定の影響力をもっている。この「ドイツ特有の道」論の是非や意義については経済史の議論だけで軽々しく判断はできない。

(4)「後進性」再考

しかし少なくとも議論の出発点にあった19世紀初期ドイツ経済の「後進性」に関しては，同時代のリストがとらえきれなかった点を再考する必要がある。すなわち，息の長い変化がドイツ語圏の諸地域の経済にはすでに生じていたと考えるべきである。

たしかに19世紀前半において，ドイツ語圏諸国は新大陸への移民を大量に流出させた。イギリス製品の大量流入は手工業を圧迫し，

シュレージェンの亜麻織物業など多くの地域の産業が壊滅した。1840年代後半には，農業生産はジャガイモ病や冷害のためにしばしば危機に陥った。この農業恐慌の影響は工業にも及び，急増しはじめた工場労働者の失業が多発した。「大衆貧困」が叫ばれ，都市の下層住民の生活は困窮し，パン価格の高騰に対しては食糧暴動が各地で頻発した。1848・49年革命は明らかにこの延長線上に起きた。

だがその一方で，これらの危機や混乱は，工業化と経済成長がこの時期にも進んでいたために，問題として顕在化したのだともいえる。19世紀初頭以来，ばらつきはあるものの各地で「営業の自由」を認める方向で改革が進められた（1845年「プロイセン一般営業法」の施行など）。これはツンフト（同業者団体，イヌンク）によって保護された手工業者・職人の地位も脅かすために当然大きな反発を生み，容易には進まなかったが，ドイツの近代的工業が多くの部門で手工業を圧倒していく過程はすでに始まっていた。

経済自由主義的な見地から特許認可は独占を招くものと考えられたこともあり，特許制度の整備はまだ進まなかったが，1830年代にはドイツ人による発明活動も活発化した。それはさまざまな民間の団体（協会）や，プロイセン王国のP.C.W.ボイトに代表される開明的な官僚に指導された，先進技術の導入・模倣から改良・革新へと進む運動であった。機械製造業者ボルジッヒ，製鉄・製鋼業のクルップ，電信機器製造から出発して一大電機メーカーの礎を築くジーメンスなど，19世紀後半にドイツ経済を代表する多くの企業（家）の活動もすでに始められている。資本は絶対量が不足していたのではなく，投資を導く適切な経路となる金融制度・装置の整備を待っている状態だったので，公債や鉄道企業への投資は活発であった。

ドイツ経済のゆるやかな成長

こうした史実を踏まえながらも経済史研究では，19世紀後半からドイツ経済が比較的急速に成長したという，いわゆる「離陸」に近いイメージは強固であった。「市民革命としての1848・49年革命（三月革命）は結局失敗に終わり，近代ドイツ社会には半封建的な支配体制が残存したが，そのぶん市民（経済市民）はエネルギーを経済活動にもっぱら振り向けた」という社会史的な通念もこのイメージを補強してきた。

しかし，こうした「近代ドイツ経済史」像には，数量的な分析からはどのような裏づけが得られるだろうか。

根拠となる数値データとして長く代表的だったのは，1960年代に出されたW. G. ホフマンによる国民経済計算（国民純所得）時系列の推計値である。このホフマン推計は1850〜1913年にかけて国内純生産額で年平均2.6％（1872年以降平均2.8％）という成長率を「ドイツ」（帝制ドイツに相当する領域）において推計した。国民所得でみても1850年代以降，60年代，70年代と年平均成長率の上昇傾向が明らかであり，成長の加速があったとされている。これは当時説得力をもった，工業化＝産業革命を急激な成長をともなう経済発展とする見方に適合するものであり，ホフマン推計は国際的に定着した。

一方，19世紀前半の「ドイツ経済」の成長率の推計も，この時期について依拠すべきデータの絶対的不足という限界を抱えつつ，当初はホフマン推計を1840年代以前にまで遡らせる形で試みられた。

しかし1980年代末からは何人かの研究者がホフマン推計を方法的に批判・修正する，19世紀ドイツ・マクロ経済の推計値を新たに公表しはじめた。それらは90年代後半以降，徐々に受け入れられるようになっている。総じて，ホフマン推計が描いた19世紀後半の急激な経済成長のイメージを否定ないし緩和する結果を導くものである。

すなわちホフマン推計が1850年代初頭について推定していた実質

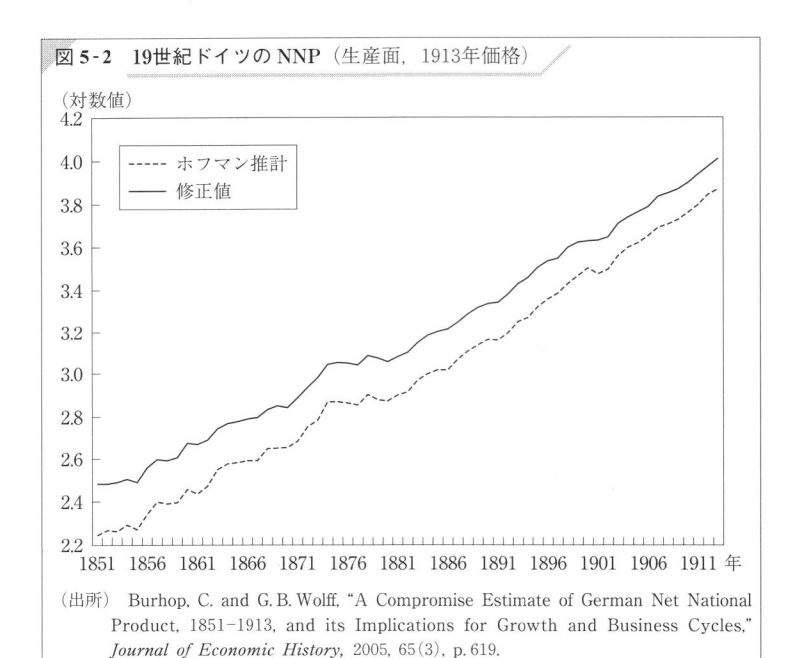

図 5-2　19世紀ドイツのNNP（生産面，1913年価格）

（対数値）

凡例：
- ------ ホフマン推計
- ——— 修正値

（出所）Burhop, C. and G. B. Wolff, "A Compromise Estimate of German Net National Product, 1851-1913, and its Implications for Growth and Business Cycles," *Journal of Economic History*, 2005, 65(3), p. 619.

所得水準はすでに1830年代初頭に到達されていたことになるという推計や，1850年代初頭の経済活動の水準はホフマン推計の24％増，一方（1913年の水準もより高いにもかかわらず）工業化期の平均経済成長率は2.3％に下方修正すべきだという推計が出されている。これらからは，「19世紀前半以前から経済活動は従来考えられていたよりも高い水準に達しており，したがって経済成長はより長期的でゆるやかなものであった」という見直しが導かれる。

　一般に工業化（「産業革命」）の長期性・連続性が共通認識となったことの影響が，ここにもあるのはたしかであろう。しかし，こうした比較的最近の推計（"歴史的国民経済計算：Historical National Accounting" と呼ばれる）は経済学的により綿密で洗練された史料操

作や推計手法にもとづいており、今後の議論が依拠しうるものだといえる。のみならず、たとえばホフマン推計が19世紀の全期間にわたる工業部門の生産性が一定であると仮定するなどの問題をもっていたのに対して、歴史的国民経済計算はドイツ経済各部門の生産性の進展を計測・比較しようとするなど、手法・問題関心をより現実的なものとしている。これにもとづく19世紀ドイツ・マクロ経済の像は、かなり説得的であろう。

(1) 経済成長の要因

> 地域と統合

では、こうした比較的早期に開始され、ゆるやかだが持続的であったとされる19世紀前半以来のドイツの経済成長は、何に起因したと考えられるだろうか。リストら同時代人には問題視された分邦主義的な地域経済の分裂に、ここで新しい光があてられる。すなわち、一円支配の統一国家（国民国家）による国民経済が成立しなかったことが経済発展におけるドイツ（ドイツ語圏）の甚だしい遅れを生んだ、という同時代から受け継がれた認識は退けられ、むしろ一定規模をもった地域経済が自律的な存在としてあったことにドイツ経済成長の原動力を見出すのである。

こうした考えは上述のポラードが主張した地域の工業化論に由来するといえるが、それ以前から、19世紀ドイツ語圏において工業化が決して一国単位では起きていないことは、歴史的な実態として確認されていた。

19～20世紀にドイツ帝国〔ライヒ（Reich）〕となるドイツ語圏においても、地域間格差はたしかに存在した。所得や生活水準にみられる格差は、たとえばイタリア南北経済間に比べて特に大きいわけではなかったが、商工業の発達したいわゆる先進地域はドイツ西部に多くみられ、東部の穀物農業地域とのコントラストは明らかであった。また重工業は石炭、鉄鉱石などの鉱物資源の地理的賦存に依存して発達した。したがってライン（・ルール）地域では軽工業に続

第5章　さまざまな工業化

いて19世紀半ばからは鉱業・重工業（金属・機械）が発達し，同様の事態はオーバーシュレージェン地方，ザール地方などでもみられた。また中部ドイツ・エルツ山脈地方などには，中世・近世の手工業の伝統と連続した軽工業・機械を中心とする工業地域の形成がみられた。このほか，ライン・マイン・ネッカー地域やプロイセンの王都ベルリンとその周辺などに，特色のある工業地域が形成された。工業化は明らかに地域的な現象であった。

　こうした地域工業化に対する研究史の分厚い蓄積を総合し，地域を経済成長のメカニズムの主役として把握したのが，現代の経済史家 H. キーゼヴェターである。キーゼヴェターによれば，ドイツと工業化が急速に進んだとはいえないフランスやロシアとの違いは，これらの国には政治・経済的に比較的自立した地域が複数存在しなかったことや，さまざまな工業が互いに遠く離れずに存立する都市が多数みられなかったことにある。ザクセン，ヴュルテンベルク，バーデン，バイエルン，ヘッセンといったある程度以上の規模をもつドイツ連邦内の領邦国家は，1830年代半ばから50年代はじめまでの期間に，政治的のみならず経済的な——地域間で差が開きつつあった豊かさを競うという——競争圧力にさらされた。それぞれの領邦内の地域における工業化は，この競争圧力から利益を引き出した結果だとキーゼヴェターは考えた。

　また渡邊尚は，ライン川流域における流通と綿工業の長期の関連から「経済圏」という世界経済に直接つながる自律的で持続的な地域を想定・析出し，地域の「産業革命」論の独自の議論を展開した。

(2) 関 税 同 盟

　一方，19世紀前半以来，これらドイツ諸地域経済には制度的な一体化・統合が試みられた。こうした経済統合はプロイセン王国の主導によるところが大きい。ウィーン会議の結果，プロイセンは西部地方（ラインラント，ヴェストファーレン）を併合したことで，経済構

造や法制度の大きく異なる領土を東西に分断されてもつ飛び地国家を余儀なくされたという事情も働いている。

その最大の例は、リストも提唱したドイツ関税同盟である。プロイセンは1818年には内国関税を撤廃し、近代的な関税システムを構築すると、飛び地をつなぐために周辺地域を自国の関税領域に入れはじめ、28年には北ドイツ関税同盟を形成した。こうした動きを警戒してバーデン、バイエルンなど南ドイツ諸邦やザクセン、ヘッセンなど中部ドイツ諸邦でも（特に中部ドイツに関してはイギリスの後押しもあり）関税同盟が形成されたが、プロイセンはこれらの諸邦を切り崩しながら徐々に関税領域を広げ、1833年のプロイセンとバーデン、バイエルン、ザクセンなどとの条約締結によって翌34年1月にはオーストリアを除くドイツ語圏（ドイツ連邦）をほぼ包含するドイツ関税同盟を結成した。ドイツ関税同盟は当初必ずしも保護主義的性格が前面に出たわけではなく、その運営方針は自由貿易主義との間で揺れたが、40年代以降は工業製品についての輸入関税を一部引き上げている。関税同盟の性格について議論があったのと同様に、こうした関税政策の効果についても諸説があるが、この間、関税同盟領域が一体となって周辺諸外国と通商協定を結び、貿易を活性化したことがむしろ確実に評価できる。

この関税同盟領域においては、全国的な一物一価という厳密な意味での市場統合がすみやかに成立したわけではない。従前の国境や地域的なつながりを越える経済活動の一層の拡大には、輸送手段の改善などがなお必要であり、市場統合の完成には鉄道網形成以後もさらに時間を要したと考えられている。また、市場統合の進展を支えるであろうさまざまな制度面の統一も、多くが19世紀後半以降の課題として残された。「営業の自由」の導入を含む法システムや幣制、さらに度量衡といった基本的な制度の統一は、プロイセンをはじめとする比較的大規模な領邦を中心とする地域的なものにとどま

っていた。

　しかし，関税同盟形成が中欧の広い領域をカヴァーする市場を形成し，その内部で超地域的な統合への一定の動きが進んでいったことは間違いない。こうした統合の動きは，市場競争の共通の舞台を整えることを意味するので，キーゼヴェターによる「地域間競争」による工業化の進展というアイディアにも矛盾しない。そして，19世紀半ば以降加速した経済のグローバリゼーションは，それへのいわば共鳴板として，ドイツ語圏でも「国民経済」的な枠組みが作られる必要性を高めたともいえよう。

リーディング・セクターとしての鉄道業(1)

　1835年，南ドイツ・バイエルン王国のニュルンベルク＝フュルト間にドイツ初の鉄道路線が開通した。その運行距離は6キロメートル，片道およそ15分の運行であった。イギリスでの世界初の鉄道開通に遅れること10年，ベルギーでのヨーロッパ大陸初の開通に遅れること5年であったが，ドイツの鉄道建設は40年代以降加速し，その10年後の1845年には2300キロメートル，55年には8290キロメートル，65年には1万4900キロメートルに達した（オーストリアを除く）。この運行距離の延伸はほぼ第1次大戦直前まで続き，ヨーロッパの各国とつながる稠密な鉄道網が形成された。

　最初期の鉄道建設を支えたのは，各地の都市に拠点をおく商工業者の熱意と，彼らが設立した鉄道会社が上げた平均的に高い収益であった。分裂したドイツ連邦において，全ドイツ的な路線システムの計画が実行される見込みはなく，鉄道建設もまた地域が担った。

　諸領邦政府の鉄道に対する態度は，当初おおむね消極的であった。バーデン，ヴュルテンベルクなど数カ国の中小諸領邦では最初から国家事業として鉄道建設が進められたが，ザクセンやバイエルンのように国有鉄道と民有鉄道が（後者が圧倒する形で）混在する場合が多かった。1838年に鉄道法を施行し，国家による鉄道監督の制度化

図5-3 鉄道と産業の発達を同一視する1840年代当時の画

Deutsche Kunst und Industrie.
ein Gedenkblatt an das Jahr 1844.

(注) 汽車に乗っている女神は産業のアレゴリー。
(出所) Gall, L. und R. Roth, *1848/49 Die Eisenbahn und die Revolution*, 1999, p. 2.

を先導したプロイセンでは,むしろ政府の消極性が目立ち,国有鉄道の建設や路線国有化は進まなかった。領邦政府による規制は,鉄道建設を促進する方向には作用しなかったといえる。ただしプロイセン38年鉄道法は鉄道企業の配当に政府が一定の保証を与えることも明記しており,また鉄道路線建設にはプロイセン技術官僚の知識,経験や人脈が活用された。鉄道企業という当時としては大規模の組織運営には,ドイツ(プロイセン)官僚制度のノウハウが注入・利用されたという社会史家J.コッカの説もある。ドイツにおける国家と鉄道業発展との関連は多面的であった。

鉄道業は19世紀半ば以来,産業部門としてきわめて高成長であった。数量経済史家R.フレムトリンクの推算によれば,産出高でみると貨物部門の年平均成長率は1850〜79年で15%強であり,これは

粗鋼生産や撚糸生産と比べてもおよそ 2 倍の高さである。また純投資額でみても，1841年から79年に至るまでに，1850〜60年の 6 倍増を経て，2250万マルクから 4 億9160万マルクと急増しており，経済全体の投資額に占める割合も12％弱から25％強へと上昇している。鉄道業に従事する労働者数は1840年の1700人弱から，路線規模拡大にともなって1850年には 2 万6000人，1879年には27万人以上となった。この間，労働生産性，資本生産性は60年代を中心に顕著に上昇した。経済全体に占める付加価値額も50年代のおよそ 2 ％から70年代後半には6.5％に伸ばした鉄道業は，19世紀後半のドイツ経済を牽引するリーディング・セクターであった。

　多くの鉄道会社の設備資本額は，19世紀前半当時には最大級の工業設備への投資を何倍も上回っていた。上述のように地域的な民間企業である鉄道会社は，地元名望家である商人，金融業者，製造業者などを中心的な出資者としていた。しかし路線建設にあたっては，市場性をもつ小額の無記名株式を発行することによって，地域外の資本の調達も図った。30年代末からの投機的な鉄道株式ブームは，ベルリンなどで大規模な資本市場が展開するきっかけとなった。また大量の資本需要に対応できる新しいタイプの金融機関（＝信用銀行）は，1860年代末に起きた二度目の鉄道ブームを機に，産業金融にも対応する大銀行として発展を開始した。

リーディング・セクターとしての鉄道業(2)；重工業の発達

　工業化のリーディング・セクターであった鉄道業は，いわゆる前方・後方連関効果を発揮したと考えられる。ここでの前方連関効果とは，その産業部門の産出物を利用することで，より川下の関連産業が活性化することを指す。後方連関効果とは，ある産業部門への投入物が（国内）生産によってまかなわれることで，原料・資材などを生産する川上の産業が活性化することである。

F. リストはドイツ全土を結ぶ鉄道網の試案を作成し,「ドイツ鉄道の父」とも呼ばれる。このとき鉄道建設の効果としてリストが重視したのは,鉄道による大量・迅速・安定的な輸送がもたらすであろう,地理的・政治的分裂を超えた市場統合と経済的統一の効果であった。この確信は後の鉄道専門家や経済学者,歴史家にも継承され,ある時期までは疑いのない定説であった。

　しかし鉄道建設初期には運賃も比較的高く,直ちに大規模・安定的な輸送が実現されたわけではなかった。また鉄道出現以前の地域的な流通構造もそれなりに強固で安定したものだった。鉄道路線の伸張が市場の拡大──少なくとも個々の経済主体によるそれへの期待──に寄与し,市場統合を促進したことは否定されない。たとえば,西部ドイツ石炭業がベルリンはじめ北ドイツ・中部ドイツに販路を拡大し,イギリス炭を市場から駆逐したことは,鉄道業の前方連関効果として認められている。しかしこうした例を一般化することは難しく,鉄道以前の輸送網の状態や工業化後の産業構造などにより,商品や地域ごとに事情は大きく異なった。

　むしろ確実視されるのは,鉄道建設と重工業の発展──すなわち後方連関効果による鉄道の工業化への貢献である。鉄道建設で生じた需要は関税同盟圏の重工業の発達に巨大で持続的なインパクトを与えた。これはイギリスやベルギー,あるいはスイスなどの先発工業国と比べてユニークであり,アメリカ合衆国に比較してもその規模と意義が大きい。

　製鉄業では,棒鉄(レール)とその原料である銑鉄の消費・生産に対する鉄道建設の刺激が大きかった。フレムトリンクの換算によれば,1840年代前半に鉄道レールから派生する銑鉄需要はドイツ内の銑鉄総需要の16％相当,ドイツ内の銑鉄総生産量の22％相当であったが,この割合は需要量そのものの増大とともに50年代後半まで上昇し,総需要に占める割合は26％,総生産に占める割合は37％に

図 5-4　ベルリン・ボルジッヒ機械工場

（出所）　当時の版画。

相当するに至った。これらの巨大なレール需要に対応し，まずレール（棒鉄）輸入が急増する。30年代後半にはドイツ語圏の銑鉄生産は90％が高価な木炭利用を中心とする小規模経営に占められており，レールとして使用される中品位の棒鉄を安価・大量に生産するには適さず，またその技術も生産規模も不足していた。このため，1840年代初頭にはレールの90％をイギリス製品が占め，ドイツ製品は10％にすぎなかった。しかし40年代以降はパドル法の導入と設備拡張にともない急速な輸入代替が開始され，1850年代半ばには輸入レールとドイツ製レールの割合は拮抗から逆転に至った。そして60年代前半には，使用されるレールの85％がドイツ製で占められるようになる。そして自給化と踵を接して，輸出が加速するのである。

　機械工業では，機関車の輸入代替がすみやかに進められた。最初の鉄道路線ニュルンベルク＝フュルト間を結んだのは40馬力のイギリス製機関車であり，その後30年代中は各路線がほぼ100％の機関

車をイギリスまたはベルギーからの輸入に依存していた。しかし早くも1840年代半ばからボルジッヒ，マッファイ，ハルトマンなどドイツ各地の企業が機関車を供給できるようになった。こうして50年代半ばには蒸気機関車をほぼ100％自給できるようになっている。機関車製造業によって牽引されたドイツの機械工業もまた，輸出産業としての発達を始める。

　上でみたように，蒸気機関，車両，レールなどの大量・安価な生産を可能にする先進的な技術の導入（製鉄業ではコークス高炉への切替え，パドル法・圧延設備の普及など）なども，鉄道による波及効果として重要である。一連の技術導入は，鉄道需要の規模やその性質，あるいはそれを取り巻く市場条件に照らして，選択的に行われた。

　関税同盟市場はなお比較的開放的であり，域内の伝統的あるいは小規模な製造業は，イギリスなどの外国企業との競争を通じて成長し，1850～60年代にはこれら鉄道資材の輸入代替を果たし，さらに輸出産業としてのドイツの重工業を成立させたのであった。

中・東欧の工業化とドイツ経済　1871年，いわゆるドイツ統一戦争の最後の局面である普仏（独仏）戦争の結果，プロイセン王国を中心とする連邦的なドイツ帝国（ライヒ）が，オーストリアを排除する形で成立する。工業国・ドイツが名実ともに中欧に出現した。「19世紀をリードする力であった学問と経済に，帝国建設後のドイツほどがむしゃらに没頭した国はヨーロッパにはほかにない」（H. プレスナー）といわれる。ドイツはいわゆる「第2次産業革命」に向かい，さらに経済成長を続けるのである。

　このことはヨーロッパにおける資本財生産の比類のない一大拠点の確立という意味をもった。すでに急上昇していたドイツの世界全体の工業産出高・産出額に占める割合は，統一後の短いブーム直後の「大不況」期を経てもさらに上昇を続けたとされる。たとえば鉄

鋼生産は1880年に全世界の産出高の15％に達していたが，これは第1次大戦直前の1913年には25％まで拡大した。ヨーロッパ経済は，ドイツの生産力を前提にしてはじめて機能するものとなった。とりわけベルギー，オランダなど周辺小国の工業的発展はドイツからの資本財の輸入に大きく依存することになった。

　加えて，ドイツ工業の台頭がイギリス経済の地位に与えた影響に着目するべきだろう。この点については第6章で詳しく述べる。

　さらに強調されるべきは，中欧・東欧諸国の経済成長がドイツ経済の強い影響下に進展したことである。これは飛び石的な工業化の波及の一例とすべきであろう（→第5章1）。中・東欧諸地域の多くは地理的にドイツに隣接するか，オーストリア・ハプスブルク帝国の領域内にあったため，ドイツ語圏の経済発展の影響がさまざまな形で波及した。

　ポーランドからの「ザクセン渡り」という言葉に象徴されるドイツ国内鉱工業地域への移民の流出や，東部農業地帯への農業労働者としての移動は特に目立つものであり，しばしばドイツ国内で社会問題視もされた。同時に，ドイツからはさまざまな製造業企業が，技術・資本の移植先として中・東欧諸地域に進出し，工業化を牽引した。たとえばポーランドの繊維工業の一拠点であるウッジの19世紀前半における建設自体，当時のポーランド政府によるザクセンやシュレージェンからの手工業者の招聘によるものだった。ドイツ系住民が2割を占めたこの多民族都市では，1870年代にはドイツ出身の企業家によって大規模な紡績工場が建設された。またハンガリーでは，のちに世界的な総合機械メーカーに成長したガンツ社の創立期（19世紀半ば）の技術スタッフはドイツ出身の学卒技師によって充てられ，専門職の大半はドイツ系ないしドイツ語を用いるチェコ人であった。これらは「後発地域」や「農業国」とひとくくりにされがちな地域においても，工業化の動きがたしかにあったことを示

す。と同時に，ヨーロッパ東部の経済において「工業国ドイツ」の存在が不可欠になっていたことをも物語るものだろう。

● 参考文献 ●

高田茂臣『19世紀ハンガリーの産業革命』大東文化大学出版会，2008年
原輝史編『フランス経営史』有斐閣，1980年
鳩澤歩『ドイツ工業化における鉄道業』有斐閣，2006年
藤井和夫『ポーランド近代経済史――ポーランド王国における繊維工業の発展（1815-1914年）』日本評論社，1989年
H. キーゼヴェター（高橋秀行・桜井健吾訳）『ドイツ産業革命――成長原動力としての地域』晃洋書房，2006年
D. ランデス（石坂昭雄・富岡庄一訳）『西ヨーロッパ工業史――産業革命とその後 1750-1968（1-2）』みすず書房，1980年
M. レヴィ＝ルボワイエ（中山裕史訳）『市場の創出――現代フランス経済史』日本経済評論社，2003年
Pollard, S., *Peaceful Conquest : Industrialization of Europe, 1760-1970*, Oxford University Press, 1981.

議論のための課題

1. ベルギー，フランス，ドイツにおける工業化のパターンを互いに比較しなさい。
2. 工業化に対して鉄道の発達が果たした役割を整理しなさい。
3. 国民経済の形成と地域の工業化とはどのように関連しているか，まとめてみなさい。

第6章 「第2次産業革命」の時代

19世紀末のさらなる変化

1 「第2次産業革命」

●新しい技術, 新しい工業

「第2次産業革命」：時期区分と特徴

19世紀が第4四半期に入る前後から, ヨーロッパと北アメリカにおける工業化は「第2次産業革命 The Second Industrial Revolution」を迎えたといわれる。「産業革命 The (First) Industrial Revolution」の始期・終期にさまざまな見方があるように, この産業革命の第2段階の時期区分も, はっきりと定められるわけではない。およそでは, 1860年代後半ないし1870年代初頭から第1次世界大戦前（1914年）までの期間をあてればよいだろう。

この四十数年間に, 科学と技術の発展に応じる形で, 多数の大きな発明や製法の改良が行われ, 鉄鋼などの従来の製造業が一層成長するとともに, 電機, 化学などの「新産業」が興った。さらに鉄道網・蒸気船航路の拡充や電信・電話の普及など, 輸送・コミュニケーション部門にめざましい成長がみられた。こうした全般的な生産と市場流通の規模拡大に対応して, より多数の労働者と独特の組

織をもった大企業が出現する。また，政府や労働組合，業界団体といった経済において能動的な役割を果たす新しい主体が台頭する。こうした制度的な変化をも含め，さらに総体的に「第2次経済革命」と呼ぶ論者もいる。いずれにせよ，こうした変化の多くはイギリスではなく，アメリカ合衆国やドイツでより目立ったものだったため，ここで工業化の主導国が交代したという見方も強調できる。各国・各地域で経済成長は明らかに加速し，富の社会的再分配も進んだと考えられる。

　こうした経済・社会の全般にわたる変化は，たしかに18世紀末以来の「産業革命」の延長線上にあるが，第1次世界大戦以降の20世紀現代社会の成立にさらに直接的に関係するものだった。「第2次産業革命」期に開発され，人々の生活に定着したものとして，次のようなものをあげられる。電灯，電話，録音器，自動車，飛行機，電車，合成染料，窒素肥料，カラー写真，プラスティック，映画，ラジオ，食肉や野菜を運ぶ冷凍船，長期保存可能な加工食品，台所用レンジ，アスピリン，細菌学にもとづく治療，大企業，そして新しいタイプの企業労働者「ホワイト・カラー」，……。私たちの日常生活の構成要素の多くは，「第2次産業革命」によって準備されたものだといえるのである。

テクノロジーの役割

　科学の発達と産業技術の改良・進歩の関係は，かつて一般に考えられていたほど単線的でもなければ，じつは必ずしも密接でもなかった。現に19世紀前半まで，カートライトの力織機にせよ，製鉄におけるパドル法にせよ，産業上大きな意味をもつ発明には体系化された学問的な知識がさほど大きく関与していたわけではなかった（→第4章1）。しかし，19世紀後半の経済成長の加速期においては，産業の発達に直結する発明や技術改良には，科学的な知識の介在が不可欠となっていた。また一方では，「産業革命」以来の発明をはじめとする技術の発達

図 6-1　ドイツ博物館（ドイツ・ミュンヘン市）

（注）　科学技術教育のためドイツ第二帝制期に企画され，第 1 次大戦後に全面開館した。
（出所）　筆者撮影。

が，既存の理論の正当性を実証するのみならず，新しい方面への研究の展開を刺激し，科学的知識の蓄積に貢献したとも考えられる。つまり科学的知識と技術は，相互に働き合って進歩するものでもあった。このフィードバックの関係がより明確になったのが，19世紀後半の「第 2 次産業革命」の時代である。

　「第 2 次産業革命」を特徴づけたのは，上で述べたように鉄鋼の大量生産や電機・化学といった新産業の台頭といった生産面での変化と，大西洋横断ならびに太平洋横断ケーブルの敷設（それぞれ1850年，1858年）や世界規模の汽船航路ネットワーク，大陸規模の鉄道網の完成に象徴される流通面での拡大であったが，ここでは新

しい科学的知識に裏打ちされた新技術が大きな役割を果たした。この時期にはヨーロッパや北米の主要都市でたびたび国際博覧会（万国博覧会）が開催されたが，そこでは各地の技術的成果が公開され，科学—技術—経済成長の密接な関係を人々に強く印象づけた。パリは1855年以来，第1次大戦以前だけで5度万博の開催地となったが，78年万博では蓄音機，自動車などが陳列され，エッフェル塔が建てられた1889年のパリ博ではエジソンの白熱電球が夜間照明として使用された。

19世紀には工学教育がとりわけ組織的に整備され，技術の開発と普及を促す装置として機能した。この点でモデルとなったのはプロイセンをはじめとするドイツ語圏（1871年以降ドイツ帝国）の工学教育システムである。19世紀初期までのヨーロッパ諸国では，技術・工学教育は工兵養成をはじめ軍事技術の開発や，領邦国家による建築・工芸の人材養成と結びついて行われていた。もともと「エンジニア（ingenieur, Ingenieur）」とは軍事技術者のことであった。古典大学を頂点とするドイツの高等教育システムは諸国のモデルとなっていたが，19世紀後半以降は学生数の増加とともに高等教育に求められる内容も変化した。

ドイツでは隣国フランスでの技術将校，技術官吏などエリート技術者養成のためのエコール・ポリテクニク（1795年設立）に影響を受け，ウィーン（1815年），カールスルーエ（1825年）をはじめとする「ポリテクニクム（ポリテクニッシェ・シューレ）」（工業専門学校）が設立された。エコール・ポリテクニクとは違い，これらドイツの工業学校はさらに実業的な生産現場における技術者を育成した。その卒業生たちが「技師（Ingenieur）」と呼ばれることになる。ポリテクニクムはやがて伝統的な技術者養成機関と結びつき，学位授与権をもち社会的に古典大学と同格に扱われる「工科大学」として整備される。その一方で，多数の下位の技術教育機関（ゲヴェルベ・

シューレなど）も地方公共団体の手で設立された。こうした中等以下の技術教育機関の工業化に対する重要性は，技術の普及という点では工科大学を上回るという説も有力である。

こうした技術教育の充実と「工業国家」としてのドイツ経済の躍進には明らかに関連があると思われたので，ヨーロッパ各国やアメリカ合衆国はシステムの模倣を進めた。たしかに企業における研究開発（R＆D）の最初の一歩は，ドイツの化学企業　BASF（ベー・アー・エス・エフ）（バーデン・アニリン・ソーダ製造会社）に「研究室」が設けられたとき（1869年）に始まっている。こうした実業と結びついた研究施設によって，多くの技術革新が組織的に行われるようになっていった。

> 新製法，新製品，新産業

19世紀前半にヨーロッパ全体で工業生産は2倍になったが，19世紀後半から第1次世界大戦にかけてはこの拡大が加速し，多くの地域や産業部門が工業化されたため，工業生産は4倍から5倍に増大した。部門別でみると，最も顕著なのは広い意味での化学工業と金属製品工業の急伸である。金属製品工業という区分に自動車製造，電気機械，光学器械などが含まれることを考えると，19世紀後半に発達したいわゆる「新産業」の重要性は明らかだといえよう。これらの産業は科学に裏打ちされた技術により多くを依存する点だけではなく，創出する付加価値，生産規模，流通範囲の大きさでも，従来的な繊維工業などの「旧産業」とは異なる。以下にいくつかの代表的な産業部門を取り上げて概観したい。

(1) 鋼の製造

「鉄鋼」とは鉄を主成分にする材料の総称であるが，その代表ともいえる鋼（スチール）は，鉄と炭素（2％以下）の合金を指す（→第4章1）。炭素含有量の関係上，錬鉄より硬く鋳鉄より伸びがあるこの高品質の素材が，より安価かつ大量に生産されるようになったのは19世紀後半である。1856年にイギリスではヘンリー・ベッセ

図 6-2 独・ティッセン社のトマス法による製鋼場 (1900年頃)

(出所) http://www.thyssenkrupp.com/

マーにより転炉——この炉の底にある羽口から空気を送り込むことで銑鉄の炭素を燃焼させ，不純物を酸化することができる——による鋼製造法が開発され，これを応用してより短時間で大量の鋼の生産が可能になった。またヨーロッパ大陸ではジーメンス＝マルタン法（平炉法・蓄熱法：銑鉄・くず鉄を反射炉の中で高温融解するもの）が開発された。1870年代半ばの技術的改良（トマス法）によりヨーロッパ大陸産の含有燐分の多い鉄鉱石（ミネット鉱）が新製法に利用できるようになると，大陸製の安い中級品の鋼は，まず鉄道レールや建材に販路を見出した。それまで広く用いられていた錬鉄に取って代わったのだが，やがて機械類，兵器，用具類の中心的な資材となった。ドイツのクルップ，ティッセン，アメリカのカーネギーなどは新製鋼法を導入し，巨大企業として成長した。

(2) 化 学 工 業

きわめて多様な部門をもつ化学工業の発展は，科学的知識が生産

技術と産業部門の発達に直結した典型的な事例である。1860年代後半から、ドイツの化学研究者たちは、組織的な研究によって合成アリザリン、合成インディゴなどの染料をはじめ、亜硫酸など多数の薬品の合成・開発に成功し、それらはただちに事業化された。また「第2次産業革命」の末期には、ドイツにおける科学研究の一大成果であるハーバー＝ボッシュ法によるアンモニア合成が実現した。その影響は多方面ではかり知れないが、とりわけアンモニア合成窒素肥料の増産は、農業の飛躍的な生産性増大をもたらした。大陸諸国ではより効率的なソルベー法（アンモニアソーダ法）による炭酸ソーダ（炭酸ナトリウム：ガラスや洗剤などの原料）製法も開発されている。1867年にはスウェーデンのA.ノーベルがダイナマイトの特許をイギリスで取得した。またアメリカでは合成ゴム、プラスティック（セルロイド、ベークライト）などの新素材がつくられ、徐々にその用途を広げていった。ドイツにおけるBASF、ヘキスト、バイエル、アメリカにおけるデュポン、コダックなどが化学メーカーとして成長した。

(3) 電気関連産業

G.オームやM.ファラデーが重要な法則を発見したのが1820年代から30年代であったように、電気への科学的研究は「第2次産業革命」に先んじて発達していた。19世紀後半にはこうした物理学・化学上の発見が実用化され、事業化されたのである。白熱電灯、蓄音機、映画、……など有名な発明がトーマス・エジソンの名とともに記憶されるのは、エジソンがこれらの発明（改良にすぎないものもあった）の事業化に成功し、みずからの直流発電事業とセットにして一般生活に普及させたからである。しかし一方でこの時期の電気の産業への導入が、同時代の電気関連諸科学（電磁学、電気工学、……）の理論的発展を明らかに活気づけたことも忘れてはならないだろう。

電話、電車、電気アイロン、電気掃除機、……など私たちの日常

生活に深く関わる新種の電気器具・機械の発明と実用化は例をあげていけばきりがない。だが、電気の利用が経済・社会におけるエネルギー利用のあり方を根本的に変えたことを最も鮮やかに示したのは、発電機と電気モーターの出現であった。これは下記の内燃機関とともに、それまでほぼ唯一の動力機と作業機の駆動源であった蒸気機関を産業世界の表舞台から次第に駆逐した。蒸気機関は多くの場合、大規模で初期の設備投資額も高く、設置には制約が多かったが、電気モーターはこれらの問題を解決することで小経営の機械化も促進したのである。

電気の普及はビジネス・チャンスとなり、ドイツでは1875年に81社、1200名足らずの従業員数しかなかった電気関連企業は、19世紀末までの20年間に約1300社、従業員2万人強にまで膨れ上がった。首都ベルリンには郵便・鉄道・軍などの大手受注者や研究機関、さらに資本供給のための大銀行が集中していたため、ドイツ電気関連工業の一大中心となった。1847年創業のジーメンス・ハルスケ社と新興のAEG（アー・エー・ゲー）（もとの「ドイツ・エジソン応用電気会社」）がベルリンに本拠を置く代表的企業であり、合併を続けて巨大化した結果、20世紀初頭には7割以上のシェアをこの2社が独占した。合衆国の電気関連企業では、エジソンの事業を吸収したゼネラル・エレクトリック（GE）、同じく発明家が創業し、交流発送電でGEを圧倒したウェスティングハウス、合衆国の通信事業に君臨するAT＆T社（もとの「ベル電話会社」）があげられる。また、国家・公共事業体が本格的な進出を始めるまで、多くの大規模発電事業は民営企業に担われた。

(4) 内燃機関

「産業革命」においては蒸気機関が普及したが、その正確な仕組みは科学的にはまだよくわかっていなかった。このことは熱力学という新しい分野の学理的研究を促進させた。内燃機関は、そうした

図6-3 フランクフルト国際電気技術博覧会（1891年）

(注) 175キロ離れたネッカー河畔からの送電により，1000個の白熱電球と人造の滝に電気が送られている。
(出所) http://de.wikipedia.org/

研究の一成果である。フランスで最初に実用化されたガス・エンジンは，1870年代にドイツのN. オットーによって改良・商業化された。このころからガスに代わってガソリンが燃料として使われるようになったが，1880年代前半にG. ダイムラーとC. ベンツの二人がほぼ同時に，軽量で高性能の4気筒ガソリン・エンジンの開発に成功した。二人はともに中等以上の専門教育を受けた技術者であり，それぞれの事業の成功後もガソリン・エンジンの改良と汎用化に専心した。個人的にはほとんど会ったこともなかった二人が発明・事業の好敵手として開拓していったのが，自動車工業であった。自動車工業には，内燃機関のほかにも「第2次産業革命」における技術的成果が集中的に用いられている。

自動車にとどまらず，蒸気機関の限界を突破した内燃機関の発達によって，機械工業はますます発展した。アメリカのライト兄弟による動力飛行機の開発（1903年）もその一環であった。さらにガソリン・エンジンやディーゼル・エンジンの一般化は，石炭から石油へというエネルギー源の転換につながっていく。20世紀の「エネルギー革命」はここに準備された。

> 大企業の誕生：ドイツの経験とイギリスの「衰退」

(1)　イギリス経済の憂鬱

　「第2次産業革命」において，アメリカ合衆国とならんでドイツの技術者や企業家が大きな役割を果たしたことは明らかである。これはドイツ経済の成長に直結したと考えられる。上であげた化学，電気，自動車といった新産業のみならず製鉄，一部の繊維工業においても成長は顕著であり，ドイツの世界全体の工業産出高・産出額に占める割合は19世紀後半に急上昇した。たとえば鉄鋼生産では1880年に全世界の産出高の15％を占めたが，1913年には25％まで拡大した。この時期からドイツは，ヨーロッパ経済における生産財（資本財）の供給者として不可欠の存在になった。一方この間，イギリスは31％のシェアを10％に落としたのであった。

　このドイツの堅実な成長とイギリスの「衰退」は，人口動態（イギリスでの停滞とドイツの急増），政治的安定の回復（ドイツ統一の完了），天然資源（とりわけ石炭，鉄鉱石）賦与などドイツ（あるいはアメリカ）側の優位性で説明されることもあるが，イギリスの経済・社会における「失敗」が指摘されるのが一般的である。それには自由貿易政策への固執なども含まれるが，多くは「第2次産業革命」へのイギリス経済の対応の失敗とすべきものである。

　すなわち，イギリスではドイツ（ならびにアメリカ）と異なり，投資家や企業家が従来的な旧産業にあまりにも固執したと批判される。具体的には次のような事態がみられた。①企業が新技術の開発や導

入に積極的ではなかった(たとえば化学産業においても,従来のルブラン法に固執してアンモニアソーダ法を導入しなかった),②工場における動力機関として蒸気機関に固執し,電気モーターの導入に消極的であったため,電機製造業にも遅れをとった,③不況下には利益薄だったため,石炭産業の設備近代化を見送った,④科学教育・技術教育システムが大陸諸国に比べて質量ともに遅れていた(1913年にイギリスの自然科学系の学卒者数はドイツの6分の1だったとされる)。

さらに指摘されるのは,この時期のイギリスが「新産業」に特徴的な大量生産・大量流通に必要な大企業をほとんどもたず,従来の比較的小規模な家族経営企業にとどまったことである。

経営史家 A. D. チャンドラーは,次のように力説した。19世紀後半の大量生産技術のもつコスト上の優位を生かすためには,巨大な生産規模と流通網に投資すると同時に,マネジメントに投資しなければならない。それは増大した人員と設備を支える階層的な構造・複数の事業単位をもち,一定の訓練を受けた専門(俸給)経営者によって動かされる大企業〔「近代企業(現代企業: modern enterprise)」〕を成立させることにほかならない。

チャンドラーによれば,こうした近代企業=経営者企業はまずアメリカ合衆国で成立し,第1次大戦前には「経営者資本主義」が生まれたが(→第7章2),ドイツにおいてもこれに近い,しかし市場における競争よりもより協調的な行動(カルテルなど)で市場シェアを確保する「協調的経営者資本主義」が成立した。ところがイギリスでは,「個人資本主義」に固執して必要な組織能力の開発を怠ったため,「第2次産業革命」における後発者になり,内外の市場シェアを喪った,というのである。ドイツの有力な家族企業の例(クルップ,ジーメンス,グーテホフヌンク製鉄所,ティッセンなど)に照らすと,家族企業・同族企業だからといって競争力に欠けるわけではない。しかしイギリスに支配的であり続けた個人企業は広範囲

の階層的な経営組織や管理技術を欠くものであり、したがってイギリスは収益性と生産性を維持するのに不可欠な競争能力の創造・維持に失敗した、とチャンドラーは結論したのである。

(2) 異なる大企業形成

しかし、ここで注意しなければならないのは、「第2次産業革命」期のイギリス経済は70年代の「大不況」においても成長をストップさせたわけではなく、主要産業の多くは利潤を上げていたことである。急成長する他国と比較しても、造船業や繊維機械製造においてイギリスはなお卓越した地位にあり、工業以外では海運業と金融業においてイギリスはライバルを寄せ付けなかった。いわゆる「ジェントルマン資本主義論」は、この点を強調して「イギリスの衰退」そのものを相対化しようとする視角であった。また、国際的コミュニケーションの発達は「第2次産業革命」の重要な要素であるが、ロンドンはあらゆる情報の集積地という点で「世界の首都」であった。

近代企業を軸とするチャンドラーの英独比較も、この時期のヨーロッパ経済の実際の経験をみると、ある程度の相対化の必要がわかる。

ヨーロッパにおいてはたしかに19世紀末、ドイツなどを中心に大企業が本格的に形成されたが、その経緯はアメリカ合衆国のそれとは異なる。一般にヨーロッパの大企業は大量生産・大量消費という市場の拡大によってではなく、19世紀末にヨーロッパ内外市場の拡大が一段落し、しばしば不況が生じるという市場の縮小によってむしろ成立が促されたといえる。こうした背景にあって大企業の成立は、産業の川上（原材料、素材、中間財などの生産）から川下（最終生産と販売）までを一括管理する垂直統合への意欲からではなく、企業防衛・競争制限的なカルテルの締結という形から出発することが多かった。イギリスに成立した大企業は業種や工程の専門化をふま

えた，ゆるやかな企業合同の形を維持した。一見アメリカに類似した垂直統合による大企業形成が（大銀行の積極的な介在で）実現したドイツにおいても，多くが素材産業部門に属するそれら大企業（ジーメンス，クルップなど）の多角化や販売への参入は，比較的狭く不安定な市場への対応を強く意識したものだったといえる。

2 「大不況」とヨーロッパ経済

(1) 資本主義の変容か

「大不況（The Great Depression）」とは何だったのか

1860年代のヨーロッパ経済では，ほぼ10年ごとといわれる短期的な不況をはさんで，好況がおおむね持続していた。1871〜73年にかけては大きなブームがおき，ドイツなどでも「創立（創業者）時代（Gründerjahre）」と呼ばれるバブル的な好況が訪れたといわれる。しかし，1873年半ばにはオーストリア・ウィーンで始まった金融危機をきっかけにドイツ，イタリアなど多くの市場で暴落が生じ，これは同時に北米の金融市場にも波及して商品・株式・債券に関してほとんどの主要工業国で景気が反転した。物価と利潤率はめだって低落し，1840年代末以来上昇線を描いていた長期趨勢はここで下降に転じた。これ以降1896年の景気回復までの期間は「大不況」にあったといわれる。

1929年のアメリカに端を発した，いわゆる世界大不況（世界大恐慌）が起こるまでは（また，起こってからも），「大不況」とは1873年以降およそ20年にわたったとされるこの長い景気停滞期のことを指してきた。とくにヨーロッパでは，20世紀後半に至ってもなお1930年代の世界大不況の方を「The Great Depression」ではなく「The Great Slump」と呼ぶことも多かった。マルクス主義的な恐慌論の

文脈では，この19世紀第4四半期の「大不況」を，資本主義経済の変質と新たな段階への突入を意味するものとして重視してきたこともある。すなわち，独占資本の成立と帝国主義とを新しい特徴とする資本主義（独占資本主義）への画期をなすのが19世紀終わりの「大不況」であると考えられてきたのである。

たしかにこれほど長期にわたる，しかも国際的で多くの産業部門を横断する全般的な不況はこれ以前にあまりみられなかった。とりわけヨーロッパ各地における農業の不況は深刻であり，不況の長期化が意識されたひとつの理由はここにある。大不況期には70年代後半のような凶作期にも価格低下が止まらず，すでに工業化・都市化にともない輸入が激増していた主穀（小麦など）の生産にとりわけ打撃が大きかった。このときイギリスでは農業部門の国民経済に占める重要性が決定的に落ち，危機に立ったドイツ東部の大農場経営（ユンカー経営）は関税による農業保護を政府に強く働きかけるようになった。これは好況期の自由貿易主義に代わる保護主義の台頭の一環であった。

またこの時期には労働運動が高揚し，各国政府は立法措置や制度整備によるその対処に追われた。また，「大不況」の終了後にも1900年，1907年には世界恐慌というべき景気停滞で，第1次大戦前の好況は一時的に中断されることになった。たしかに「大不況」は，この時代の経済・社会のさまざまな局面に大きな影響を及ぼした。

だが，「大不況」が世界経済の歴史におけるひとつの画期であったとしても，この不況の規模や影響までを過大視することはできない。「大不況」（ならびにそれ以降に起きたいくつかの恐慌）によって「資本主義」の「死を思え」（メメント・モリ）（K. カウツキー）という必要があったわけではなかった。「大不況」期に成立したとされる帝国主義に資本主義の「死滅しつつある」段階を見出す，革命家レーニンの見方も結局は妥当しなかったといえる。

第6章 「第2次産業革命」の時代

表6-1 1820〜1913年におけるGDP(総額/1人当たり)の年平均成長率推計値(固定価格)

(単位:%)

	総額		1人当たり	
	1820〜70年	1870〜1913年	1820〜70年	1870〜1913年
イギリス	2	1.9	1.2	1
フランス	1.3	1.6	0.8	1.5
ドイツ	2	2.8	1.1	1.6
イタリア	1.2	1.9	0.6	1.3
オーストリア	1.4	2.4	0.7	1.5
ベルギー	2.2	2	1.4	1
オランダ	1.9	2.2	1.1	0.9
スイス	N.A.	2.4	N.A.	1.5
デンマーク	1.9	2.7	0.9	1.6
フィンランド	1.6	2.7	0.8	1.4
ノルウェー	1.7	2.1	0.5	1.3
スウェーデン	1.6	2.2	0.7	1.5
アメリカ	4.2	3.9	1.3	1.8

(出所) Maddison, A., *Monitoring the World Economy 1820-1992*, 1995, p.62, pp.180-183. Hansen, E.D., *European Economic History : From Mercantlism to Maastricht and Beyond*, 2001, p.146.

(2) 大不況期の本質

こうした一連のある意味で悲観的(?)な把握も実は見落としてはいなかった事実として,この「大不況」期は一面ではほぼ途切れることのない経済成長の時期でもあった。

経済史家A.マディソンの推計値(表6-1)によって,目安を得てみよう。

GDP年平均成長率の推計では,ヨーロッパ全体としては「大不況」期を含む1870〜1913年の方が19世紀前半から半ば(1820〜70年)に比べ,成長率が高まっている。イギリスとベルギー以外のヨーロッパ主要国は19世紀後半から世紀転換期・第1次大戦前夜にかけ,成長を加速させたのである。そこでこの期間中1870〜74年の好況期

と「大不況」期の74〜94年にかけての年平均成長率を比較すると，イギリス，フランス，ベルギーにおいては成長率が低下しているが，オランダ，イタリア，オーストリア，デンマークなどでは成長率は上昇しているかほぼ維持されている。ドイツやスウェーデンといった70〜74年に年率4％以上の高成長を記録した国では成長率の低下がみられる。しかし単純にこれらの国々の平均をとると，いわゆる「大不況」期に前年比よりマイナス成長だった年は1876年と93年しかない。さらに多くの国々で，94年から1913年までの期間には再び顕著な成長が確認されるのである。

　もちろんこれらは推計値であり，今後も改められる可能性は高い。たとえばドイツについては，国民純生産（NNP）ベースでは1871〜73年の「創立（創業者）ブーム」の存在という定説すらを疑い，70〜71年にリセッションがあり，75年には短い好況があったという景況パターンを主張する説さえ最近では出ている。しかしこれらが典型的な「大不況」のイメージを破るものであることに変わりはない。

　では「大不況」は何故，現に同時代の広範な階層に深刻に受けとめられたのであろうか。まずは景気の指標が物価にほぼ限られていたことを指摘するべきであろう。各国で伝統的に政治的発言力を行使してきた土地所有者階層が関係する農業セクターに比較的大きな経済的打撃があったこと，工業セクターにおいても旧工業から新工業への利潤の伸びのシフトが生じたこと，……といった産業構造の転換が背景にあることは間違いない。また，このとき，イギリスを先頭とする欧米の工業国のこれまでの位置関係に明らかに大きな変化が生じた。

　「大不況」の本質は，グローバリゼーションの進行の中でみられた不況期ならびにポスト不況期の各国の経済構造の変化，さらに各国経済の位置関係の変化にこそ，見出さなければならない。工業化の最先進国であるイギリスにおいて「大不況」が最も深刻に受けと

られたのは，このためではなかっただろうか。

変化の予兆：1851年ロンドン万国博覧会

「産業革命」以降，19世紀前半のイギリス経済は外交的な問題にも関連して，市場としてのドイツ語圏の確保に努めた。そのためプロイセン主導の北ドイツ関税同盟に対抗して中部ドイツ関税同盟を肝煎りするなどの介入も辞さず，ドイツ語圏の幼稚産業の扼殺を公言するイギリス人すら出たほどであった。また一方で，19世紀半ばに至ってもイギリス工業界はみずからの技術的優位にゆるぎない確信を抱いていたことも事実であった。

こうした事態の最初の転換点と見なされたのは，ドイツ諸国とアメリカ合衆国の工業化の躍進がみられたロンドン万国博覧会であった。1851年に開かれたロンドン万博は一般に，クリスタル・パレス（水晶宮）に象徴される「世界の工場＝イギリス」の繁栄をアピールするイベントであると同時に，イギリスの工業の優位が徐々に脅かされつつあったことも示すものだといわれる。

万博には出品に対する表彰制度があったが，その結果からもたしかに，当時起きつつあった事態の一端がうかがえる。ロンドン万博のメダルには，技術革新に対して与えられる評議会メダル（Council Medals）と職人的技量（Workmanship）に対する賞メダル（Prize Medal）があった。メダル獲得数ではイギリスの機械類が技術革新を評価する評議会メダルを独占したが，ドイツ諸国は多くの賞メダルをとる一方で，評議会メダルをほとんどとっていない。またアメリカ合衆国は――軍用銃，小火器，農業機械などで注目されたが――あまりメダルを獲得していない。ここには，19世紀半ばにおけるイギリスの製造技術の優位がなお圧倒的であったことがまずみてとれる。と同時に，ドイツ・アメリカ2カ国の台頭もすでにうかがえるといえる。

ドイツはイギリスの科学技術の模倣に努め，やがてそれに成功し，

部分的には——特に電気や内燃機関といった新しい動力関連技術や，化学関連技術において——手本を追い抜くに至った。広大な市場をもつアメリカ合衆国の製造業は，専用工作機械の導入と部品の互換性の確保によって大量生産を実現するという，従来的な技術革新や技能の地平を超えた「アメリカ的生産システム」によってすでに世界の耳目を集めはじめていた。実際にアメリカ的生産システムが早期に実現していたわけではないが，そこに製造業発展の未来が示され，イギリスが警戒感をもったことはたしかであった。ドイツとアメリカこそがこの時期以降，技術革新・大量生産・大量流通と結びついた工業化の担い手として，「第2次産業革命」における新産業でイギリスを圧倒することとなった。

交易パターンにみる英独経済の地位

イギリスとドイツの経済的地位の変化は，19世紀のドイツの交易パターンの変化に端的に現れている。

1830年代のドイツの貿易構造は一次産品を輸出し，工業製品・半製品を輸入する「後進国」的なものだといえた。輸出の約70％を西欧諸国への原料・食糧輸出が占め，一方でそれらイギリス，ベルギー，フランスからの工業製品・半製品が輸入のおよそ3分の1弱を占めていたのである。残りの3分の1ずつを，ヨーロッパ外からの綿花などの原料や，東欧・南欧からの原料・食糧の輸入が占めていた。このときイギリスは，輸出・輸入の双方で4割を占める最大の貿易相手国であった。

1850年代には鉄道業関連の機械やレール等工業製品の輸入代替が進行し，工業製品の輸出全体に占めるシェアは倍増し50％を占めるに至ったものの，依然として輸出の大半は原料・食糧が占めていた。ヨーロッパ外などからの原料の輸入が工業化とともに増加したのが目立つ一方，イギリスなど西欧からもしきりに工業製品・半製品を輸入している。それらは加工して中東欧・南欧向け輸出に回される。

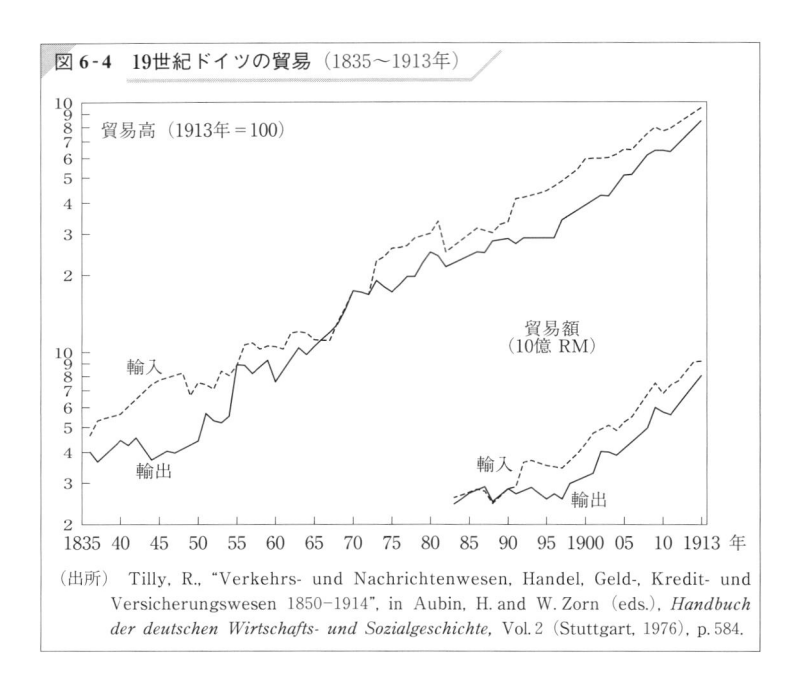

図6-4　19世紀ドイツの貿易（1835〜1913年）

貿易高（1913年＝100）

貿易額（10億 RM）

輸入

輸出

輸入

輸出

（出所）　Tilly, R., "Verkehrs- und Nachrichtenwesen, Handel, Geld-, Kredit- und Versicherungswesen 1850-1914", in Aubin, H. and W. Zorn (eds.), *Handbuch der deutschen Wirtschafts- und Sozialgeschichte*, Vol.2 (Stuttgart, 1976), p.584.

この貿易のパターンは，70年代まで受け継がれた。しかし世紀半ばから，新しく競争力を持ちはじめた機械製品などに続き，電機，化学・薬品などの新産業が徐々に輸出産業としての重要性を持ちはじめた。ドイツ統一国家の成立に先立ち，工業の一中心としてのドイツ諸領邦の地位は高まり，やがて国際交易に大きな変化をもたらすことになる。

ロンドン万博から4半世紀後の1876年，同じロンドンで科学装置万国博覧会が開かれたが，成立間もないドイツ帝国は有力な出品国として顕微鏡，分光装置，電信装置などの科学器具や装置を大量出品し，なおかつ積極的な売り込みを図った。科学技術はそれ自体が輸出産業として活発であり，もちろん他の諸産業と結びついて生産

力の拡大と生産性上昇に貢献していたのがわかる。

　ドイツの交易パターンの大きな変化が顕在化するのは80年代以降であった。80年代から第1次世界大戦までの期間にドイツの貿易の総額は年平均4％増加し，実質でおよそ3倍となった。この間，輸出・輸入の内訳は大きく変化し，完全に工業国のそれとなっている。すなわち，輸入に占める工業製品（完成品）の割合は1割を切り，半製品輸入の割合が20％弱から15％程度に微減する一方，原料輸入が40％の水準に至った。一方，輸出では総額の20％を依然占めていた食糧の割合が世紀転換期（19世紀末から20世紀初頭）に半減し，工業製品・半製品は輸出額の急増を先導し，その割合はあわせて6割から7割を超えた。この間，ヨーロッパ近隣諸国は依然としてドイツの最も重要な交易相手であったが，輸入先としての比重は1880年の75％から1913年の54％に低下し，南北アメリカからの輸入が30％近くまで増大した。一方で輸出先としてのヨーロッパの8割近い重要性は変わらず，イギリスはそのシェアを低下させたとはいえ最も重要な輸出市場であり続けた。同時に，アジア，アフリカの植民地市場の割合も増していた。

　たしかに19世紀終わりには，新興工業国ドイツはイギリス経済のヨーロッパ内外の市場を奪い，かつての圧倒的な優位を失墜させたのである。成長速度，技術水準，経営規模，経営効率——上述の経営史家チャンドラーによる議論を思い出そう——において，ドイツはイギリスに追いつき，追い越したかにみえた。「メイド・イン・ジャーマニー」はドイツ経済による（組織的なダンピングなどを使った）英本国ならびに海外植民地市場侵略の脅威を示す合言葉となった。イギリスの総輸入額の10％程度をドイツ製品が占めていたが，1913年にはその半分の額もイギリスからはドイツに輸出できなくなっていたのである。しかもこうした貿易の不均衡は，世紀末から第1次大戦前夜までの十数年間で急速に進んだのであった。

かくして，19世紀末から20世紀初頭には，逆に「ドイツの傲慢」が取り沙汰されることになる。ドイツの経済的な突出は，ビスマルクの退陣後，新皇帝ヴィルヘルム2世時代に「新航路」政策として顕在化した政治・軍事的な野心と二重写しになって，イギリスなど諸外国の不信を生んだ。経済成長・技術革新とリンクされた教育制度の充実（工科大学やそれに準ずる工業専門学校の成立）や大規模研究開発への政府の積極的介入などは，諸外国の賞賛と模倣の対象となると同時に，警戒をももたらした。「大不況」を脱し，明らかに好況の年が多い世紀転換期においても，ドイツの関税政策は大農業経営保護を目的に保護主義的なバイアスを強め，一方では工業部門の強い要請で工業製品については自由貿易が堅持された。こうした国内事情や景気変動に左右された通商政策もまた，国際関係を刺激するものであった。

「キャッチ・アップ」の実態

　上の推計値でもみられる通り，イギリスの1人当たりGDPでみた経済成長率は他国に比較しても低い。一方で工業化において後発的な国々の成長率は（ガーシェンクロンが議論した通り）おしなべてイギリスを上回っているから，結果としては収束ないしキャッチ・アップと呼ばれる現象が起きたはずである。

　キャッチ・アップは，「大不況」期以降の「イギリスの衰退」と呼ばれる現象と並べて論じられ，ともにその実在が基本的に信じられてきた。たしかに世界の製造業生産に占めるイギリスの割合は1870年には世界のおよそ30％以上を占めていたが，1913年には約14％まで落ち込んだといわれる。工業力を測る目安となる銑鉄生産において，1870年から1913年にかけてイギリスの生産高はおよそ70％増で1042万5000トンとなったが，これに対してドイツは1200％以上増の1676万1000トンであった。石炭生産高においてもイギリスは160％増の2億9204万2000トンであったが，ドイツは760％増の2億

7734万2000トンで同水準に追いついている。ドイツ経済の急速な成長が重工業部門における主要国の交代をもたらした，というイメージはこれでみると強固のようである。

　第2次世界大戦後の研究では，これらを振り返り，結果として起きたイギリスの経済的優位の喪失＝衰退という現象を説明する要素として，新規産業への投資不足・旧基幹産業への固執，チャンドラーの意味での「近代企業」組織の未成立，政府―産業界―学界を結ぶ一国的技術開発システム構築の失敗といったものがあげられた。そしてその根幹にあるものとしてイギリスにおける企業者精神の不足や，さらにそれをもたらす文化的要因が言挙げされ，ドイツやアメリカとの比較でイギリス批判が唱えられてきたのであった。

　もっとも産業部門別に労働生産性の進展をみると，キャッチ・アップや「イギリスの衰退」という言葉で想定されるのとは異なる事態が起きていたこともわかる。イギリス経済全体（国内総生産）を労働者1人当たりでみた生産性を100としたとき，1870年においてドイツは60，アメリカは86程度であったが1913年にはドイツは80程度，アメリカは100を超え，まがりなりにもキャッチ・アップが成立したかにみえる。しかし1870年から1937年にかけてドイツがイギリスの労働生産性に近づき，やや上回るに至ったのは主に工業（製造業）部門においてであり，生産性にみる限り農業や流通・金融業などの部門でイギリスの優位が脅かされたわけではなかった。特に後者においては英独の格差はむしろ開いた。イギリスの商業と金融業における優位は19世紀前半に確立していたものだが，この傾向は70年代以降いっそう強まったのであった。製造業における労働生産性の違いが国民経済全体の生産性を決定するわけではなく，その比重は正確に認識される必要があることがわかる。

　また，商業・金融業における優位――これは「世界の工場」＝「マンチェスターのイギリス」ではなく，「シティのイギリス」こそ本

質的に重要だとする「ジェントルマン資本主義論」に関連する──と並んで「イギリスの衰退」を疑問視する材料として，同時期にイギリスにおける生活水準そのものの低下があったことを示すデータがないことがあげられる。イギリスではいちはやい工業化の結果として人口増大と所得格差の拡大が生じており，工業都市や農村における貧困層の存在が注目を集めたが，他のヨーロッパ諸国に比べて平均的な生活水準は19世紀を通じて常に高く，しかも継続的に上昇していたと考えられる。

　この点で「イギリスの衰退」とはあくまで相対的なものであり，あるいは同時代の危惧的な印象論にすぎない部分もあった。たとえば1870年代以降，第1次大戦前夜の米国経済は規模・生産性ともにイギリスのみならずドイツなどもはるかに上回る水準に達していた。銑鉄生産において，アメリカの生産高はイギリスとドイツの合計を越えていた。製造業においては1870年にすでに労働生産性でイギリスを80％以上凌駕し，その他産業もすみやかにイギリスの水準に到達していた。こうしたアメリカの急成長に比べれば，イギリスならびに他のヨーロッパ諸国の成長はたしかに緩慢であった。さらに，軍事力に直結する製造業のもつ社会的意義は今日も残る「製造業物神崇拝」(「イギリスの衰退」論を批判する史家 W. D. ルービンステインの言葉) によって，おそらくかなり過大視されていたのであった。

　ここで再び1851年万博に話を戻してみよう。最初のロンドン万博には，19世紀ヨーロッパにおける工業化にはさまざまな経路(パス)(とその可能性)があったことが示されていたといえる。51年万博は産業的生産力(大量生産・生産の効率化)におけるイギリスの勝利であると同時に，工芸的デザインにおけるフランスの永続的優位をも明らかにしていた。フランスも部門ごとに満遍なく両方のメダルを確保しているからである。51年万博自体に大量生産志向(量の拡大)と技芸・デザイン志向(質の充実)の双方がみられたように，各国・

各地域は19世紀後半あるいは60年代後半ないし70年代以降，第1次大戦に至る時期に，さまざまなスタイルの工業化を達成し，国際分業を完成させるに至った——というストーリーもまた，ここに読み取ることができるようである。「大不況」も「第2次産業革命」も，こうした大きな質的・量的変化を示すものだったといえる。ここでベルギーとオランダのケースをみておこう。

ベルギーにおける社会構造の変化

ベルギーにおける工業化の進展は，社会構造の変化をもたらした。そのきっかけとなったのが所得格差の拡大である。首都ブリュッセルの銀行家を中心とする富裕層は，南部地域への産業投資に加え，諸外国への投資を拡大させた。この結果，高額所得者にあたる全人口上位10％の所得が国民総所得に占める割合は1867年で2分の1，1880年では3分の2に達した。一方，工業労働者の生活水準は劣悪であった。1846年の第1回産業調査では，綿業労働者の平均賃金は最低生活費以下であること，1853～54年の第1回国勢調査では多くの労働者の状況が服役囚なみであると報告された。その後，平均実質賃金が1853年を100として1875年に149に上昇するなど，19世紀後半には労働者の状況は次第に改善に向かっているが，なお多くの労働者の生活が困窮にあり，さらなる状況改善をめざす労働運動が展開された。

フランスの社会主義者の影響を受けたこれらの労働運動は，当初，政党活動とは距離をおいていたが，1870年代からはドイツの社会民主主義の影響を受けた新しい労働運動が北部地域を中心に活発となり，1885年に全国的な広がりをもつベルギー労働党（BWP）が結成された。また，北部を中心にカトリックの立場からの社会改良運動，労働運動が展開され，19世紀末にはカトリック政党にも大きな影響を与えることになった。さらに，自由主義政党においても，一時は独自政党を結成した急激な社会改革を唱える革新主義が大きな影響

を与えた。この結果，ベルギーでは，自由主義，カトリック，社会主義のそれぞれで社会が縦割りに組織化される「柱状社会（verzuiling）」と呼ばれる状況が生まれるとともに，カトリック政党が強い北部，社会主義政党が強い南部，自由主義政党が強いブリュッセルという地域差も生じている。

また，フランス語が公用語とされ，北部地域で中世より用いられていたオランダ語（フラマン語）が下層民や農民が話す方言として公的使用が認められなかった。そのため，19世紀後半にはオランダ語を公用語にすべきだとするフラームス復興運動が広がった。

オランダの工業化

オランダはベルギーに比べ工業化の時期が遅かった。19世紀後半から綿，食品，造船，金属など軽工業，重工業の両分野で機械化と工場制の導入が緩やかに進展し，1870年以降にようやく工業化が本格化した。このような工業化の開始の時期の遅さは，農業，海運・通商，金融，植民地経営が19世紀後半までオランダ経済を支えることが可能であったことと深く関係しており，工業化自体もこれらの伝統的な産業と深い関連をもって進行した。この結果，1870年代以降のオランダにおいては農業，金融などの伝統的な産業部門においても新しい生産技術，経営手法が導入され，経済全体としての「近代化」が進んだ。

工業においては，ライン川への運河の開通とライン地域とのつながりの強化を背景にロッテルダムが穀物・石炭・石油の集散地として発達し，金属工業・造船業の重工業も興った。このほか，植民地における天然資源の開発と結びつく形でゴム，石油工業が急速な進展を示し，資源開発自体にも外国資本も積極的に誘致された。1907年に設立されたロイヤル・ダッチ・シェル社はその代表的な例である。やがて米スタンダード石油に対抗する世界的大企業へと成長していく同社は，ロイヤル・ダッチ石油会社と英シェル・トランスポート＆トレーディング社との合同で成立した。ロイヤル・ダッチ

社は1890年にスマトラ島の石油開発会社として始まり,シェル社は1833年にロンドンにサミュエル商会として設立され,日英貿易からバクー,ボルネオ島での石油開発に関わっていた。

　このような英蘭合同企業は食品工業においてもみられる。1929年に設立された「ユニリーバ」は,1870年頃より当時需要が急増していたマーガリンの製造を開始したオランダのユルゲンス社,ヴァンデンベルグ社とイギリスの石鹸製造の支配的企業であったリーバ社が,原料供給などでの協力を経て合同したものであった。このように新しい科学技術を基盤とした資本規模の大きい企業が急速な成長を遂げたことが,1870年代以降に工業化が本格化したオランダ経済の特徴である。1891年に電球メーカーとして設立されたフィリップス社も,20世紀にはヨーロッパ最大の家電メーカーへと成長を遂げた。

　農業においても,1870年代から外国産農産物との価格競争が激化する中で,化学肥料などの新たな農業技術とともに協同組合などの新たな経営方式が導入され,酪農,園芸を軸とした農業企業が発展した。またロンドン金融市場と結びついた金融業が経済に重要な位置を占めており,国際貿易・投資に特徴をもつネーデルラント商業銀行（1824年）,トゥエンテ銀行（1861年）,ロッテルダム銀行（1863年）,アムステルダム銀行（1871年にドイツ銀行家によりオランダとドイツの資本市場の統合を狙って設立）などの民間銀行も成長を遂げた。

　1870年代以降には,オランダにおいても所得格差が拡大した。その結果,労働者の生活水準の低さは広く「社会問題」として認識され,自由主義,カトリック,プロテスタント,社会主義とそれぞれの立場から,社会改革運動の一環として労働問題の解決が図られるようになった。それぞれの政党によって社会が縦割りに組織化され,ベルギーと同じく「柱状社会」が形成されるようになる。

3 工業国と社会政策

●イギリスとドイツ

革命と「労働者」の台頭

1848年2月,パリにおこった革命(二月革命)は約1カ月遅れてドイツ語圏などに拡大(三月革命)し,翌49年にかけて全ヨーロッパ的な現象となった。この1848・49年革命と,それに先立つ時期の大衆貧困〔(大衆窮乏化)Pauperism(ドイツ語では,パウペリスムス Pauperismus)〕とには明らかに関連がみられる。40年代の不作の連続による深刻な食糧危機が頻発させた民衆の食糧暴動(パン屋,穀物商などへの襲撃をともなう暴力的抗議活動)は,いよいよ浸透を続ける市場経済と民衆世界における従来の共同体的な経済規範(モラル・エコノミー)との衝突を示すものであり,革命はそこから生じたとも考えられるからである。

そして19世紀半ばの革命が各国・各地域でそれぞれの形で終息をみたとき,たしかにヨーロッパの経済社会の風景はそれ以前とは異なるものと感じられた。労働者―市民―国家(政府)の関係が,社会的な緊張要因として一段と強く意識されるようになる。

18世紀以前から事実上は広汎に存在した群集(crowd)や暴徒(mob)と呼ばれた民衆とその抗議運動は,18世紀末のフランス革命を経て,1830年代には「労働者階級(working class)」と「労働運動」という新しい概念で位置づけられるようになっていた。19世紀前半の工業化の進展は都市部の拡大と人口流入をもたらし,都市の周辺部には貧民とその家族が住みついたが,やがてそこに工場労働者の住居が形成される。こうして膨れ上がった賃金労働者階層は,いちはやくイギリスで一般工場法が成立(1833年)したことなどを除けば,市民階層が進めた19世紀前半の自由主義的改革の枠外に置

かれていた。しかし職人や賃労働者を含む民衆は、48・49年革命時にはバリケードを築いて新旧の支配者層に激しく抵抗し、その後も「労働者階級」は当時確立しつつあった市民社会におけるアウトサイダーとして大きな存在感を示すようになっていった。

各国で労働者の結社・団体が組織され、1864年には国際労働者協会（第1インターナショナル）がロンドンで結成されるに至った。K.マルクスらを中心とするこの国際労働者協会は内部における意見の対立から解体したが、1889年にはマルクス主義のドイツ社会民主党を主軸に第2インターナショナルが組織される。国際的な社会主義運動は方針や手段をめぐって一枚岩ではなく、絶えず何らかの内紛や分裂が繰り返されたが、総じて強い影響力をヨーロッパ社会に及ぼすようになっていった。

市民社会は、ますます組織化され自律的となる労働者層を包含する、新しい枠組みを必要とするようになった。労働者の地位や労働条件を改善するため、さまざまな社会改革が試みられた。やがてそれは、20世紀におけるいわゆる「福祉国家（welfare state）」形成の方向へと徐々に進んでいく。

しかし「福祉国家」（あるいはドイツ語でいう「社会国家」）は、各国でまったく同じように形成されはじめたのではない。工業化に先立つ中間組織の機能など社会構造や伝統的な「社会」的理念の差異が、各国における中央政府の役割や福祉政策の基本的な制度の選択に影響を及ぼした。

以下では「最初の工業国」イギリスと、一連の動きが目立って急速だったといえるドイツの例とを観察しよう。イギリスには近世以前からの独自の社会福祉の伝統に加え、早期に進んだ工業化期におけるそれからの転換が、労働運動の組織化と定着に対応してみられた。ドイツは社会主義運動には法的弾圧を加え、労働運動を社会的に取り込むことではイギリスはじめ西欧諸国や隣邦オーストリアに

すら大きく遅れていたが、むしろ国家による社会保険制度の設置において先駆的な存在となった。1880年代以降のドイツの社会政策は、西欧諸国にも影響を及ぼし、今日の社会保障制度の基盤となった。

イギリスの社会政策　18世紀から20世紀にかけてのイギリスでは、貧困あるいは貧民に対する態度は、大きく三度にわたって変化したと捉えることができる。すなわち、18世紀末のスピーナムランド制度の導入にみられる寛容な態度は、自助の精神を強調する1834年の救貧法改正で貧民に対して非常に厳しいものとなったが、19世紀第4四半期に入ると、貧困は必ずしも個人の責任に全面的に帰せられるものではないということと国家による経済への介入に対する理解が進み、1908年の老齢年金法や1911年の国民保険法に帰結した。

(1) 救貧法の制定

前述のように、イギリスでは国家による社会保障の整備はドイツに比べて遅れ、20世紀になってから、ようやく法整備がなされるが、それまで、伝統的に福祉を担っていたのは、第1に家族や世帯であり、各村落や都市の教区、各種の慈善団体、友愛組合や労働組合のような自主的組織など、国家と世帯の中間に位置する組織であった。こうした中間団体のうち、最も古くから法的に制度化されていたのは、教区による救貧である。16世紀のエリザベス1世治世期に整備された救貧法は、各教区に地方税である救貧税（poor rate）を徴収する権利を与え、教区の責任で貧民に対処することが定められた。この法律で救済の対象として想定されていたのは、疾病やケガによって働けなくなった人や老人、寡婦、孤児など、自活能力がない（impotent）と見なされた人々である。

18世紀の終わりに人口増加と産業革命の影響が徐々に実感されるようになって、自ら耕すことのできる土地をもたず賃金労働に依存せざるをえない労働者が大量に発生してくると、働く意志と能力が

表6-2 最低生存費早見表（スピーナムランド・スケール，1795年）

SECOND CALCULATION, which was adopted.

This shews, at one view, what should be the weekly Income of the Industrious Poor, as settled by the Magistrates for the county of Berks, at a meeting held at Speenhamland, May the 6th, 1795.	Income should be for a Man.	For a single Woman.	For a Man and his Wife.	With one Child.	With two Children.	With three Children.	With four Children.	With five Children.	With six Children.	With seven Children.
	s. d.	s. d.	s. d.	s. d.	s. d.	s. d.	s. d.	s. d.	s. d.	s. d.
When the gallon loaf is 1 0	3 0	2 0	4 6	6 0	7 6	9 0	10 6	12 0	13 6	15 0
when - 1 1	3 3	2 1	4 10	6 5	8 0	9 7	11 2	12 9	14 4	15 11
when - 1 2	3 6	2 2	5 2	6 10	8 6	10 2	11 10	13 6	15 2	16 10
when - 1 3	3 9	2 3	5 6	7 3	9 0	10 9	12 6	14 3	16 0	17 9
when - 1 4	4 0	2 4	5 10	7 8	9 6	11 4	13 2	15 0	16 10	18 8
when - 1 5	4 3	2 5	5 11	7 10	9 9	11 8	13 7	15 6	17 5	19 4
when - 1 6	4 3	2 6	6 3	8 3	10 3	12 3	14 3	16 3	18 3	20 3
when - 1 7	4 3	2 7	6 4	8 5	10 6	12 7	14 8	16 9	18 10	20 11
when - 1 8	4 6	2 8	6 8	8 10	11 0	13 2	15 4	17 6	19 8	21 10
when - 1 9	4 6	2 9	6 9	9 0	11 3	13 6	15 9	18 0	20 3	22 6
when - 1 10	4 9	2 10	7 1	9 5	11 9	14 1	16 5	18 9	21 1	23 5
when - 1 11	4 9	2 11	7 2	9 7	12 0	14 5	16 10	19 3	21 8	24 1
when - 2 0	5 0	3 0	7 6	10 0	12 6	15 0	17 6	20 0	22 6	25 0

（出所）Eden, F. M., *The State of the Poor*, London, 1797, vol. 1, p. 577. 一橋大学社会科学古典資料センター所蔵。

ある（able-bodied）にもかかわらず職のない人々，すなわち失業者が社会問題となった。こうした失業は，特にイングランド南部の農業地帯で深刻であった（当時のイギリス農業は，農場経営者が地主から土地を借り，農業労働者を賃金で雇って農業を営むという形をとっていた）。

1795年にイングランド南部バークシャーのスピーナムランドに集まった治安判事たちは，この問題に対処するために，表6-2に示したような，世帯規模と小麦価格に連動させた最低生活費の表を作成して，救貧を求めてきた人々の収入がその額に届かない場合は，差額を補塡することとした。たとえば，表ではパンの価格が1シリング6ペンスのとき，夫婦と二人の子どもからなる世帯では週の最低生活費として10シリング3ペンスが必要であると算出されるが，世帯収入が9シリングの場合は1シリング3ペンスが教区の救貧税収入から補塡された。このスピーナムランド制度はまたたくまにイ

ングランド南部に広がっていった。

(2) 救貧法の改正

ところが19世紀に入ると、各教区は深刻な救貧費の増大に悩まされるようになる。救貧法が救済の対象としていたのは傷病者や老人などで、各教区で用意することが求められた救貧院（workhouse）に収容して救済することが想定されていた（院内救済）。こうした人々は、常に一定数は存在するが、継続的に増加したり経済状況の変化によって増減したりするような存在ではなかった。しかし、スピーナムランド制度で救済されることとなったのは、景気が悪化すると急増する失業者であった。加えて、1830年から31年にかけて、南部の農村を中心にスウィング暴動と呼ばれる農村騒擾が起こったことから、スピーナムランド制度のような救貧院に収容することなく給付金を与える制度（院外給付）は、労働者のモラルの低下を招き、怠惰を助長するものであるという激しい非難を浴びることになった。

1834年の改正救貧法では、院外給付が原則廃止され、救済が必要な者は救貧院に収容されることが定められた。そこでの生活は、救済を受けていない労働者の生活よりも劣ったものであるべきとされ（劣等処遇の原則）、食事は非常に質素なものであった。また、起床時間や就寝時間をはじめさまざまな規則が設けられ、制服の着用が義務づけられていた救貧院もあった。家族で救貧を受ける場合は、男性棟・女性棟・児童棟に分けてバラバラに収容されて、乳幼児でも母親との面会時間が厳しく制限された。このような処遇は、当時の貧しい人々に自助を強制するという意味では、非常にうまくいった。彼らにとって救貧院は監獄とほぼ同義であり、親族や知人からの援助や慈善など、他のあらゆる手段を模索して、万策尽きたときの最後の手段と捉えられていた。被救恤貧民として救貧法の対象となることは、恥辱であると考えられたのである。こうした認識は、

救貧法が廃止される1948年までそうであった。

(3) 互助組織の増大

19世紀半ば以降,鋼鉄製の蒸気船が実用化されていく中で,第4四半期に入ると,アメリカやカナダから大量の穀物が輸入されるようになる。これは,イギリス国内の穀物価格の低下をもたらし,1880年代以降,労働者の実質賃金の上昇が加速した。こうした流れの中で,労働者の自助と相互扶助の能力は着実に上昇していった。19世紀後半にみられる,友愛組合や貯蓄銀行などの互助組織の増大は,労働者の生活水準の向上も反映していたのである。

友愛組合(friendly society)とは,会員が資金を出し合って,病気やケガなどで働けなくなった際に,給付金を受け取るといった保険機能を果たしていた組織であるが,そのほかにも年金や少額の資金の貸出なども行っていた。また,伝統的には,会員が死亡した際に葬儀を行ったり,定期的な宴会などを行っていた組合も多かった。イギリスでは,労働組合が独自の基金をもつことは,1871年の労働組合法までは違法とされていたから,友愛組合が労働組合の隠れ蓑として,ストライキの際の組合員の賃金補填などのための資金基盤としての機能も果たしていた。貯蓄銀行も同様の機能を果たしていたが,その設立趣旨はより博愛主義的であった。労働者の貧困は,ひとつには,飲酒やギャンブルなどの悪徳によるものと考えられていたため,ミドルクラスの博愛主義者たちによって倹約の美徳を普及させるという目的で設立されたものも多かった。

他方で,友愛組合の会費は最も貧しい人々にとっては支払うことが難しかったし,そうした人々にとって貯蓄銀行に貯金を行うことはほぼ不可能であった。彼らに最も人気のあった制度は埋葬保険で,週に1～1.5ペンスほどの掛け金を支払うと,死亡時に7ポンド10シリングもらえるというものであった。自分が参列することはけっしてない自分の葬儀のために,わずかばかりでも金を支払うという

この制度が人気を博したという事実は，人生の最後において救貧法のやっかいになるということがどれほどの恥辱だったかを雄弁に物語っている。

(4) 社会保障の整備

19世紀末から20世紀にかけて，国家による社会保障の整備の必要性が認識されるようになった背景にはさまざまな要因が考えられる。ひとつは，労働者階級がひとつの階級として実力をつけたことがある。もうひとつは，南ア戦争での苦戦のあとで，志願兵の多くが身体的に戦闘に耐えられないとして不合格になったというニュースが広まったことによる。

1799年と1800年の団結禁止法により，労働者が賃上げや労働環境の向上のために共闘することが禁じられたが，1824年には非合法化していることで逆に過激化させているという理由から廃止され，翌1825年の新団結禁止法とあわせて，賃金や労働時間について団体交渉をすることが合法化される一方，他の労働者にストやピケへの協力や組合基金への資金拠出を強制するために暴力をふるったり脅迫したりすることは明確に非合法とされた。また，労働組合が独自の基金をもつことは禁じられていた。1855年に友愛組合法が制定されると，友愛組合については基金が保護されるようになって，前述したように労働組合の隠れ蓑として利用されることになった。1871年の労働組合法では，正式に労働組合が基金をもつことが合法化された。さらに，1875年の「共謀および財産の保護に関する法律」によって，平和的なピケが合法化された。

こうした法整備が進められる中で，組合員の数も増加した。1850年には15万人ほどだった労働組合員は，1888年には75万人となり，大戦前夜の1913年には250万人となった。1867年に，都市部の多くの男性労働者に選挙権が認められると，翌1868年に第1回の労働組合会議が開催され，34の労働組合の代表が全国からマンチェスター

に集まった。その多くが熟練工たちによる組合であったが、1880年代から90年代にかけて非熟練労働者の組合も設立されるようになった。それは、1884年の選挙法改正によって、農村の労働者まで選挙権が拡大されたのとほぼ同時期であった。こうして、労働者たちは、自らを組織化するとともに自らの利害を国政に反映する手段を獲得していったのである。

(5) 公衆衛生

1899年から1902年にかけて戦われた南ア戦争は、オランダ系移民の子孫であるボーア人によって支配され、金鉱とダイアモンド鉱を有するトランヴァール共和国、オレンジ自由国両国の支配をめぐって、イギリスが戦った戦争である。最終的にはイギリス軍が勝利を収め、トランスヴァール共和国とオレンジ自由国はイギリス領植民地となるが、その過程では、イギリス軍は苦戦を強いられた。1899年12月の「暗黒の1週間」では、コレンゾの戦いで21万人のイギリス軍と8000人のボーア人兵士が対峙し、ボーア側が40〜50名の負傷者を出したのに対し、イギリス軍は143名の戦死と約1000名の負傷者・行方不明者を出したといわれている。戦闘を行ったボーア人たちは農場主たちでありカーキ色の農作業服を着ていたとされるが、そうしたいわば素人の集団に苦戦を強いられたことは、イギリス国内で衝撃的に受け止められた。

戦闘に耐えられないような成人の身体障害は、幼年期の食生活や公衆衛生、貧弱な医療に原因があるとされ、こうした分野における国家による介入が正当化された。1903年に、政府は体位低下に関する委員会を設置したが、その報告書では、労働者階級の健康や栄養に重大な問題があることが指摘され、1906年には地方当局が学校で無料の給食を提供することが可能となり、1907年には学校での健康診断が義務化された。

公衆衛生については、すでに1830年代のコレラの流行時から、と

第6章 「第2次産業革命」の時代

りわけ都市の衛生状態についての議論が交わされていた。1848年の都市健康法（Health of Towns Act）や1875年の公衆衛生法（Public Health Act）により，一方で都市当局に公衆衛生を担当する部局の設置が義務づけられ，医務官の設置や上下水の整備をする権利が認められていき，他方で中央政府にも公衆衛生当局が設置されていった。

　もっとも，公衆衛生は，国家による経済活動への介入に対して比較的寛容さが示されうる分野でもある。1830～31年，1848年，1853年，1865～66年と相次いだコレラの流行は，民間の水道会社による上水供給が過当競争に陥ったことが一因とされた。実際，河川の上流ではなく排泄物や工場排水が流された後の下流から水を汲んで供給するといった会社さえあった。しかし，生活保護や教育，住宅供給という分野では，国家の役割はあくまで自助による自力救済が望めない人々に対する最終的で補完的なものにとどめるべきだという主張は，労働者階級の側からもいわれていた点は留意しなければならない。と同時に，個人の力では対処しようのない構造的な貧困の存在というものも明確に意識されていった。

(6) 年金，国民健康法の成立

　1908年に立法化された老齢年金では，1880年代にドイツで導入された保険料の徴収を財源とする方式か，非拠出制の年金かで議論が闘わされたが，最終的には，非拠出制のものとなった。さらに，誰に支払うべきかについても，65歳以上のすべての人々に支払われるべきという意見があったが，財源の問題から，70歳以上で年収31ポンド10シリング以下の人々に週当たり1～5ポンドの年金が支払われることとなり，年収21ポンド以下の人々は週5ポンドを受け取った。年金を受け取るためには，所得が調査されることになるが，その際に，道徳的な恥辱を感じないような配慮がなされた。1909年から13年までに年金を受け取った人々は，1906年に救貧を受けた人々

よりもずっと多く, 救貧法が与える恥辱の大きさがここでも明らかになった。

1911年には, 国民健康法が成立する。この法律は二部構成となっており, 前半部では, すべての肉体労働者をカヴァーする強制的な健康保険が制度化された。労働者は週4ペンスの保険料支払いが義務づけられ, 雇用主が3ペンス, 国が2ペンスを負担した。被保険者が病気で働けなくなった場合, 最高13週間にわたって週当たり10シリング（女性は7.5シリング）が支給されることとなった。また, 病気の際には, 無料で医療を受けることもできた。

後半部では, 建設業や造船などいくつかの業種で失業保険への加入が義務化された。これにより, 220万人余りの労働者がカヴァーされることになったが, 男性労働者総数の約20％であった。労働者と雇用主は週2.5ペンスの保険料を支払い, 国は$1\frac{2}{3}$ペンスを負担した。失業した場合には, 12カ月ごとに最高15週間にわたって7シリング受け取ることとされた。

社会問題とビスマルクの政策

(1) 社会問題の出現

ドイツ語圏諸国において, 19世紀の最初の数十年間にみられた「大衆貧困」は, むしろ前工業化時代の貧困の最後の残滓であったともいわれる。貧困が目立ったのは, 農工部門の生産性上昇に比べて人口の増加率が高かったためであり, また, 貧困を社会的な問題とする意識自体が人々に高まったからであった。

工業化を経験しつつあった19世紀後半にも, ドイツ語圏諸国はさまざまな「社会問題」に直面していた。特に零落した手工業者からなる工場労働者が関心を集め, 社会問題はもっぱら「労働者問題」として把握された。ただし今日の視点では, 実際には女性, 子供, 老人こそが貧困に直面する社会集団の筆頭にあげられるべきではなかったかともいわれる（W. フィッシャー『貧者の社会経済史』）。

「労働者問題」とは，端的には賃金労働者とその家族のおかれた悲惨な生活状態に関する政治的・経済的（ならびに「道徳的」）観点からみた諸問題を指した。低賃金，窮乏化，住居不足，災害・事故・病気による生存危機などである。このうち特に問題視されたのは，主に大規模な製造業（工業）企業に雇われた工場労働者の生活であったが，農業経営や小規模経営に雇用された賃金労働者ももちろん「労働者問題」の対象であった。

　これに対しては，労働者の側に立って抜本的な社会改革をめざすものとして，社会主義運動が台頭した。たとえば1875年にはマルクス主義派とより穏健なラッサール派が統一して，ドイツ社会主義労働者党（のちのドイツ社会民主党）が結成されている。同党は1877年のドイツ帝国議会選挙で躍進し，投票数の9％にあたる約50万票，12議席を獲得した。

（2）社会主義運動に対する弾圧

　ドイツ帝国の宰相でプロイセン王国のユンカー（貴族的地主階層）出身のオットー・フォン・ビスマルクは，この社会主義運動に対しては厳しい弾圧の姿勢を示した。

　ビスマルクは，「この時代の大問題は，言論や多数決によってではなく（……），鉄と血によって解決される」という有名な「鉄血演説」で知られる。その言葉通り，プロイセン首相として1860年代から70年代初頭にかけ，まずオーストリアとの戦争（普墺戦争），そしてフランスとの戦争（普仏戦争）を利用し，統一されたドイツ国すなわち「ライヒ」を成立させていた（1871年）。その経済政策は当初は自由主義者に受け入れられうるものであったが，70年代末には保守的かつ国家介入主義的なものに転換した。統一戦争後の70年代のドイツ経済が，直後の景気過熱後のバブル崩壊にもなぞらえることのできる「創立恐慌」と，いわゆる「世界大不況」に見舞われたからだとされる。これに対しては，農業経営者である土地貴族・ユ

ンカーの主張と重工業大企業との利害調整が図られ、保護主義的な関税の導入がはじめられた。

一方、内政面でのビスマルクの「保守転換」を強く印象づけたのは、いわゆる「社会主義者鎮圧法」の導入であった。ビスマルクは続発した皇帝暗殺未遂事件を口実に、議会の抵抗を押し切り、1878年に「社会主義者鎮圧法」を制定し、主にドイツ社会主義労働者党を対象に政党の組織や集会・出版を制限、社会主義者（社会民主主義者、共産主義者）を抑圧した。この法律はビスマルク退陣後、皇帝ヴィルヘルム2世によって廃止される1890年まで存続した。

(3) 社会保障法の成立

しかしこの社会主義者鎮圧法の議会審議中に、すでにビスマルクは労働者層の悲惨な生活状況を改善する何らかの手段がとられるべきことを言明していた。1879年の保護関税政策への転換がただちに景気回復に結びつかず、80年代には社会主義者鎮圧法が社会主義の浸透を押し止められないことが明白になったこともあり、ビスマルクはいよいよ労働者層の帝国体制への取り込みを図る必要に迫られた。

1883年、ついに疾病保険法が帝国議会を通過した。ビスマルクはこのために1881年以降、保守派、自由主義者から社会民主主義者に至る広範な反対意見や給付金財源交渉、農業経営への適用除外などの問題に対処した。これを皮切りに、80年代、表6-3にみられるような、政府が一定の役割を果たし、加入義務（強制）を盛り込んだ社会保険立法が実現した。

これらは今日のわれわれが知る福祉行政の水準からみると、カヴァーする対象や給付額も不十分であり、失業（者）に対してほとんど考慮が払われていない点など、限界のあるものではあった。たとえば、90年代はじめの年金支給額は雇用者平均収入の2割以下であったし、当初疾病保険の対象となったのは被雇用者の40％、人口の

第6章 「第2次産業革命」の時代

表6-3 ドイツ帝国における社会保障立法

年		保障の対象	保険加入者	財源	給付
1883	疾病保険法	疾病	年給2000マルク以下の労働者・被雇用者	保険料の3分の2を本人、3分の1を雇用者負担	医療費補助、病気休業補償金（賃金の半額を最大13週）死亡時の葬祭料
1884	災害保険法	労働現場での事故	工業および大規模農業の雇用者	企業・雇用側の強制的共同分担金	医療費補助、賃金減額補償、身体障害年金
1889	傷病・老齢保険法	身体障害（労働事故を除く）、老齢による生計能力低下	年給2000マルク以下の労働者・被雇用者	被保険者と雇用者の半額ずつの負担、一部国費による補助	身体障害の場合、平均賃金の3分の1の年金。70歳以上に生計費補助

(出所) Halder, W., *Innenpolitik im Kaiserreich 1871-1914* (Geschichte Kompakt : Neuzeit), 2003, p.61.

10％にすぎなかった（1914年までには人口の35％まで上昇）。注意したいのは，給付額の相対的な少なさは，単に財源確保の問題からというい以上に，「高水準の社会保障そのものが労働意欲を阻害するおそれがある」という当時の社会的通念にも影響されていたからだという点である。要するに，社会保障政策を支える考えそのものがなお未熟であったといわざるをえない。

しかし傷病・老齢年金の実現に至るドイツ帝国の社会保障制度は，この当時の欧米諸国で群を抜いて先進的であったことは間違いない。また一連の社会立法は，医療・衛生制度の量的・質的充実を通じても，順調な人口増（19世紀半ばから1914年までにほぼ倍増）と平均的な生活水準の上昇という成果をもたらした。ドイツの平均寿命は1816～60年にかけて男性26.5歳，女性28.7歳であったとされるが，1910～14年にはそれぞれ44.8歳，52.7歳となる。

(1) 福祉・福利制度の充実

> 改革の背景：官僚国家，企業社会，「講壇社会主義者」たち

政府主体の社会保障制度の充実がドイツ帝国でいちはやく進んだことには，政治家ビスマルクによる社会主義への対抗という直接的な動機だけではなく，18世紀以前からのドイツ＝プロイセン王国のもつ官僚制と軍国主義的体制の伝統の関与も考慮すべきであろう。官僚に対する恩給や，退役・傷病軍人に対する除隊後の就職斡旋などの恩典制度の存在が，国家による扶助のあり方について社会に与えた影響は無視できない。またビスマルク当人にとっても，恩恵的福祉制度の充実は，ユンカー出身の一議員であった政治生活初期の主な関心事であった。

資本家・経営者たちが，公的社会保障制度導入に基本的に反対の立場をとったことは不思議ではない。自分たちの負担増や外部からの経営への干渉が危惧されたからである。しかしその一方で19世紀後半の多くの大企業では，さまざまな福利制度が世界に先駆けて導入されていた。

製鉄・製鋼企業クルップでは事業の勃興期から「全体の福祉・みんなの幸福」を図る共同体的な経営が謳われ，1840年代には疾病・年金金庫を創設，50年代以降には本拠地エッセンに労働者向けの寮・社宅が建設された。生活保障を企業内に取り込むこうした制度は，たしかに企業と経営者（アルフレッド・クルップ個人）への忠誠と服属を軸にすることが明言されたものであり，会社は「家」，所有者・経営者は「家長＝父」であり従業員は「子」であるという伝統的な理念（「ヘア・イム・ハウゼ Herr im Hause」）に裏打ちされていたため，しばしば前近代的な「家父長制的」支配だとも批判された。しかしこれらの制度は，長期にわたる安定した雇用関係によって有能な労働力を確保しようという経営者にとって合理的な意図から出ていた。さらに，公的な生活保障制度と企業内福祉とは互いに

影響を与えあい，社会と企業との関係，企業における労働のあり方についてドイツ独特の，英米とは異なった位置づけが成立することになった。

(2) 社会思想の展開

また，19世紀ヨーロッパにおける社会思想の展開も，「社会問題」解決に国家・政府が責任をもつという態度の実現を後押しした。ドイツ帝国における社会政策は，改革を志向する知的動向にも支えられて進行したのである。

アダム・スミスの『国富論』を源流にD. リカードゥ，T. R. マルサス，J. S. ミルらが展開した古典派経済学（政治経済学：Political Economy）の行きづまりがイギリス内外で意識されるようになってきたのも1860年代であった。古典派の彫琢してきた分配論は，19世紀後半の労働者─市民の階級的対立といった社会問題の前では現実にそぐわないものと思われるようになった。代わって，より直截的に社会問題解決に応えうる経済学の新しい体系が，さまざまに模索されるようになる。

社会主義思想・運動と密接に結びついたマルクス主義経済学は，その有力なひとつにほかならなかった。このマルクス主義とも対抗しながら，イギリスの自由貿易思想を支える古典派経済学と長年鋭く対立してきたのが，ドイツ国民経済学派＝ドイツ歴史学派である。

経済史学の開祖の一人でもあるドイツ（新）歴史学派の領袖グスタフ・シュモラーは，A. ワーグナー，L. ブレンターノら同僚の新歴史学派経済学者たちと「社会政策学会（協会）」を結成（1872年）し，ドイツ社会の改革に積極的な発言を行った。社会政策学会の目的や意見は内部で完全に一致していたわけではなく，ビスマルクの率いる政府＝国家の役割に対する評価や期待にも個々のメンバーで大きな差異があった。ワーグナーらは当初から国家主義的な経済観をもち，シュモラーもまたドイツ・プロイセンの君主制的官僚国家

の伝統を高く評価していた。一方，ブレンターノに代表される最も自由主義的なグループは，君主制的国家が発展をもたらすという見方には否定的であった。ブレンターノは労働者階級の権利保護や社会における同権化を主張し，労働組合の保護や食糧価格を上げることになる保護主義的な穀物関税の廃止を唱え，大企業や大農場主を批判した。

プロイセン王国・ドイツ帝国における大学教授は国家官吏であったから，社会政策学会メンバーの急進的な政策提言は，「講壇社会主義者」のそれだと自由主義者や保守派，左派からも揶揄された。しかし「社会政策学会」がのちに北米で新設の「アメリカ経済学会」のモデルになったともいわれるように，新歴史学派は国際的にも大きな影響力をもつようになった。

古典派以来の正統派経済学の流れは，1870年代にほぼ同時に西欧各地で生じた「限界革命」(価値の決定，経済の変化や均衡の成立において，ある数量の微少な変化分＝限界量こそが最も重大な役割を果たすという考えから，経済学の各分野に"限界分析"が導入されるようになったこと)というパラダイム変換によって，より精緻に数理化された科学としての「経済学（Economics）」へとやがて展開する。しかしその初期において，「限界革命」の担い手のひとつであるオーストリア学派の代表者カール・メンガーは，シュモラーの厳しい批判を受け，当時支配的であった歴史学派に方法論的な論戦を挑まなければならなかった（「方法論争」）。

● 参考文献 ●

田中洋子『ドイツ企業社会の形成と変容――クルップ社における労働・生活・統治』ミネルヴァ書房，2001年

種田明『近代技術と社会』〈世界史リブレット81〉山川出版社，2003年

宮下晋吉『模倣から「科学大国」へ――19世紀ドイツにおける科学と技術

の社会史』世界思想社，2008年
山根徹也『パンと民衆――19世紀プロイセンにおけるモラル・エコノミー』山川出版社，2003年
P. セイン（深澤和子・深澤敦監訳）『イギリス福祉国家の社会史――経済・社会・政治・文化的背景』ミネルヴァ書房，2000年
A. D. チャンドラー，Jr.（安部悦生ほか訳）『スケール・アンド・スコープ――経営力発展の国際比較』有斐閣，1993年
W. フィッシャー（高橋秀行訳）『貧者の社会経済史』晃洋書房，1993年
L. ブレンターノ（石坂昭雄・加来祥男・太田和宏訳）『わが生涯とドイツの社会改革――1844〜1931』ミネルヴァ書房，2007年
D. S. ランデス（石坂昭雄・冨岡庄一訳）『西ヨーロッパ工業史(1)』みすず書房，1980年
Merriman, J. and J. Winter (eds.), *Europe 1789 to 1914: Encyclopedia of the Age of Industry and Empire,* Thomson Gale, 2006.

議論のための課題

1. いわゆる「第2次産業革命」について，「産業革命」との対比で簡単に説明しなさい。
2. 19世紀後半のイギリス経済の「衰退」と呼ばれる事態について，諸外国の経済と比較しつつ論じなさい。
3. イギリスまたはドイツにおける公的な社会保障制度について，その背景を含めて説明しなさい。

第7章 ヨーロッパの外で

北米経済の台頭とビッグ・ビジネス

1 ヨーロッパを中心とするグローバル経済
●大西洋経済の成立と発展

環大西洋経済圏の形成

「グローバル経済」、あるいは経済の「グローバリゼーション (globalization)」と似た言葉に「国際経済」や「国際化」がある。少なくともヨーロッパ史の場合、意味の違いは明白である。「グローバリゼーション」を世界規模での市場の一体化であり、経済史家 J. G. ウィリアムソンらの言葉を借りれば端的には「かつては自給自足的だったロシアの小作農やカンザスの農場主や日本の職人が、世界経済との密接なつきあいに向き合う」事態だとするならば、それがヨーロッパを起点に起こったのは近代より前のことではない。その原型の形成はどんなにさかのぼっても近世（＝初期近代：16世紀以降）ということになるだろう。

単に国境を越えた経済活動の実現やその重要性の上昇を「国際化」というのであれば、ヨーロッパ経済はすでに中世以来「国際化」されていた。そもそも近代国家成立以前のヨーロッパ経済に

「国民経済」の枠組みはほとんど通用しない。国境を越えたモノ，カネ，ヒトの移動は当然のことであった。中世・近世の地中海交易やバルト海・北海交易を想い起こそう。と同時に，ある程度以上の広い領域を統治する権力や制度が不在の場合，しばしば比較的短距離の財の移動にも高いコストが生じたことも忘れてはならない。たとえばヨーロッパ最大の河川であるライン川の航行でも，かつてはいたるところで通行税が課せられたが，これは商品流通の進展にマイナスとなったはずである。

17世紀以降には，ヨーロッパから大西洋の向こう岸である新大陸を含むより広い範囲に，経済活動が拡大した。これを世界市場の成立とも，また環大西洋経済圏の形成ともいうことができよう。そして，近代における世界経済の「グローバリゼーション」の出発点がここにあった。

すでに16世紀におけるスペインの新世界経営が，ヨーロッパ製品の流入と現地労働力の大量利用による主に貴金属などの流出という形で，新大陸をヨーロッパ経済の枠組みに（強制的に）編入していた。ヨーロッパ物産の新大陸への供給は植民にともなって発生した物資の需要が生んだものであり，規模や持続性において従来の海外交易とは一線を画する。しかもスペイン帝国はイベリア半島内に大きな商品生産拠点をもたなかったため，植民地市場への商品供給は他のヨーロッパ諸地域に依存せざるをえなかった。セビリア，カディスといった西インド貿易の拠点を通じて，新大陸からの富は西ヨーロッパ経済に流れ込んだ。スペインの立場はむしろ受動的なものとなるが，こうした南欧の相対的地位の低下とともに，ヨーロッパの経済的重心は地中海からより北方へと移動していったと考えられる。

これに呼応して，北西欧において物産の集散地・中継市場であったアントウェルペン（アントワープ）の繁栄がアムステルダムに移

動することになった。16世紀後半までのアントウェルペンは地中海商業や新大陸交易を含む国際通商の最大の結節点であったが、取引される物産の大半はなおヨーロッパ物産（とりわけヨーロッパ各地域の織物）を中心とした。一方、新興のオランダ人（仲介貿易業者、運送業者、奴隷商）はアムステルダムを中心に、アジアに対するよりもはるかに多くの資源を新大陸との交易ルート形成に投入し続けた。大西洋全域におよぶ貿易ルートと入植地のネットワークが形成されていく。

　この環大西洋経済圏において主導的な役割を担うことになったのが、イギリス経済であった。

イギリスの国際交易と大西洋市場

（1）イギリスの覇権？

　17世紀の大西洋におけるイギリス（イングランド王国）の台頭は、海外帝国の覇権を争う国家間の争いというお馴染みの文脈で理解することも可能である。16世紀に確立したスペイン海外帝国の覇権を、17世紀にオランダ、イギリス、フランスといった北西ヨーロッパの王国が争って蚕食すると、続いて英蘭の抗争と第2次百年戦争ともいうべき英仏の植民地戦争によって決着がつけられた。かくして18世紀半ば、軍事的・経済的勝者として大西洋に君臨したのがイギリスであった——という、いみじくもプロレスのバトル・ロイヤルにもたとえられるストーリーである。こうした見方は否定されるわけではないが、大きくは2つの方向から批判されるだろう。

　ひとつには、一国史的説明の限界が指摘される。上述のように近代国民国家が確立する以前と以後とでは「国」の概念が異なる。国境ははるかに柔軟で不定形であった。イギリスと対岸のオランダとの密接な関係は、イギリス市民革命へのオランダの関与などからみても、独立した近代国家間の外交からはみ出した面をもっていた。そもそも大きさも成り立ちも違う両国を並べて論じることも不自然

であろう。また,国家の政策や管理,またそのための制度が経済活動に与える影響も,当時は小さかった。それは比較的早く「財政・軍事国家」(対外戦争遂行のため,強固な財政基盤と効率的な統治システムを備えた統一国家)になったと評価されるイギリスについても同様であった。自国民を優先する合法的な統制の網からやすやすと逃れ,密貿易が大規模かつ安定的に行われていたのである。国・政府の方がこうした密貿易の実態を後追いし,合法化することもしばしばみられた。

いまひとつの批判は,大西洋世界の商業ネットワークの複雑さと,それに参加する諸集団の多様性を強調する立場からくるであろう。海を越えてヨーロッパ―新大陸―アフリカを結ぶ商業網(「三角貿易」)は国の枠を超えて複雑に入り組み,それに参加する地域や集団は覇権国の支配者と植民地の被抑圧者に単純に二分されるわけではなかった。暴力的・強制的にヨーロッパ経済にリンクされた各地の先住民もまた,固有の文化を保持発展させつつ,新しく形成された共同体にある一面では適応した。また,経済的重心は大西洋各地に多数存在し,たとえばロンドン商人といった特定の集団だけが交易の利益にあずかったわけでもなかった。海は誰にでも開かれた道となりえたから,大西洋経済は一国の支配下に置かれたのではなく,はるかにオープンなシステムとして勃興,成熟したとも考えられる。「イギリスの覇権」も,こうした見直しの文脈でとらえなければならない。すなわち,共通の舞台である大西洋経済というシステムにおける,イギリスの(一国としてではなく)多数の地域ごとの台頭である。

(2) イギリスの貿易動向

17世紀から18世紀に至るイギリスの国際交易の動向を,数少ない統計をもとに復元した松井透の研究成果の一部を以下にまとめておこう。これらは総じて,大西洋経済の成立によってヨーロッパ経済

図 7-1 　イギリスの貿易

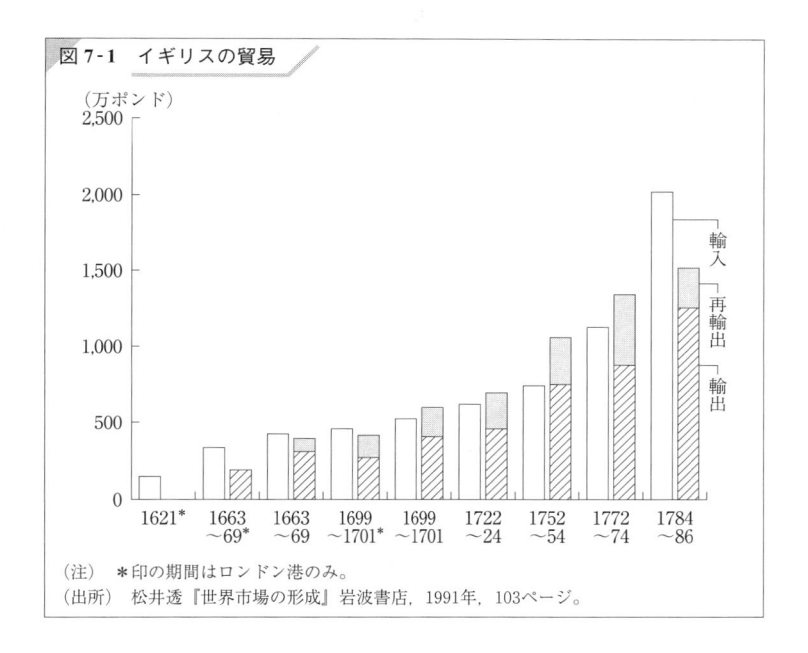

（万ポンド）

凡例：輸入、再輸出、輸出

期間：1621*、1663〜69*、1663〜69、1699〜1701*、1699〜1701、1722〜24、1752〜54、1772〜74、1784〜86

（注）　＊印の期間はロンドン港のみ。
（出所）　松井透『世界市場の形成』岩波書店，1991年，103ページ。

の構造が大きく変化したことを示している。

　①1660年代から1770年代にかけて，輸出額，輸入額ならびに再輸出額は持続的に成長した。年平均成長率は順に0.99％，0.83％，1.45％である。しかし17世紀末以降の平均成長率はそれぞれ1％を超え，成長の加速があったことがわかる。

　②18世紀に入り，再輸出の規模と交易活動に占める割合が急増した。再輸出は仲介貿易と加工貿易から成り立つものであり，この時期の世界市場におけるイギリスの役割がここに凝縮して示されているとされる。いわゆる重商主義の一基盤は再輸出のもたらす高利潤であり，1651年の「航海条例」（イングランド内乱期の議会が制定し，貿易におけるイングランド船の最優先とオランダ船排除を目指した）で知られる英蘭の抗争の焦点もここにあった。

第7章　ヨーロッパの外で

③イギリスの交易相手国をみると，18世紀の初頭まで輸出相手の80％以上はヨーロッパであった。当初は近隣西欧が中心であったが，南欧が次第に重要性を増す。しかし18世紀半ばから大きな変化が現れ，新大陸が輸出相手としてヨーロッパに匹敵する存在となり，18世紀後半には40～50％を占める。こうした新大陸の比重増大は輸入においてさらに急であった。こうしたヨーロッパ交易依存からの離脱・世界市場への傾斜はロンドン港を中心に進行した。

④輸出品目の80～90％は手工業製品が占めた。これは17・18世紀を通じて変わりがない。ただし当初輸出品中に圧倒的な地位（70％以上）にあった毛織物の比重は18世紀には急落し，1780年代には30％程度となった。代わりにまず亜麻布，その他衣料品，金物（金属部品，鍋カマなど食器やボタンなどの小物）が増える。綿製品の伸張はこのあとの時期になる，大西洋市場の拡大に応じてイギリスの輸出品目が多様化し，同時に国内企業がそれに刺激を受けて発展したことが推察できる。

⑤輸入品目の17・18世紀を通じての変化から，イギリスの世界経済における役割の変化が明確になる。すなわち，17世紀初頭にイギリスが輸入したのは圧倒的に亜麻布（リンネル），ついで酒類や果実といった食料品であったが，これらは西欧や南欧からの輸入品であった。香辛料，タバコ，生糸といった海外物産は輸入額全体の20％程度を占めたと考えられるが，それらはアムステルダムなど他国の港からの再輸出に多くを依存していた。こうした構造は18世紀に入ると急変し，海外物産については西欧他国の影響が後退，砂糖，タバコなどについても直接輸入が多くを占めるようになった。またインド産綿布や絹布の比重が高まるが，これはイギリス東インド会社（1601年事業開始）の主力商品であり，インド産平織綿布は「キャラコ」と呼ばれてブームとなった（→第4章1）。18世紀後半には輸入の脱ヨーロッパ化はますます進行し，砂糖，タバコ，コーヒー（以

上,新大陸から),茶,綿布,絹,香辛料(以上,喜望峰回りで到来)などの海外物産が輸入額の40%以上を占めた。また主要輸入品であった亜麻布は,このころにはイギリス内(特にスコットランド)で生産されるようになり,18世紀末にはイギリスは亜麻布の純輸出国となった。

最初のグローバリゼーションの世紀 (1):交通・輸送革命

19世紀前半から第1次世界大戦勃発までの時期,すなわちナポレオン戦争終結からいわゆるベル・エポック(フランスの「Belle Époque＝よき時代」を指す語から派生して,ひろくヨーロッパの繁栄を回顧する意味あいももつ)の頃までを,今日(20世紀末から21世紀初頭)のグローバリゼーションに匹敵する「最初のグローバリゼーションの世紀(19世紀前半～20世紀初頭)」とすることができる。確立した大西洋経済圏(ヨーロッパ,北米,南米,アフリカの一部)はさらに濃密で安定的な商品と情報のネットワークとなり,このネットワークが中東(西アジア)や東アジアへと地球規模で拡大した。英国紳士が驚異的な短期間で世界一周する冒険旅行を描いた『80日間世界一周』(ジュール・ベルヌ)や,出稼ぎ先で消息を絶った母親を捜してイタリア人少年が南米をさまよう『母をたずねて三千里』(デ・アミーチス『クオレ』より)の舞台となったのがこの時代である。

(1) 蒸気機関の発達

このグローバリゼーションを生んだのは,輸送コストの劇的な低下であった。

よく知られているように,この時期には海上輸送・陸上輸送ともに大きな技術革新があいついで起きた。それら「交通革命」「輸送革命」には,まず蒸気機関の発達が中心的な役割を果たした。すなわち蒸気船の実用化と鉄道の出現である。

蒸気船の当初の形態である外輪船は19世紀初頭に商業的に成功し

たが，河川や内海の運行がまだ主であった。頻繁な給炭の必要や構造の弱さから，外海での航行には制限があったためである。誰もが知っている「黒船」，すなわち日本の開国を求めるアメリカ海軍東インド艦隊 M. ペリー提督が率いた4隻の軍艦のうち，蒸気船は2隻のみであり，しかもそれら外輪式フリゲート船は当然のように帆を備えていた。なおペリー艦隊は太平洋を横断したわけではない。こうした蒸気船の不備は給炭地の増加や蒸気機関の改良によって徐々に克服されたが，なお当初は高いコストの問題から輸送は旅客や郵便に限られた。蒸気船による外海での穀物や石炭などの大量輸送が安定的に可能になったのは，1870年代以降に鉄板・鋼板の安価な供給によって鋲つき鋼鉄艦の建造が可能になり，スクリュー・プロペラ船が主流となってからのことである。

1869年にはスエズ運河が多大な犠牲を払う難工事のすえに開通し，喜望峰回りだったヨーロッパ・アジア航路を7000キロ以上も縮め，ボンベイ（ムンバイ）とロンドンの航路距離を半減させた。ヨーロッパ内ではドイツがユトランド半島の根元にキール運河（ヴィルヘルム帝運河）を開削し，北海とバルト海を本格的に連結した。また，パナマ運河はすでに1880年代に計画され，紆余曲折を経てアメリカ合衆国の統治下に1914年に完成した。

1825年にはじめてイギリスのストックトンとダーリントン間を結んだ鉄道は，世界的に急速に普及した。1830年代半ばまでに北アメリカやヨーロッパ大陸最初の鉄道が開通したが，その後1850年代には中近東や南米，インドにも鉄道が開業した。70年代には日本をはじめ東アジア，80年代には中央アジアにも鉄道は普及している。1840年代以降，最も急激に鉄道路線が建設されたのは北米・アメリカ合衆国であり，1850年に9000マイルであった路線は1910年には25万マイルまで伸長した。この間，1869年には大陸横断鉄道が開通し，大西洋岸と太平洋岸が結ばれた。19世紀末にはロシアがシベリア鉄

道を開通させている。欧州各国による植民地政策と歩調をあわせ，世界規模の鉄道網が形成されていった。

(2) 第2次産業革命

また19世紀末にはいわゆる「第2次産業革命」(→第6章1) の成果が交通・通信手段のさらなる充実に貢献した。やがて鉄道の地位を失墜させる自動車，主に都市交通に使われた電車，ゴム・タイヤ，電話，……といった発明が思い起こせる。1858年には大西洋横断海底ケーブルが開設された。また1894年にはイタリアのマルコーニが電波による無線通信の実験に成功し，19世紀末から20世紀初頭には実用化が進んだ。印刷物の大量流通といったコミュニケーション手段の成長もこの時期の特長である。1870年代以降はロイター，アヴァス，ヴォルフ，APといった通信社が世界規模でのニュース配信を牛耳った。

交通手段の革新により，ある試算によればイギリスの石炭輸送運賃は1840年から1910年にかけておよそ70％低減した。同時期のアメリカの運賃低減（1870年から1910年でおよそ41％）と考えあわせると，大西洋交易の運賃は年率1.5％低減したと計算できる。これは自給自足・アウタルキー（ないしブロック経済）から自由貿易体制への復帰時代である第2次大戦後に匹敵する数値であり，輸送コストの低下が急激かつ決定的なものだったことがわかる。

(3) 自由貿易の進展

これに加え，19世紀後半には自由貿易の理念がイギリスから大陸にも浸透し，関税の低下がみられた。その動きは当初ゆるやかなもので，1846年に穀物法を廃止したイギリスは「保護主義の海に囲まれた自由主義の島」だったが，1860年代には英仏通商条約を皮切りに最恵国条項を含む通商条約の締結が進み，諸国の関税は大幅に引き下げられた。ヨーロッパにおけるこの自由貿易の動きは，1870年代後半にはアメリカとロシアからの安価な穀物流入に対抗するため

一段落するが，19世紀中の関税政策がグローバリゼーションに促進的に働いたことはたしかである。

これらにより，一国内規模からヨーロッパ規模，さらに世界的な規模での価格差の縮小と市場の統合が促進された。たとえばリバプールとシカゴの間の穀物価格の差は，1870年にリバプールがおよそ58％高かったものが，1913年には15％の違いに縮まった。農産物を中心に，これ以上の勢いでの価格差の縮小の例は枚挙に暇がない。工業製品についても英米間では顕著な価格の収斂があった。

イギリス・ロンドンを最大の結節点とする国際金融システムの形成によって，国際的な資本の移動も顕著となった。19世紀のロンドンは世界貿易の要として，貿易決済や貿易金融の中心地である。ロンドンにはミッドランドやロイズなど最大規模の合本銀行（合資銀行）を含む100以上の銀行の本店が集まっていたが，これに加え海外を活動拠点とする多国籍の専門銀行（海外＝植民地銀行）が活動し，ヨーロッパと海外の金融市場を連結した。1870年代以降のイギリスはじめフランス，ドイツ，オランダなどの国外投資はきわめて盛んであり，イギリスにおける貯蓄の半分は国外に投資された。投資先の多くを占めるのはヨーロッパ，北米，オセアニア，南アフリカであり，西欧諸国はそれぞれの海外植民地に盛んに投資した。

最初のグローバリゼーションの世紀 (2)：移民の世紀

西ヨーロッパを中心とする工業化の進行とその地理的波及は，大規模な労働力の移動をもたらした。工業化は大量の労働力を必要とし，また一方で工業化がもたらしたコミュニケーション手段の発達は技術的にそれを容易にもした。中世以来の交易や職人の遍歴，村外との婚姻，季節労働・出稼ぎの習慣，農村工業中心地への移住などといった形でもともと地域内外での移動性に富んでいたヨーロッパの人々は，18世紀以前からの人口増の加速もあり，ナポレオン戦争後，ヨーロッパ内外での移民を活発化

させた。

　19世紀には大量の移民が大西洋を渡っている。ある推計では1820年から以降の約1世紀でおよそ6000万人ともいわれるヨーロッパ人がアメリカ大陸にわたり，うち5分の3が合衆国に移住した。当初最大の移民流出国はイギリス（およびアイルランド）とドイツ諸国だったが，世紀後半には移民の主流はイタリアや南欧からのものとなり，1880～90年代の世紀転換期には東欧，ロシアからの大量の移民がこれに加わった。海外移民の目的地はアメリカ合衆国のほか，アルゼンチンやブラジルなど南米諸国やカナダ，あるいは特にイギリス人にとってはオーストラリアやニュージーランド，南アフリカなどがあげられた。また逆に，運賃の低下は移民の帰国（一時帰郷もあれば，出稼ぎ労働を終えた完全な帰国もあった）をも容易にした。交通・連絡手段の発達により，先行した移民と移民予備軍ともいうべき故郷の住人との間に，より密な情報伝達が可能になる。親族・友人関係を軸にできあがった移民ネットワークは，ますます多くのヨーロッパ人を海外に引きつけ，また移住・定住先におけるそれぞれのエスニック・グループ形成の母体ともなった。

　こうした海外移民と同時に，ヨーロッパ大陸内部での大量の人口移動があった。イタリアからフランス，スイス，ドイツへの越境移民労働は，19世紀末には年平均で各3～4万人に及んだ。あるいは東欧（ポーランド）からは，西部ドイツ・ルール地域の炭田や，東部ドイツでの農業労働，鉱山労働へのそれぞれ計30～40万人とされる大量の流入が目立った。ドイツは19世紀前半には増えすぎた人口を海外に排出する移民排出国であったが，19世紀後半には海外移民排出を続ける一方で，東欧や南欧からの労働力の輸入に転じていたのである。

　もちろん各国内でも都市部や工業地帯への人口移動が起きた。工場制の発達で農村工業の一部が解体し，また一方で食糧輸入が本格

化して伝統的な農業生産の利益が低下すると、都市の吸引力はいよいよ増した。都市化の進行と大都市の人口増大は、農村など周辺部からの労働力移動にかなり多くを負ったと考えられる。19世紀末ヨーロッパにおける主要都市の人口のおよそ半数以上は、市外からの流入者であったとされている。

グローバリゼーションの帰結　交易、国際金融、移民、……の働きにより、欧州経済やそれを包含する世界経済にどのような変化が生じたであろうか。

(1) 実質賃金・所得の収斂(しゅうれん)

まず世界市場と呼ぶべき巨大な商品市場が確立した。地球上のいかなる"辺地"の市場においても、人々は何らかの形で、目にしたこともないはずのヨーロッパの市場とつながり、それを介して世界中の市場とつながることになったのである。

この大規模市場統合と並行して、少なくとも西欧、あるいは欧州ないし欧米各国の実質賃金や所得には収斂(収束)の動きがみられたと考えられる。ここでの「収斂(convergence)」とは、当初より低水準にあった国や地域の経済がより急速に成長することでキャッチ・アップの動きがみられるという意味である。たとえば1870年から1913年にかけて、ヨーロッパでは周辺部といえるスカンジナビア諸国の実質賃金は、西欧工業国に比べて年平均で3倍近い速度で成長した。しかし、これにより実際に国際的に格差の縮小が生じたといえるのかどうかには議論がある。実質GDPについては、1870〜1913年にスカンジナビアや南欧などの平均成長率は1.29%、これに対して西欧工業国6カ国(ベルギー、フランス、ドイツ、イギリス、オランダ、スイス)平均で1.28%であり、周辺後発国がより急激に成長したと一般化できる結果は得られない。西欧内部においても、一国内の階層間所得格差以上に異なる地域間の所得格差が大きかったとも考えられている。

(2) 国際分業の進展

 グローバリゼーションの時代には,上述のように輸送費用が低下すると同時に西欧や北米における工業化が起きた。このことは世界的に一次産品の工業産品に対する相対価格を押し上げ,19世紀後半まで,一次産品輸出国の交易条件(輸入財の価格指数に対する輸出財の価格指数の比率)はむしろ改善したともいわれる。これが一次産品輸出国におけるますますの生産特化をもたらし,その非工業化(工業化挫折)につながった。農業国・資源輸出国の交易条件は,よく知られているように19世紀末から20世紀にかけてたしかに悪化に転じる。こうした変化は工業製品輸出国である西欧・北米の国々・諸地域に有利に働いたが,先立つ時期に交易条件の改善を利用できなかった南米やアフリカ,アジアの諸国にはネガティブな効果しかもたらさなかった。

 こうして国際的な分業関係の中で,工業化された欧米=中核地域,非・欧米一次産品輸出国=周辺という厳然とした差異が固定化することになった。第1次世界大戦直前の工業品貿易において西欧諸国とアメリカ合衆国の占める地位は圧倒的であり,これに追随して工業品輸出をも行う一部の新興工業国・地域を除いては,アジア,南米,アフリカなどでは多くの地域が原料・食糧供給地として経済をモノカルチュア化させていた。こうした事態は,公式・非公式の植民地帝国という形で周辺諸国と欧米工業国とのあいだに支配・従属関係が成立していたことをも意味する。なお「非公式帝国」化とは,法律による公式領土としての帝国ではなく,経済や外交,文化などのつながりによって法制上の独立国・地域に事実上の支配が成立している状態を指す。

(3) グローバリゼーションの評価

 このような国・地域間の経済格差と最初のグローバリゼーションとの関連は,今日のグローバル経済の評価にも示唆的であることは

間違いない。しかし性急な一般化によってグローバリゼーションの是非を問うことは避けるべきであろう。標準的なヘクシャー＝オリーンの定理はこの最初のグローバリゼーションの時期にもおそらく妥当し，交易の結果，賃金―地代比率は土地が希少で人口が豊富な西欧では上がり，土地が豊富な北米・南米やアフリカでは下がった。こうして総じて生産要素の相対価格の均等化が生じたにしても，各国・地域では経済構造や消費性向がそれぞれ異なり，グローバリゼーションのもたらした影響は決して一様ではなかった。具体的な例として，ヨーロッパ周辺・外であるロシアや南米から，穀物・食糧が西欧・中欧に大量に流入したというよく知られた事態をあげられる。これはいわゆる「中核」にあたる西欧諸国において食糧の価格低下を招き，賃労働者の生活水準を向上させたが，一方では土地＝農地所有者である地主層には経済的な打撃となった。

　問題は，国内において政治的発言力をもつ地主層の意見であった。これが一国の政策をグローバリゼーションへの反動に向かわせるのは避けがたいことであった。グローバリゼーションは第1次世界大戦によって中断されたが，それ以前から，自国の産業や未熟練労働者を保護する目的での関税引き上げや移民受け入れ制限などの政策が周辺諸国やイギリス以外の「中核」諸国によって採用されていた。こうした事態の背後には，イギリスを中心とする国際経済関係各国間の不平等を固定・拡大し自国の不利益となるだろうという，いわばグローバリゼーション不信があった。だが，第1次世界大戦勃発によってこの最初のグローバリゼーションの世紀が終わったとき，ゆるやかに進んでいた地域経済間の収斂や平準化の動きもまたどうやら止まったようなのである。

2 アメリカとヨーロッパの補完関係
●南北戦争と戦後復興

> アメリカにおける南と北

(1) 13植民地の多様性

後にアメリカ合衆国となる地域には、16世紀末の時点ではニューメキシコとフロリダに若干のスペイン人による植民地があり、北西部にさらに少数のフランス人によるフランス植民地が存在するという状況であったが、17世紀に入ると、ヴァージニア植民地やプリマス植民地など、イギリス人による植民地建設が進行し、1732年のジョージア植民地までに13の多様な植民地が形成されていった。

これら13植民地の経済は初発から南北で性格が異なっていた。南部においては、単一の農産物に特化したモノカルチュアが奴隷制に基礎を置いて大規模に展開したのに対し、北部では自給的な性格の強い自営農業が比較的小規模に行われていた。1607年にチェサピーク湾岸に建設されたヴァージニア植民地では、建設後かなり早い時期からタバコ栽培が行われ、植民地期から独立後に至るまで主力輸出商品のひとつとなった。

タバコプランテーションの労働力は、初期においては年季契約にもとづくヨーロッパ移民が主であった。17世紀半ばまでに、およそ12万人が大西洋を越えてチェサピークに向かったと考えられており、彼らは、契約で定められた期間タバコプランテーションで働くと、その後は自由に移動して土地を手に入れた者も少なくなかった。しかし、1660年代以降、労働力は次第に奴隷に依存するようになる。この時期、イギリス本国では、ロンドン大火後の建設ブームやペストの流行による人口減によって、災害を生き延びた人々にとっては新たな雇用機会が創出されていた。また、ヴァージニア植民地内に

おいては，年季が明けた後に自分のものになる土地が限られるようになっていった。こうした理由により，潜在的な移民の多くがイギリスにとどまるか，その他のより好ましい条件を備えた植民地へ向かうようになっていった。こうして，ヴァージニア植民地での奴隷への依存が強まっていったと考えられている。

　ニューヨーク，ペンシルヴァニア，ニュージャージーといった中部の植民地ではコメや小麦が生産されていた。コメはスペインやイタリアへ輸出され，小麦は西インド諸島へと輸出されるようになるが，農場の多くは南部と異なり，自営農業で成り立っていた。そこで使用された労働力は家族労働や年季奉公人であり，奴隷に依存することは少なかった。さらに，1620年に建設されたプリマス植民地（後にマサチューセッツ湾植民地に併合）をはじめとする，ニューイングランドの各植民地では，先住アメリカ人との交易でもたらされた毛皮以外には目立った輸出品がなく，自給的な農業が営まれていた。このように，各植民地は，それぞれ性格を異にしていた。おおまかにまとめれば，タバコ，次いで小麦をヨーロッパに輸出した南部，コメや小麦さらに藍などの生産を行ってヨーロッパや西インド諸島に輸出した中部，目立った輸出品のない北東部ニューイングランドと分類することもできよう。もっとも，ヨーロッパ向けの農産物や原料輸出が取り立てて存在しなかったニューイングランドにおいても，服飾や農機具，小銃などの工業製品はイギリスを初めとするヨーロッパに依存していたから，北米植民地はヨーロッパの市場として環大西洋経済圏に包摂されていったと捉えられる。

　このような各植民地の性格の違いは，独立後にも引き継がれ，19世紀の南北戦争の遠因となった。特に，ニューイングランドを中心とする北部で工業化が進展すると，自国産業の保護を主張する北部と奴隷制プランテーションによる農産物の輸出促進を図りたい南部との対立は決定的になっていく。

(2) アメリカの工業化

　植民地時代にイギリスによって工業化が抑えられていたため，独立直後のアメリカ合衆国には，目立った製造業は存在しなかった。イギリスは自国技術流出を防ぐため，機械の輸出や熟練職人の出国を禁止していた。とりわけ植民地は本国への原料供給地であり，イギリス製工業製品の市場として位置づけられていた。こうした英米の経済関係は，独立戦争中に一時的にイギリスからの製品輸出がストップするものの，独立後もおおむね維持されていた。しかし，19世紀に入るころから，アメリカの工業化は徐々に進展していく。

　アメリカの工業化を語る上で有名なものとして，1789年にアメリカに渡り，アメリカ製造業の父と呼ばれたサミュエル・スレイターの物語がある。1768年にイギリスのダービシャーで生まれたスレイターは，15歳から21歳までリチャード・アークライトの紡績工場で働いた。アークライトの水力紡績機は，もともと人力以上の巨大な動力で動かすことを企図した大型の機械であり，それまでの家内工業とは異なって，生産に特化した建物＝工場での操業が行われた。実際，スレイターが働いた工場は，水車を動力とした複雑な機械装置が組み合わされた巨大なものであった。

　1789年にアメリカに渡ったスレイターは，最初，ニューヨークの紡績工場で働いていたが，その工場の機械設備は初歩的なもので，規模も小さかった。ロード・アイランド州プロヴィデンスで問屋制家内工業を営んでいたモーゼス・ブラウンとウィリアム・アルミィが，大規模な水力工場を建設しようとしていることを知人から知ったスレイターは，ブラウンに自ら手紙を書き，彼らとパートナーシップを結んで，プロヴィデンスにほど近いポータケットに，記憶だけを頼りにアメリカ初の水力紡績工場を完成させた。1790年のことであった。

　スレイターによる工場は，ロード・アイランド型工場と呼ばれて

いる。このタイプの工場の特徴は，紡績部門は機械化されているが織布部門は前貸問屋制によって近隣の農村家内工業に依拠していた点である。したがって，より本格的な工業化の開始は，ボストン商人のフランシス・ローウェルによって建設された紡織一貫のウォルサム型工場を待たなければならない。1810年にイギリスを旅したローウェルは，そこで稼働していた力織機をつぶさに観察して記憶し，アメリカに帰国した。1813年にボストン工業会社（Boston Manufacturing Company）を設立したローウェルは，ポール・ムーディなどの技術者の助力を得て，翌1814年にアメリカで最初の力織機を備えた紡織一貫工場を建設した。

ロード・アイランド型の工場も当時の水準としては巨大なものだったが，ローウェルの工場は，最初から株式会社方式で資金調達を行い，額面1000ドルの株式を発行して資本金30万ドルで操業を開始したといわれている。また，労働力の調達の面でも，15歳から35歳の女性を近隣農村から集めて寄宿舎に住まわせるという方法がとられた。後にミル・ガールズ（the mill girls）と呼ばれるようになるこうした女工たちは，舎監による厳しい管理のもと朝5時から晩の7時まで週6日働いた。ローウェルの工場は成功を収め，その後，ローウェルの名を冠したマサチューセッツ州のローウェルやローレンス，ニューハンプシャー州のマンチェスターといった工業都市がウォルサム型工場を基盤に建設されていった。

(3) 工業化の進展

ニューイングランドの工業化にとって追い風となったのは，1807年の出港禁止法および1812年の米英戦争であった。ナポレオン戦争（1793〜1815年）を通じた英仏対立にともない，アメリカの商船が攻撃されたり，イギリスによってアメリカの船員が強制徴用されるといった事件が起こったため，第3代大統領ジェファーソンの働きかけにより，連邦議会は1807年に出港禁止法を制定する。これは，

図7-2 イギリスの対米貿易

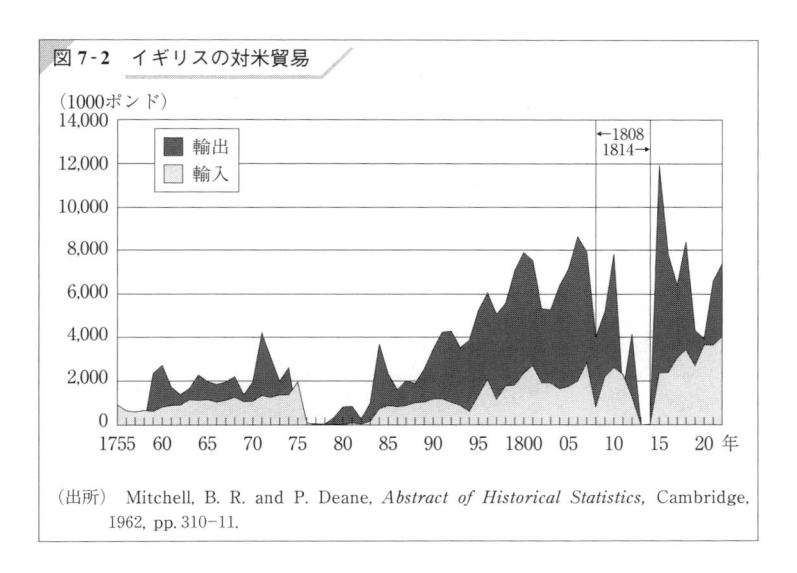

(1000ポンド)

(出所) Mitchell, B. R. and P. Deane, *Abstract of Historical Statistics*, Cambridge, 1962, pp. 310-11.

アメリカからの英仏への輸出を事実上禁止するものであった。しかし，実際には英仏よりも自国の海運業者や商人への打撃が大きかったため，1809年には対英輸出を除いて解禁される。しかし，イギリスとの関係は悪化し，1812年には米英戦争が勃発する。これら一連の対外危機によって，一時的にせよ，イギリスからの工業製品が途絶する（図7-2参照）。この間に，イギリスからの輸入を代替する形で，アメリカの工業化が進展していったことにも注意を向ける必要がある。

また，絶えず拡大する西部の存在も，アメリカ綿工業にとって追い風となった。図7-3は，アメリカの領土的拡大を示したものである。1776年に独立宣言を出したのは東部海岸沿いの13植民地であったが，合衆国が国際的に承認された1783年のパリ条約の時点では，すでに独立13州の倍近い面積となっている。さらに，1803年にフランスから購入した広大なルイジアナを初めとして，1819年のフロリ

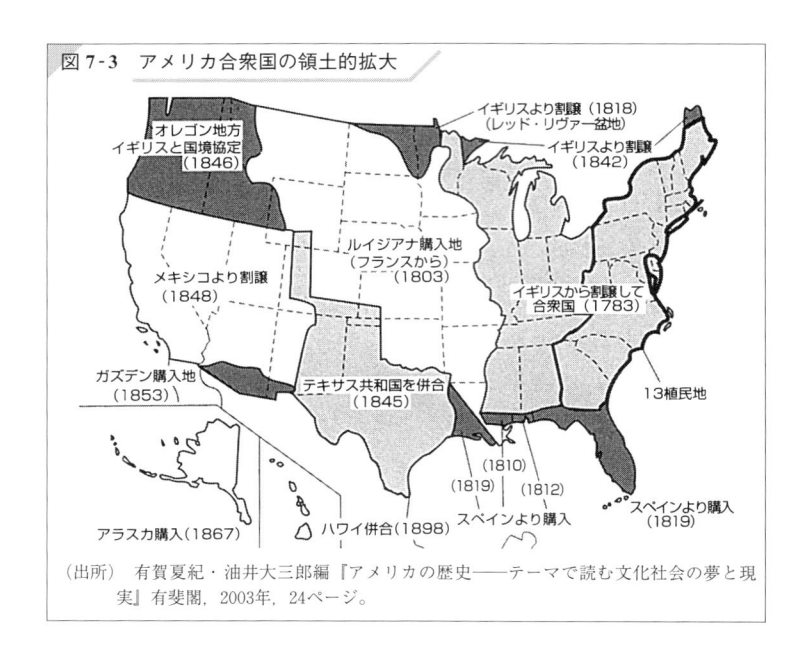

図 7-3 アメリカ合衆国の領土的拡大

- イギリスより割譲（1818）（レッド・リヴァー盆地）
- イギリスより割譲（1842）
- オレゴン地方 イギリスと国境協定（1846）
- ルイジアナ購入地（フランスから）（1803）
- イギリスから割譲して合衆国（1783）
- メキシコより割譲（1848）
- ガズデン購入地（1853）
- テキサス共和国を併合（1845）
- 13植民地
- （1810）（1819）（1812）スペインより購入
- スペインより購入（1819）
- アラスカ購入（1867）
- ハワイ併合（1898）

（出所）有賀夏紀・油井大三郎編『アメリカの歴史――テーマで読む文化社会の夢と現実』有斐閣, 2003年, 24ページ。

ダ，1840年代のテキサス，オレゴン，ユタ，ニューメキシコ，カリフォルニアと，独立から19世紀半ばまでのアメリカ史は領土拡大の歴史でもあった。こうした西部開拓の進展とともに，ニューイングランドの工場で生産される粗綿布は，広大な市場を獲得していったのであった。

ニューイングランドの工業化は，労働力に占める農業従事者の割合の劇的な低下にも見てとることができる。1800年時点で67％だったニューイングランドの農業人口は，1860年には約31％にまで低下しており，とりわけ，マサチューセッツとロード・アイランドではそれぞれ17％と19％にすぎなかった。

南北戦争と戦後復興

（1）南北戦争の勃発

西部開拓は，北部工業地帯に市場を提供す

ると同時に、南北間の対立を深めるきっかけともなった。たとえば、1821年にミズーリが州に昇格する際には、住民が奴隷州としての認可を求めたため、連邦議会における自由州と奴隷州選出議員数のバランスが政治問題化した。1819年にアラバマ州が加盟した時点では、アメリカの州の数は22で、自由州11、奴隷州11であり、それぞれ22名ずつの上院議員を連邦議会に送っていた。しかし、ミズーリ州が奴隷州として加盟すると、このバランスが崩れてしまうため、1820年にミズーリ協定が結ばれ、ミズーリ準州の下辺（北緯36度30分）以北のルイジアナ購入地ではミズーリを例外として奴隷州を認めないこととし（ミズーリは奴隷州として連邦に加盟）、さらに、メイン州を新たに設置して自由州として連邦に加えることが決められた。

こうした妥協は幾度か試みられたが、1850年代にはもはや軍事衝突はやむをえないというところまできた。とりわけ、1854年に制定されたカンザス・ネブラスカ法では、両準州がミズーリ協定で定められた北緯36度30分以北にあるにもかかわらず、奴隷制を導入するか否かは住民の意志に委ねられたため、北部の人々を激怒させたといわれており、その結果、1856年には奴隷制に反対し南部利害をまったく代表しない政党である共和党が結成された。共和党のエイブラハム・リンカーンが1860年の大統領選に出馬し、合衆国第16代大統領に選出されると対立は決定的となり、翌年3月の就任を待たずにサウスカロライナ、ジョージア、フロリダ、アラバマ、ミシシッピ、ルイジアナ、テキサスの7州が連邦を離脱しアメリカ連合国を結成した。こうして、1861年4月のサムター要塞の戦いを皮切りに、アメリカは内戦に突入していく。

戦争が始まると、ヴァージニア、ノースカロライナ、テネシー、アーカンソーの4州が連合国に加わったが、奴隷州のデラウェア、メリーランド、ケンタッキー、ミズーリの4州と、ヴァージニアの西部が分離して州となったウェストヴァージニアは連邦に残り、北

部23州対南部11州という構図ができあがった。

(2) 南北戦争の経済的影響

　南北戦争の経済的影響は，短期的なものと長期的なものとに分けて考えなければならないが，短期的な人的物的損失はともかく，長期的には，工業化が進展する北部の勝利によって，「アメリカの資本主義の栄光」の時代が到来したという見方が一般的であった。しかし，近年では，南北戦争後の経済成長は，それ以前からの全般的趨勢にすぎず，南北戦争それ自体の影響は大きくなかったという見解もある。他方で，南北戦争のあいだ，南部諸州は議員を合衆国議会から引き揚げたため，この機に乗じて共和党政権は北部の利害にのっとった法律を議会で相次いで通過させた。1862年に導入された関税は保護主義的色彩を強くもち，ヨーロッパ製品に対する税率は最終的には49％に達した。また，西部の公有地を安く払い下げて自由農民を増やそうという政策も，奴隷制度を脅かすものとして南部諸州に反対されてきたが，やはり1862年に成立したホームステッド法によって，26ドルから34ドルの登録料を支払い，5年間居住を続ければ，21歳以上の世帯主には160エーカー以下の土地が無償で譲渡されることになった。また，居住期間が6カ月を過ぎれば，1エーカー当たり1.25ドルで購入することもできた。

　南北戦争中に可決されたもうひとつの重要な法案は，太平洋鉄道法（1862年）である。この法律は，連邦政府がユニオン・パシフィック鉄道とセントラル・パシフィック鉄道に土地の譲渡と財政的な支援を行うことで，大陸横断鉄道の建設を促進しようというものであった。

　分離主義を廃し，合衆国の統合を維持しようという動きは，南北戦争開戦直後から意識されていたが，ホームステッド法にせよ太平洋鉄道法にせよ，この動きの延長線上に位置づけることができる。1861年の開戦当時，南部のテキサス州や同年1月に州に昇格したカ

ンザス州と,西海岸のカリフォルニア州(1850年州昇格),オレゴン州(1858年州昇格)とのあいだには,人口希薄な準州が広がっていた。ホームステッド法は,こうした地域における無主地を解消し連邦政府の権利や私的な土地所有権の確定をめざすものであった。また,太平洋鉄道法は,当時カリフォルニアでみられた分離主義の動きを押さえ,西海岸諸州を連邦につなぎとめておく方策という側面もあった。

> ビッグ・ビジネスの萌芽:鉄道会社

(1) 近代企業の誕生

アメリカの鉄道建設は,南北戦争以前の1840年代にすでに開始されており,1850年までに総延長は9000マイル(約1万4400km)を超えていた。しかし,南北戦争後の1870年には6倍近い5万3000マイル(約8万4800km)となった。こうした鉄道網の拡大は,同時に電信網の拡大でもあった。実際,太平洋鉄道法の正式名称が,「ミズーリ川から太平洋に至る鉄道路線と電信線の建設を援助し,同鉄道および電信の郵便,軍事,その他の目的のための政府による使用を確保するための法律(an Act to aid in the construction of a railroad and telegraph line from the Missouri river to the Pacific ocean, and to secure to the government the use of the same for postal, military, and other purposes)」であることからもわかるように,電信のための電柱が鉄道線路沿いに敷設された。こうして,ヒトやモノのみならず情報も,その伝播のスピードと到達する地域を拡大させていき,全国市場の形成を促進した。

鉄道建設とその運用を担った個々の鉄道会社もまた,その規模を拡大させていった。それにともなって,後に製造業で大規模に展開するアメリカ的なビッグ・ビジネスの萌芽がこの時期にみられる。たとえば,「鉄道経営の世界標準」と称されたペンシルヴァニア鉄道では,会社の拡大にともなって,現代の大企業で一般的な専門的

経営者や階層的経営組織が登場した。チャンドラーのいう,「近代企業」の誕生である (→第6章1)。

(2) 近代的経営組織

1846年にフィラデルフィアとピッツバーグを結ぶ鉄道を建設する目的で,ペンシルヴァニア州の援助のもとに設立されたペンシルヴァニア鉄道では,当初,株主から選ばれた13名が取締役会を形成した。社長に就任したメリックをはじめ,12名の取締役はフィラデルフィアの指導的な事業家ではあったが,鉄道経営の経験はなかったため,優れた鉄道技術者であったエドガー・トムソンを技師長として雇用し,取締役会の決定に従ってトムソンが具体的な業務を行うという体制がとられた。しかし,実際は,メリックら取締役には鉄道経営についての知識がなく,トムソンの作成する資料がなければ経営方針を定めること自体不可能であった。このため,トムソンは最初オブザーバとして,後には取締役として取締役会に参加するようになった。こうして,株主(会社の所有者)ではない経営者が誕生した。

初期の鉄道会社の多くは50マイル程度の二地点間を結ぶ地域鉄道として出発するが,次第に州を超えて州際取引を担う幹線鉄道化戦略がとられるようになった。1850年代になると,東部においては,ペンシルヴァニア鉄道に加えて,エリー鉄道,ニューヨーク・セントラル鉄道,ボルティモア・アンド・オハイオ鉄道の東部四大鉄道がこうした州際間の物流を担うようになった。鉄道会社が,数百マイルにおよぶ営業キロ数をもつようになると,全体を本社で一元的に管理することが難しくなる。そこで必要になるのが,階層性をもち,下位の管理単位で意思決定ができるような経営組織である。全長50マイル程度の初期鉄道では,一人の総括監督のもとに約50人の鉄道員が組織されて運行が行われていたが,エリー鉄道では,こうした初期鉄道とほぼ同規模の管理単位を管区として設定した。さら

に，各管区間の調整を行うために総管区も置かれるようになった。1850年代の地域間幹線鉄道では，エリー鉄道が5つ，ボルティモア・アンド・オハイオ鉄道では3つ，ペンシルヴァニア鉄道でも3つの総管区が置かれた。こうして，トップ・マネジメント（本社）―ミドル・マネジメント（総管区）―ロウアー・マネジメント（管区）の三階層をもつ経営組織が作られていった。

　鉄道会社経営にとって重要なのは，初期においては建設のための資金調達であるが，建設が終わると既存の設備をどれだけ効率的に使用するかが問題となる。すなわち，客車の乗車率や貨車の稼働率をどれだけあげるかという問題である。この問題に対処するために，ペンシルヴァニア鉄道では，従来の財務部門と運輸部門に加えて，新たに営業部門が設置された。また，ペンシルヴァニア鉄道は州からの出資を受けており，州政府の運河委員会との調整などが必要であった。これに対処したのは，本社に設置された充実したスタッフ組織であり，法律の専門家が会社の対外的な法務を担当した。こうして，ペンシルヴァニア鉄道は，現場の職員（ライン）の業務を，経営プランを作成したり法律問題に対処する専門家（スタッフ）が補佐する，ライン―スタッフ制を導入した最初のアメリカ企業となった。このような鉄道会社の経営組織は，その後，大量生産と大量販売を結合した製造業大企業に受け継がれ，現代アメリカの大企業につながっていく。

> アメリカとヨーロッパの補完関係：J. P. モルガンと資本市場

　一次産品を輸出し，イギリスをはじめとするヨーロッパ諸国から工業製品を輸入するという植民地時代の貿易パターンは，独立後も19世紀半ばに至るまでほとんど変わらなかった。とりわけ，対イギリス貿易では，マンチェスターの綿工業に棉花を供給するとともに，イギリスが穀物法を廃止した1846年以降は，大量の小麦が輸出されるようになった。鉄道網や運河の発

達によって中西部の穀倉地帯が東部の港湾と結ばれ，さらに大西洋を横断する船舶の多くが帆船から蒸気船になると，小麦輸出はさらに加速した。

　この時期のアメリカ国内の資本市場は未成熟で，初期の工場の多くは，富裕な商人が親族や親しい知り合いから資金を集めるパートナーシップのような形態で出発した。アメリカにおいては，全国規模の支店網をもつような銀行が存在せず，1913年に連邦準備制度が成立するまで中央銀行もなかったため，不特定多数の投資家からの資金調達は非常に難しかった。

　こうした状況のもとで特異な役割を果たしたのがジョン・ピアモント・モルガンである。1837年にコネチカット州ハートフォードで生まれたモルガンは，ドイツのゲッティンゲン大学で学んだ後，1857年に，父のジュニアスがパートナーとなっていたピーボディ商会のロンドン支店に入社した。ピーボディ商会は，アメリカの棉花貿易金融に従事しており，普仏戦争の際にはフランス政府に多額の貸付を行うなど，ヨーロッパにおける一流銀行の地位を得ていた。翌年帰国したモルガンは，いくつかの会社のパートナーを経た後，1871年にフィラデルフィアの銀行家アンソニー・ドレクセルと，ドレクセル・モルガン・アンド・カンパニーを設立した。

　1893年にドレクセルが亡くなると，社名をJ.P.モルガン・アンド・カンパニーと変え，投資銀行として，アメリカの工業化にとって重要な役割を果たした。前述したように，初期の製造業は自己金融で出発したが，鉄道や運河などでは必要とされる資金の規模が格段に大きかったため，資本の供給者と需要者を結びつける何らかの仕組みが必要とされていた。その仲介をしたのが投資銀行であり，アメリカにおける資金需要をヨーロッパからの資金供給と結びつけたのが，モルガンであった。

　当時の投資銀行の主な役割は，アメリカの証券をロンドンの市場

で売却することであったが，1879年には，ニューヨーク・セントラル鉄道の株式，25万株を売却した。さらに，国債の引受でもモルガンの役割は大きかった。1895年にクリーブランド政権が金の流出に見舞われると，モルガンは40余りの金融機関でシンジケートを組織し，6500万ドル分の金を用意した。また，1907年の金融恐慌の際にも，ニューヨークの銀行を組織して資金プールを作り，取り付け騒ぎによって破綻の危機にあった多くの銀行を救った。これらは，モルガンが個人的に中央銀行の役割を果たしたともいえるが，それを可能にしたのは彼のヨーロッパとの関わりであった。1895年に調達された6500万ドルのうち，半分はヨーロッパからの資金でまかなわれたのである。このように，非常に個人的な性格をもちながらも，アメリカの資本市場はイギリスをはじめとするヨーロッパ市場と結びつけられ，初めは公債や鉄道証券を通じて，後には製造企業の株式の購入という形で，ヨーロッパの資金がアメリカに流入していった。

● 参考文献 ●

有賀夏紀・油井大三郎編『アメリカの歴史——テーマで読む文化社会の夢と現実』有斐閣，2003年

岡田泰男『アメリカ経済史』慶応義塾大学出版会，2000年

鈴木良隆・大東英祐・武田晴人『ビジネスの歴史』有斐閣，2004年

松井透『世界市場の形成』岩波書店，1991年

山田史郎ほか『移民』〈シリーズ・近代ヨーロッパの探求1〉ミネルヴァ書房，1998年

B. ベイリン（和田光弘・森丈夫訳）『アトランティック・ヒストリー』名古屋大学出版会，2007年

O'Rourke, K. H. and J. G. Williamson, *Globalization and History : The Evolution of a Nineteenth-Century Atlantic Economy,* MIT Press, 1999.

議論のための課題

1. アメリカ合衆国の工業化の経緯を整理しなさい。また、それを大西洋経済圏成立の文脈に位置づけるとしたらどのようになるか、考えてみなさい。
2. 19世紀におきたといわれる経済のグローバリゼーションと、今日の世界におけるグローバリゼーションとを比較しなさい。特にそれぞれのグローバリゼーションの帰結に注意して論じなさい。

Columu ⑤　制服趣味の研究

　1846年、ドイツ生まれの国際的な肖像画家 F. X. ウィンターハルター (1805-73) は、イギリスのプリンス・オブ・ウェールズ、アルバート王子〔のちのエドワード7世（在位 1901-10）〕の肖像画を描いた。41年生まれの幼い王子が水兵服を着て立つ姿のあまりの愛らしさに、海軍国のロイヤル・ファミリーの一員ならぬ我が子にも陸海軍の制服を（男女とわず）着せて悦にいる親馬鹿がイギリス中ひいてはヨーロッパ中に大量に出現する。19世紀後半から20世紀はじめにかけて一般化した子供に軍服を着せる趣味は、トーマス・マンの小説『ヴェニスに死す』（ルキノ・ヴィスコンティ監督による映画も評判高い）や『トニオ・クレーゲル』（こちらも映画化されたようだが、……）に出てくる水兵服の美少年の姿で確認できる。当時の極東の新興帝国・日本でも、学校の制服が軍服を真似た。男子学生は陸軍の制服を連想させる詰襟、女子学生は水兵の甲板服そっくりのセーラー服、と男女の違いがついているが、1920年代にセーラー服が京都や福岡の女学校で採用されたのは、まずは「体操がしやすいように」ということだったそうである。

　もちろん、子供服ばかりではない。市民社会全般の制服趣味といったものはたしかにあった。戦争が国家の栄光と疑いなく同一視された時代である。とりわけ「国民と軍隊がひとつだった」ともいわれるドイツ帝国では、結婚式における新郎の正装はしばしば軍服であった。彼らはたしかに退役軍人、後備兵、あるいは社会的（サブ・）エリートであった一年志願兵あがりの予備少尉であったかもしれないが、それ以上にこれは趣味もしくは

心性の問題であっただろう。軍国主義ドイツの制服の市民たちの『臣下』根性を，トーマスの兄ハインリヒ・マンは激しく批判した。一方，国軍の最高責任者であるドイツ皇帝ヴィルヘルム2世自身が当代きっての軍服マニア，コスプレ好きであった。この場合，統治者の無能と現代人的な内面の空虚を包み隠すために仰々しい軍服が必要とされたのである〔「制服の研究」と副題された種村季弘『ぺてん師列伝』（河出文庫版・1986）を参照〕。

こうした事態の産業史的な前提は，もちろん工場制の確立や技術革新（紡績・職布・捺染の機械化や合成染料の出現，ミシンの発明）がもたらした既製服の大量生産である。その端緒は，アメリカ南北戦争における大量の軍服需要の発生であったらしい。

かつて初年兵は入営時に「お前たちの方が軍服に身体をあわせるのだ」と脅かされた由であるが，程度や言い方の差はあれ，制服を丁寧に採寸してあつらえることはあまりない。大量生産の既製服に身体をあわせるのも，また仕方がない。だが，それにしても，たいして似合いもしない「今年の流行」や「おしゃれなブランド」をお仕着せよろしく無理して身につけるのが，何故にこんなにうれしいものだろうか。たしかに大量生産と大規模戦争の時代に，私たちはまだ生きているのかもしれない。

Columu ⑥　旅するヨーロッパ人(2)

近代的な旅行ガイドブックの元祖である「リシャール」・ガイドブックの後を襲ったのは，「ベデカー」シリーズだった。「ちょっと待って。この『ベデカー』によればここの窓から見た庭園の景色は見事だそうだ」と一人がいうと，同行の全員がどれどれと窓辺に集まる――といった，考えてみればおかしな光景がよくみられるようになる。的場昭弘「19世紀の旅行ガイドブック」（宮崎揚弘編『続・ヨーロッパの旅』法政大学出版局，2001）によれば，「ベデカー」の成功の秘訣は2つあったようである。ひとつは，図版がより豊富であったこと。これは印刷物のビジュアル化時代の到来を物語るもので，出版史・文化史的にも興味深い。もうひとつは，1840年代の鉄道ブームに見事に乗ったことだった。「ベデカー」以降，ガイドブックに掲載されるのは基本的に鉄道の駅ができる規模の都市になる。

鉄道の発達は，旅行を容易にした。初期の鉄道ですらそれ以前に主な陸上交通手段であった郵便馬車の3倍以上の速度を出し，短時間で長距離の移動が可能になった。ロンドンから1日の旅程だった海浜ブライトンや，2日かかった温泉地バースまで，今は何時間かかるというのか（2009年現在のダイヤではどちらにも電車で1時間かそこらで着く）。しかも郵便馬車に比べると，盗賊や悪路の心配もなく安全で，天候や事故に左右されて遅延することもなく確実だった。ただ，当初は煤煙や火の粉が悩みの種だったし，それに車中――豪華な馬車の内装を模した一等車・コンパートメントから，座席どころか屋根すらない無蓋車までいろいろだったが――で過ごす時間が無意味で退屈だと考えられた。そのため，車内での暇を潰す軽装本（「鉄道文庫」と名づけられた）やガイドブックがつくられている。もちろん，車窓を高速で飛びすぎる景色自体が旅行の楽しみだ，という新しい観念も，車内読書の習慣と同様に，やがて広まっていく。

　同じく鉄道に対応したトマス・クックによる団体旅行は，19世紀半ば以降，中間層のみならず，下層市民層，熟練労働者といったそれまで旅行に縁のなかった階層にもその楽しみを教えた。鉄道運賃の低下にともない，トマス・クック団体旅行の目的地はイギリス内から大陸ヨーロッパへと広がった。各国の貴紳層は，ガイドブックを片手に鉄道で押し寄せる旅行客を避けて，自分たちの社交シーズンのための土地を別に探さざるをえないだろう。国際的な上流階層の保養地ニースなどがそれにあたった。――が，そんなところに首都から簡単に行けるようになったのも鉄道のおかげだから，結局はやがて団体旅行客がやってくるのだ。

Columu ⑦　旅するヨーロッパ人(3)

　便利で快適な旅行には，19世紀鉄道時代開幕の当初から，つまらなさを批判する声があがった。1日10～12マイル（約20キロ）を越えるような効率追求の移動には情趣が乏しいというのである。これは，ある王様の鉄道敷設反対のセリフ「余の馬車が臣下どもによって追い抜かれるのは好まぬ」に一脈通じるものがあった。ミドル・クラス（というのはたしかに侮蔑語でもあった）が好む決まりきった目的地や退屈な旅程に，何の発見が

あろうか。19世紀後半には一部の社会的エリートやその予備軍は、かつての労苦と緊張感に充ちていた「旅」への憧れや郷愁から、海外辺境への探検や未踏峰の登攀、あるいはワンダーフォーゲル（＝渡り鳥）運動に身を投じた。しかし、英雄的な現代の「旅」も、やがて大衆のための「旅行」に仕立て直されずにはいられない。別に貴族でも金持ちでもない若者たちが徒歩の無銭旅行を青春の思い出にし、やがては「旅なれた」彼らのために旅行業者は「一味違う」団体ツアーを工夫することになる。

　旅行の普及が、見慣れた景色に新しい景観的価値を発見させることもあった。国際河川・ライン川は、古くからヨーロッパ物流の大動脈。両岸に建つ古城も、船荷を狙う盗賊団の隠れ家でもなければしばしば税関の跡である。詩趣や景観的価値がそこに見出されたのは、せいぜい19世紀ロマン主義以降のことだ。観光資源としてのライン川が広く認知されたのは、さらに後の時期、アメリカ人観光客が増加して以降である。

　また、「旅」を「旅行」に変えた（変えてしまった）はずの移動手段の近代化自体が、現在では旅情の対象ともなっている。鉄道や鋼板船やあるいは飛行機による、効率的で無味乾燥だったはずの旅行が、いつしか独特の郷愁をかきたてるものになった。たとえば夜汽車や海峡連絡船での移動は、いまやそれ自体がどこかなつかしいものではないか。また、近代ヨーロッパ工業化の産物である製鉄所や工場や炭鉱や事務所が、「産業遺跡」として旅行の目的地となることも多くなった。ドイツ南西部にあるフェルクリンゲン製鉄所なども、操業停止後、記念物として保存された。19世紀末以来の製鉄・製鋼業発展を物語る巨大な鉄のジャングルに似た威容から、ユネスコはこれを世界遺産に指定している。

第III部

現代:グローバリゼーションとヨーロッパの一体性

▶ **概観　短い20世紀**

　第1次世界大戦（1914〜18年）の結果，さまざまな問題をはらみつつ続いていたヨーロッパ——とりわけ西欧諸国の「繁栄」は覆された。予想外の長期にわたる「総力戦」が終わったとき，ヨーロッパ諸国は19世紀的な政治秩序の崩壊（君主制国家の崩壊，多民族国家の解体，大衆の本格的な政治参加，……）と戦後経済の疲弊に立ちすくんでいた。史上初の社会主義国家ソビエト・ロシアの成立と世界最大の工業力であるアメリカ合衆国の台頭に直面したヨーロッパ経済は，不安定を抱えながら復興への道を模索する。「ヨーロッパの没落」（O. シュペングラー）が叫ばれるなか，「ひとつのヨーロッパ」という思想がこの頃すでに現れたことは注目に値するだろう。それは将来の戦争再発の防止以上の意味をもつものだった。

　戦時経済による動員を経験したこともあり，ヨーロッパ諸国の工業生産力の回復は予想よりも順調ではあったが，各国経済はそれぞれに構造的な不安を抱え込み，戦間期にはそれらは基本的に解決されなかった。また，大戦前の「常態への復帰」が意識されたことも足枷となった。国際金本位制の再建や海外植民地帝国への執着がこれにあたる。比較的安定した1920年代の終わりとともに，これらの問題が世界大不況（1929年に開始）として一気に顕在化したともいえよう。

　1930年代の大不況からの脱出策として各国がとった経済システムの一層の集権化と計画化は，再び戦時経済に帰結した。こうして第2次世界大戦（1939〜45年）が，ヨーロッパの社会と経済をまたもや破壊した。

　ドイツ語圏を中心とする「中欧」が地理的概念上も実質上も崩壊し，米ソの対立の中で分断されたヨーロッパは東・西で別個の道を歩まざるをえなかった。さらに海外植民地の自立や東アジアにおける工業化の進展という20世紀後半の国際的な変化を前に，西欧諸国

は福祉国家という新しいシステムのもとでマクロ経済の安定を図りつつ,「ひとつのヨーロッパ」への模索を開始する。戦後復興,「経済成長の黄金時代」,石油ショック以降のスタグフレーション,低成長下の失業増大,……と西欧諸国はそれぞれの時期ごとの課題に対応して経済政策をも転換させつつ,一体性の再発見と回復のために石炭鉄鋼共同体,ヨーロッパ経済共同体,統合の北欧・南欧への地理的拡大,欧州通貨統合と,ヨーロッパ統合にむけて基本的には前進を続けたのであった。

　「鉄のカーテン」の向こうで社会主義圏としてソビエト・ロシアの支配下におかれていた東欧諸国は,冷戦終結後の1990年代にこの動きに合流する。指令的な計画経済から市場経済への移行を達成しつつあるこれら新メンバーを加え,ますます地球規模で一体化しつつある21世紀世界市場経済の有力な一環として,全ヨーロッパ規模の経済秩序の構築と発展がめざされている。

■略年表　第1次世界大戦〜「短い20世紀」〜マーストリヒト条約

1908年	フォード社,T型自動車発売(1913年,コンベアシステムによる大量生産開始)
1914年	第1次世界大戦開戦(8月)
1917年	ロシア革命(3月-11月)
1919年	ベルサイユ講和条約,調印(6月)
1925年	イギリス,金本位制に復帰
1928年-	ソ連,第1次5カ年計画
1929年	ニューヨーク証券取引所で株価暴落(10月),世界大不況はじまる
1933年	ドイツ,ヒトラー首相就任(1月)
1933年	アメリカ,ローズベルト大統領就任(3月)
1933年	ロンドン世界経済会議
1936年	ケインズ『雇用,利子および貨幣の一般理論』
1939年	第2次世界大戦開戦(9月)
1944年	ブレトンウッズ会議(7月)
1945年	ナチス・ドイツ崩壊(5月)

1946年	チャーチル,「鉄のカーテン」演説(3月)
1947年	マーシャル・プラン発表(6月)
1948年6月-49年5月	ベルリン封鎖
1950年	シューマン・プラン発表(5月)
1950年6月-53年7月	朝鮮戦争
1951年	ヨーロッパ石炭鉄鋼共同体(ECSC)条約調印(パリ条約)(4月)
1957年	ヨーロッパ経済共同体(EEC)条約,ヨーロッパ原子力共同体(EURATOM)条約調印(ローマ条約,3月,→1958年1月:EEC発足)
1962年	アルジェリア独立(3月)
1971年	アメリカ,ドル防衛策発表(ニクソン声明,8月),ブレトンウッズ体制崩壊へ
1973年	イギリス,デンマーク,アイルランドEC加盟(拡大EC,1月)
1973年	第4次中東戦争,第1次石油危機(11月,のち1979年:イラン革命→第2次石油危機)
1979年	イギリス,サッチャー内閣成立(5月)
1986年	単一欧州議定書調印(2月)
1989年	ベルリンの壁撤去(11月),東欧革命(→90年10月:ドイツ再統一)
1991年	ソ連解体(12月)
1992年	ヨーロッパ連合(EU)条約調印(2月,マーストリヒト条約,93年発効)
1999年	単一通貨ユーロ導入(1月)

第8章 世界大戦とヨーロッパ経済

　第1次世界大戦の主戦場はヨーロッパであった。この戦争の結果，ヨーロッパは世界の中心の地位から後退し，アメリカ合衆国とソビエト連邦とが，新しい世界強国として登場することになる。大戦は，19世紀の世界秩序を大きく揺るがした。大戦後の混迷は外交や政治だけでなく，経済の激動と混迷もはなはだしく，やがて1929年に始まる世界大不況（大恐慌）を迎えることになる。

　経済観も，20世紀を迎える頃から大きく変化した。貿易国家イギリスがリードした19世紀の世界経済は自由貿易主義を基調とし，国内でも市場介入を控える「夜警国家」が理想とされた。しかし，20世紀の経済では，国家や大企業といった組織がにわかに強力となり，国家による経済への積極的介入が始まった。

　国家による経済の組織化と計画化とは20世紀の大きな特徴であり，社会福祉施策の充実（「福祉国家」）が求められ，公企業を通じる直接的経済活動が高く評価される時代が続いた。財政の肥大化がこれを裏づけている。財政膨張のきっかけは二度にわたる世界大戦であったが，支出増大は軍事費のためだけではなかった。公教育の拡充は大量の教員を必要としたし，郵便制度の整備や鉄道国有化も人件費を押し上げた。社会保障関連の支出増も見逃すことができない。

福祉国家への道は，19世紀末，労働運動，社会主義運動の高揚に対する国家権力側の対応として開かれたが（→第6章3），それを決定的なものとしたのは第1次大戦であった。また，第1次大戦後のイギリス，フランスでの公企業の形成は，やがて第2次大戦後のヨーロッパを特徴づける「混合経済」，つまり公的部門と民間部門とが共存する体制へつながっていく。組織化という観点でみれば，大企業による民間部門の組織化も進行した。

国家権力による経済への干渉は，「管理経済」を成立させた。19世紀の金本位制では金・外貨からなる正貨準備高に応じて貨幣供給量が決定されたが，世界大不況の中で金本位制は最終的に放棄され，1930年代からは貨幣供給量が通貨当局（大蔵・財務省，中央銀行）の管理のもとに置かれるようになった（管理通貨制）。

社会全体をみれば，第1次大戦で崩壊したのは自由主義的経済体制だけではなかった。ドイツ軍の捕虜となったフランス軍将校の脱走劇を描いたジャン・ルノワールの映画「大いなる幻影」には，敵味方を越えた両軍の将校同士，兵士同士の身分的連帯感情がみられるが，それもこの戦争を最後に消える運命にあった。産業革命後も残存していた身分制的秩序が最終的に崩壊する一方，20世紀の「大衆社会」がヨーロッパに誕生しようとしていたのである。国家のあり方をみても，パスポートを持たない旅行が普通のことであった第1次大戦前とは異なり，旅券・査証の管理が強化され，国民国家は厳しく国境を取り締まるようになった。裏返せば，難民の世紀の始まりであった。

1 第1次世界大戦の経済史的意味

戦争の経済的背景　　第1次大戦は，1914年7月28日，セルビアに対するオーストリアの宣戦布告に始まり，8月，ドイツ，オーストリア軍は英仏両国に対して戦端を開いた。20世紀初頭，ヨーロッパ列強のあいだでは，英仏にロシア，イタリアを加えた「連合国」とドイツ，オーストリア，それにオスマン帝国からなる「同盟国」の対立が生まれていた。開戦の引き金を引いたオーストリア皇太子（皇位継承者）暗殺事件は，両陣営の地政学的利害が錯綜し，民族構成の複雑なバルカン半島で発生した。

　戦争の経済的背景には，19世紀末以来のドイツの経済成長があったとされる。1871年に成立したドイツ帝国では，世紀転換期に東部ドイツの大農場経営と西部ライン川流域の工業経営との妥協による関税政策がとられた（いわゆる「穀物と鉄の同盟」）。製鉄業から，大砲や戦艦までを製造するクルップ，電気，電気機械のジーメンスやAEG（アー・エー・ゲー），化学産業のバイエルやヘキストなど，新興大企業の登場は，「メイド・イン・ジャーマニー」製品の脅威として受け取られた。イギリスでは，ドイツの経済体制の異質性が議論された。ドイツ重化学工業の発展には，技術開発，技術教育，法制度などの面で国家による強力な支援があるとみられていた。個人主義的なイギリスの企業と違って，ドイツの企業家には「連合の精神」がみられ，カルテルも合法化されていた（ヘルマン・レヴィ『ドイツとイギリス』）。さらに，ベルリン四大銀行を初めとする大銀行が産業金融を支配するドイツの構造は，イギリスとは異質のものであり，当時のマルクス主義経済学者によって金融資本の支配と位置づけられた〔ヒルファディング『金融資本論』(1910)，レーニン『帝国主義論』(1917)〕。

しかし対立の反面,20世紀初頭のヨーロッパ各国経済はグローバリゼーションの中で相互に深く結びついてもいた。互いに主要貿易相手国であったイギリスとドイツをはじめ,各国の経済は貿易や投資を通じて相互依存を深めていた。鉄鋼業をみると,1913年当時,ドイツとベルギーの企業はフランスのロレーヌ鉄鉱石生産の35%,ルクセンブルクの鉄鉱石の40%を支配し,その一方フランス,ベルギー,ルクセンブルクの企業はドイツ鉄鋼カルテルの20%を支配,さらに,ルールの三大企業はフランスやベルギーに多額の投資を行っていたのである。このような結びつきは大戦の原因を経済的対立のみに還元することをためらわせるものである。

政治史,外交史の分野では,ドイツの開戦責任が盛んに議論されてこんにちに至っている。広大な植民地帝国を保有する英,仏に対して,遅れてきた帝国主義国であるドイツによる植民地再分割のための戦争と理解する傾向も強い。一方,ヨーロッパに限定して考えれば,ドイツ,オーストリアの経済的な戦争目的は独立した経済圏としての「中欧」の構築にあったと考えられている。

戦局の展開,補給と総力戦

1914年8月の開戦当初,同盟国側,連合国側の双方とも戦争は数カ月で終結するものと予想し,動員された兵士たちはクリスマスまでには帰還できるものと考えていた。相互に深く依存しあう国々のあいだであれば,戦争長期化による混乱は回避できるという期待があった。1914年以前,国家財政の規模は各国とも GDP の15%ほどにすぎず,長期の戦争を続ける能力はないとも考えられた。戦術的には,近代兵器がもつ大量破壊力が戦場の様相を一変させ,短期間で戦局の帰趨を決するものと信じられていた。

しかし,開戦後数カ月,戦況は長期化の様相をみせはじめた。開戦当初の快進撃の中でドイツはベルギー,北フランスに軍を進めたが,マルヌの戦い(1914年9月)以後,戦線は膠着し,レマルクの

小説『西部戦線異状なし』が描いたような消耗戦が続いた。東部戦線でも戦死者は増加し続けた。前線に送る兵員と軍事物資の補給が重要な課題となった。対峙する両陣営では戦車、航空機、毒ガスなど、近代科学技術を応用した新兵器が次々に開発され、戦線に投入されていった。

戦争の形態の変化、銃後の生産力を総動員して前線に投入するという「総力戦」の傾向は、すでに日露戦争からみられた。レーニンは日露戦争について「戦争は、こんにちでは国民によって行われる。……国の軍事組織と国の経済体制および文化制度との間の関連が、現在ほど緊密であったことはかつてない」と述べた。これはより大規模な形で第1次大戦に当てはまる。

アメリカ合衆国政府は、開戦後2年半以上にわたって中立を保ったが、アメリカの企業は民間ベースで英、仏の側に穀物、綿花、石油などを送り続け、アメリカ経済は戦時ブームに沸いた。ヨーロッパからの工業製品が途絶したアジアや南米の国々も、アメリカからの輸入に頼るようになった。日本も戦時の好況に沸いた。一方、イギリス、フランスはアメリカの物資に対する依存を深め、1916年暮れには輸入外貨が底をつく懸念が表面化していた。物資の欠乏は、ドイツにおいていっそう深刻であった。戦局の帰趨が補給にかかることを見てとったドイツ参謀本部は、1917年2月、英、仏への補給を遮断するべく「無制限潜水艦戦」を宣言、中立国の船舶といえども撃沈を辞さないとした。連合国側に肩入れしながらも孤立政策をとっていたアメリカが参戦したのはそれからまもない1917年4月のことであった。参戦の後、アメリカは6月には輸出禁止品目をまとめ、7月から輸出禁止を発動した。これは、中立を保っていたドイツの隣国に対しても補給の停止を求め、ドイツを圧迫することになった。

アメリカ軍の参戦は兵力、火力の大規模な新投入を意味し、戦局

は連合国側に有利なものとなった。一方，1917年春以来，政情不安定が続いていたロシアでは社会主義革命（1917年11月）が勃発し，ソビエト新政府はブレスト・リトフスク講和条約（18年3月）によって戦線から離脱した。

　戦局の帰趨は，結局，補給能力が決することになった。1918年11月の休戦時点でも戦線は依然として連合国側に食い込んでいたが，先に補給が尽きようとしていたドイツ，オーストリアの側が自壊していくことになった。

戦時計画経済　　交戦各国では総力戦継続のための国家による国民経済の組織化が進行した。軍需物資の生産を増強し，効率的に物資，兵員を前線に送るために，戦時統制，戦時計画経済が採用された。近現代史を振り返れば，自由放任の資本主義から計画と組織化への移行をもたらしたのは，社会経済のゆっくりとした変容ではなく，戦争という突然の事態だったのである。「計画経済」という言葉自体，ドイツのW. v. メレンドルフが第1次大戦のさなかに作り出した言葉であった。ドイツの場合，巨大電機企業AEGの技術者だったメレンドルフの提言で，開戦当初の1914年8月，陸軍省に「戦時原料局（Kriegsrohstoffabteilung)」が設置され，AEG社長ヴァルター・ラーテナウを責任者として組織化が進められた。戦時原料局を要として，金属，化学，繊維など個別の産業部門についてはそれぞれ「戦時経済会社」が設立され，公権力を背景に民間企業相互の競争を制限し，在庫の一元的管理，原材料の配分，生産設備の再編と統制が行われた。財界の2団体も協力して，輸出入の監督，公的発注と信用の配分を監督する委員会を設立した。19世紀末からの企業集中，カルテル化が進行していたドイツでは，戦時経済の組織化は容易に進められたと考えられる。

　イギリスにおいては，1915年6月以降，軍需生産がD. ロイド＝ジョージの軍需省の管轄に移され，1916年軍需法のもとで，賃金統

制,労働力移動規制,民間企業の利潤制限,企業間競争の排除が進んだ。また,1915年のマッケナ関税法は,自動車,時計,楽器などに高率関税を課すことで,資源の効率的配分を狙ったものであった。フランスでも社会党のアルベール・トマを大臣とする軍需省が設立され,軍需と結びつきの深い鉄鋼連盟をはじめ,それぞれの業界団体によって軍需生産拡大のための組織化が強められた。やがて,アメリカの参戦を受けて輸入物資を一元的に購入,配分する必要が生まれると,石油や棉花など個別品目ごとの独占的輸入組織「コンソルシウム」が設立され,関連企業はその傘下に組み込まれた。

連合国全体としては,海運国イギリスの主導のもとに連合国船舶の一元的配分,管理が始まり,輸送商船隊をまとめて軍艦が護衛する護送船団方式の物資輸送が採用された。参戦後のアメリカでも軍事物資の統制が行われ,船舶徴用によって自由市場での用船が困難になった。ヨーロッパで求められていた小麦,棉花,石油などの物資も,アメリカ参戦後は,合衆国政府による購入,連合国委員会による一元的な配分の決定を経て,英,仏,伊の各国に提供されることになった。

第1次大戦にともなう国家干渉は,直接の軍事物資だけではなく,戦時下で不足しがちな物資のほとんどすべてに及び,また,スイスでパンの配給制度と輸入の集中管理が始まるなど,中立国においても公権力による組織化,計画化が強化された。

戦費と連合国間債務,ドイツ賠償問題

第1次大戦の戦費は,両陣営あわせて直接費のみで2600億ドル(うち,連合国は1760億ドル)に上ったとみられている。この金額は19世紀初めから1914年までの全世界国債発行高の6倍以上に相当した。

戦費をまかなうにあたって,各国は非常の措置を必要とした。まず,1915年から16年にかけて,イギリスやフランス,ドイツでは戦

時超過利得税のような新税が導入された。また包括的な増税が行われ，これはその累進性とあいまって大戦前の富裕層の没落を早めた。しかし，戦費のうち租税によって調達することのできた分はイギリスで20％，イタリア16％，アメリカ23％等であり，ドイツ，フランスにいたってはわずか2％程度でしかなかった。税収によらない経費は借入れによって支出された。たとえばフランスの戦費調達はほとんど戦時公債の発行によってなされ，その規模は対外債務の3倍に達していた。この公債発行の増加が，通貨供給量の増加，正貨準備の急減，そして戦後のインフレーションにつながった。ドイツでは，1918年，通貨供給量は戦前の9倍となり，財政赤字は6倍，正貨準備率は1914年当時の57％から一気に10％にまで低下した。1918年，各国の物価水準は戦前の2倍から3倍となり，特にドイツではその後の破滅的なインフレへとつながった。このことはヨーロッパ経済の地盤沈下を招くと同時に大戦前夜の国際通貨体制を瓦解させ，大戦後の世界経済に不安定要因を作り出した。

連合国側が補給戦を勝ち抜くことができたのはアメリカ合衆国からの豊かな物資補給のおかげであった。アメリカ，そして日本は第1次大戦前には対外的に債務国の立場にあったが，この戦争を機会に債権国への劇的な転換を果たした。

戦争の継続中，合衆国政府は民間から買い上げた物資を連合国間物資管理の枠の中でイギリス，フランスに提供し，両国政府から合衆国政府への支払いは凍結されていた。表8-1は，1918年11月の休戦時点で累積されていた連合国政府間債務を示す。英，仏，伊の各国では，戦時中依存していたアメリカの物資が未払いのままであった。合衆国参戦前の民間ベースによる債務に加えて，参戦後は，政府間ベースの債務が急増していた。

表8-1にみる通り，対米債務は，イギリスにおいて最大であったが，イギリスは同時にフランス，イタリアなどに対して対米債務

表8-1 第1次大戦休戦時の連合国政府間債務

(単位：100万米ドル)

		債権国 合衆国	イギリス	フランス	計
債務国	イギリス	3,696	—		3,696
	フランス	1,970	1,683	—	3,653
	ロシア	188	2,472	955	3,615
	イタリア	1,031	1,855	75	2,961
	ベルギー	172	434	535	1,141
	その他	21	570	672	1,263
	計	7,078	7,014	2,237	16,329

(出所) Hardach, G., *The First World War: 1914–1918*, 1977, p.148.

に匹敵する債権をもっていた。しかし，フランスでは対英米債務を弁済するには自らの債権が不十分であり，とりわけ，ソビエト・ロシアが債務支払いに同意する見込みがまったくない以上，債務の履行には大きな困難があった。イタリアについても，事情は同様であった。この事情から，フランスは戦時債務と賠償金とを結びつけることになった。フランス国内では「ドイツ人に払わせろ」が合言葉となり，クレマンソー首相は対独講和条件の中に賠償の支払いを強硬に求め続けることになった。

1919年に開かれたパリ講和会議の主役は，合衆国ウィルソン大統領，イギリスのロイド＝ジョージ首相，フランスのクレマンソー首相であった。パリ会議を受けたベルサイユ講和条約において，ドイツは自国領土の割譲，海外領土，経済権益の没収を課されるとともに，船舶，軍備，資材による賠償，占領経費の支払いを受け入れさせられた。1921年5月には，ドイツの賠償金総額は1320億金マルク（330億ドル）と確定されたが，これは連合国の政府間債務合計をうわまわる金額であった。ドイツがこの支払いに窮すると，フランスは23年1月にルールを占領し，再び軍事的緊張が高まった。ドイツ

の賠償問題を処理するべく，24年アメリカはドーズ賠償案（支払いの暫定的軽減，外資導入容認）を提示し，アメリカ資本のドイツへの貸付とドイツによる賠償金支払い，連合国による対米債務支払いとを連結させる枠組みが生まれた。1920年代，アメリカ民間企業の対ヨーロッパ投資が活発になるにつれ，ドイツは，賠償金支払いのマイナスと国内への外資流入によるプラスによって国際収支の均衡をほぼ達成させることができるようになった。しかし，この危ういバランスは，世界大不況の中で資本流入の途絶によって瓦解することになる。

ソ連社会主義経済の形成

ロシアでは，1917年3月に帝政が崩壊し，11月7日（露暦10月）の社会主義革命によってソビエト共産党政権が誕生した。内戦と外国による干渉戦争を経て20年代末に形を整えたソ連社会主義経済は，19世紀以来の社会主義思想の影響を受けると同時に，第1次大戦の戦時計画経済の申し子でもあった。ポーランドの経済学者オスカー・ランゲの言葉を借りるなら，社会主義の中央計画経済とは「恒常的な戦争経済」であり，ハンガリーのコルナイの言葉を借りるなら「欠乏の経済」なのであった。

　革命後の共産党政権は，平和，パン，土地を約束し，単独講和によって大戦から離脱する一方，革命翌日の「土地に関する布告」によって地主から土地を収奪し，農民に分配した。1861年の農奴解放以後も劣悪な状況に置かれていたロシアの農民はようやく土地を獲得した。1921年からの「新経済政策」（ネップ）の時期には余剰穀物の自由販売が認められ，商品作物の生産，販売を行うこともできた。しかし，1927年に農業集団化が始まると，自営農業は共産党権力によって村落単位のコルホーズ（集団農場）の中に組み入れられ，従わない農民の多くが強制収容所へと送られた。コルホーズは生産物の供出義務を負い，社会主義計画経済の中に組み込まれていった。

コルホーズは組織の上では生産協同組合に似通っているが,作物の選択など,主体的な農業経営は個々の農民には認められなかった。特に,トラクターなどの近代的な農業機械は国営機関である機械トラクターステーション(MTS)に集中され,国家はこのステーションを通じてコルホーズを統制した。

　工業部門をみると,帝政末期に形成され,フランス,ベルギー,ドイツなどからの外国直接投資にも支えられて発達した近代的大工業は,革命後ソビエト政権によって接収された。西側との厳しい対立の中におかれたソビエト政権は,1925年,農業国から工業国への転換を打ち出し,28年からの第1次5カ年計画の中で重工業中心の工業化への路線を歩み始めた。鉄鋼業,機械工業,そして電力産業への集中的投資が行われ,1930年代のソ連は,世界大不況のさなかの欧米を尻目にこの分野で顕著な成長をみせた。農業集団化による農民からの収奪は農村の疲弊を招き,生産財,資本財に対して消費財の生産は著しく遅れをとったが,中央計画経済は軍事力の強化に成功した。ソ連共産党政権の成果としては,識字率向上に象徴される国民教育の充実をも見逃すことができない。

2　1920年代の繁栄から世界大不況へ

戦禍と復興

　第1次大戦による人的・物的損失は膨大なものであった。戦死者はドイツ200万人,ロシア170万人,オーストリア150万人,フランス140万人,イギリス75万人,イタリア75万人等であり,アメリカの戦死者は11万人ほどであった。ドイツ,オーストリア,フランスでは,戦死者数は1913年当時の総人口の約3％,男子生産年齢人口の約10％に相当した。各国とも,特に若年エリート層が大量に失われたが,これは,

実際の戦闘において一般兵士以上に士官, 下士官の戦死率が高かったことによる。産業設備, 産業基盤の物的損失もまた大きなものであった。

アメリカ, イギリスでは休戦後すぐに戦時統制経済から民間主導の平時経済への転換が始まったが, ドイツ, フランスでは戦時経済との決別にはしばらくの時を要した。しかし, 1919年, ドイツの戦時経済における要職を歴任したメレンドルフ, フランスの商務省（商工省）で活躍した E. クレマンテルという戦時統制の指導者がともに政治的に失脚し, よりプラグマチックな政治家にとって代わられた。フランスやドイツの輸入統制に批判的であったアメリカの産業界と政府は, ヨーロッパへの輸出拡大のためにも戦時統制の速やかな解消を求めていた。

世界貿易の停滞

1920年代, 30年代の世界全体の工業生産と世界の貿易量を概観しておこう。表8-2にみるように工業生産は20年代に一応の回復をみせたものの, 世界貿易の伸びは停滞していた。世界大不況の1930年代になると, 工業製品の貿易は絶対的にも縮小した。

世界貿易低迷の原因としては, 以下のような点が考えられる。

第1には, 保護主義の台頭。19世紀以来自由貿易を標榜していたイギリスは大戦中のマッケナ輸入関税（1915年）から保護貿易主義に転じ, これを戦後も維持した。さらに, 1919年には帝国内特恵関税を設定し, 21年には産業防衛法によって主要品目に従価33％の輸入関税を課した。世界恐慌ののちは, 1932年, 広範な品目に対して輸入関税を引き上げた。他の主要国も保護貿易主義に転じたことは言うまでもなく, 1920年代末, ヨーロッパ全体では完成品関税率が大戦前の1.5倍の水準にまで上昇した。1930年代, 保護主義は, スターリング・ブロック, 金ブロックなど, 排他的経済ブロックの形成につながっていくことになる。

表8-2 世界工業生産と世界貿易（1913年を100とする指数）

	工業生産	貿易 工業品	一次産品	世界人口
1926〜29年	139	104	113	110
1936〜38年	185	92	117	119

（出所）F. ヒルガート（山口和男ほか訳）『工業化の世界史』ミネルヴァ書房, 1979年, 10ページ。

　第2に, 地政学的な理由。新たに世界経済の中心となったアメリカは, イギリスとは違って自給自足的な経済構造をもっていた。社会主義革命の結果, ロシアも世界経済から切断された。中・東欧については, ロシア帝国, オーストリア＝ハンガリー帝国, オスマン帝国が解体した影響を無視できない。民族自決の原則によって新たに独立を獲得した国々はみな自国産業保護を追求し, 多数の小国家の成立は国際政治の不安定要因となったばかりでなく, 国際貿易の発展をも制約したのである。オーストリアはハンガリーの穀物から国境によって隔てられ, チェコの綿紡績業とオーストリアの綿織物業とのあいだにも国境線が引かれることになった。国境線の引き直しの結果, フランスに併合されたロレーヌ地方の鉄鋼業も, ルールの石炭産業から切断されることになった。

　第3に, 保護主義や地政学では説明できない理由として, 農工価格差の問題があった。1920年代から世界的に農産物価格が下降し, 工業製品価格との間に格差を生じたことの影響である。この価格差を説明する要因として, W. アーサー・ルイスは人口動態に注目し, 戦争による人口増加の停滞が農産物の過剰を招き, 農産物価格の低迷につながったと考えた。農工価格差（はさみ状価格差）の結果, 農産物輸出国の交易条件が悪化した。マレー半島（ゴム）, キューバ（砂糖）などのモノカルチュア経済, 農産物, 原料以外の輸出品をもたない農産物輸出国では, 欧米の工業製品の輸入が困難になり,

第8章　世界大戦とヨーロッパ経済

その結果，世界貿易全体が沈滞した。じっさい，農産物，一次産品の価格急落は著しく，棉花価格は1923年から29年にかけて3割下落，天然ゴム価格は1925年から29年にかけて7割下落，小麦価格も1925年から29年にかけて5割下降した。ヨーロッパでは東欧の農業国が深刻な影響を受け，日本でもこのとき生糸の価格暴落に直面して，農村の窮乏が進み，右翼の台頭を招いた。

　第1次大戦前，ヨーロッパは世界貿易の中心であり，輸出・輸入の半分以上はヨーロッパで行われていた。国際投資についても戦前は投資残高の9割以上がヨーロッパの国々からのものであった。大戦はヨーロッパを中心とする国際経済秩序の解体をもたらし，世界貿易，国際投資の停滞は，ヨーロッパの凋落に連動していた。

ヨーロッパの復興，失業，旧秩序の解体：富裕層の没落と大衆社会

　ヨーロッパの経済的地位の低下と並行して，大戦前の経済的富裕層の没落と大衆社会化が進んだ。フランスではロシア国債などの債券によって恒産を保有していたランティエの没落が著しく，イギリスにおいても大規模地主の没落，ドイツにおいてもユンカーの没落が始まった。大戦前後に各国で導入された累進制の所得税や相続税が，旧富裕層の没落に拍車をかけた。富の平準化の結果，身分制の残滓はほとんど消滅し，大衆社会と呼ばれる新しい時代が始まろうとしていた。

　しかし，この大衆の経済状況は恵まれたものではなかった。1930年代の世界大不況を待たず，ヨーロッパでは20年代から失業が社会問題となった。ドイツでは1926年に失業率が16％を記録した。失業率は，スウェーデン，デンマーク，ノルウェーでも10％を越えた。これには，農村に滞留していた潜在失業者は含まれていない。アメリカと違い，20年代のヨーロッパでは，都市が十分に新しい雇用を提供することができなかった。時代は旧型消費財産業（繊維，皮革，陶器，木工など）の衰退期にさしかかっており，都市における失業，

半失業が増加した。やがて世界大不況が始まると、伝統的産業部門はいっそう衰退し、石炭、鉄鋼、造船、繊維といった19世紀以来の伝統産業が密集する地域で高い失業率が記録された。

この中で1920年代には労働運動も高揚をみせ、対応して社会政策の拡充も進んだ。大戦中に組織化が進んだのは労働運動の側も同様であり、全国規模のストライキも行われるようになった。社会政策、労働政策としては、1919年、フランスで8時間労働日と団体協約制度が法制化され、イギリスでも、義務教育の延長、保健省の設置が行われた。20年、イギリスでは8時間労働と賃金引上げに加えて、1911年に誕生した失業保険制度の大幅な改善が実施された。ロンドンやパリをはじめ、大都市には低家賃の住宅が公的支援を受けて続々と建設された。左翼運動の中では、ロシア革命の影響を受けて社会主義運動が分裂し、各国に共産主義政党が誕生した。20世紀型の新しい社会運動としてのファシズムも台頭した。イタリアでは、1922年10月、ムッソリーニがローマ進軍を行い、1924年には総選挙での大勝を勝ち取った。ドイツでは、1923年、ヒトラーのミュンヘン一揆が失敗に終わったが、世界大不況の中でナチス党は急速に人々の心を捉えていくことになる。

アメリカの繁栄とヨーロッパの遅れ、産業構造の転換：新産業と旧産業

ヨーロッパの復興が始まった1920年代、アメリカは好況に沸いていた。1913年を100とする工業生産指数で、1925年、ロシア・ソ連を除くヨーロッパが103にすぎなかったのに対して、アメリカ、カナダは127に達した。住宅建設と耐久消費財需要を基礎にアメリカは持続的発展を続け、企業集中も進行した。実質賃金上昇率の鈍化にもかかわらず、自動車、冷蔵庫、洗濯機などの耐久消費財の需要は堅実であり、第2次産業革命で生まれ、戦争中の軍需や輸出によって急成長した自動車、電機、化学などの新産業が脚光を浴びた。

なかでも自動車産業は，20世紀アメリカを代表する花形産業となった。ヘンリー・フォードは1908年に実用的なT型自動車の販売を始め，大戦までには標準化とベルトコンベアによる流れ作業方式を導入して大量生産を始めていた。生産ラインの同期化による生産性の向上が製品低価格と高賃金とを可能にした。高い賃金が支払われ，フォードは新しい生産方式だけでなく，新しい自動車購買層を作り出すことにも成功したといわれる。ヨーロッパでは，フランスのシトロエン社などが互換性部品による大量生産方式を取り入れたが，その市場規模は狭隘なものであった。1930年の登録自動車台数は，アメリカ2600万台に対してヨーロッパ全体で500万台，38年にはアメリカ2900万台に対してヨーロッパ800万台にすぎなかった。

　エネルギー部門では，自動車の普及にともなって石油消費が急増する一方，電力が普及した。電化は19世紀末から都市部で始まっていたが，1920年代に開発された高圧送電線と三相交流技術は，送電ロスを飛躍的に減少させ，遠隔の大規模水力発電所と都会，農村の電力消費地との接続を可能にした。電力の普及は一般家庭の照明を一変させただけでなく，中小工場の機械化を促進し，その生産性を著しく高めた。アメリカの家庭では，掃除機，洗濯機，冷蔵庫なども1920年代から普及しはじめた。ヨーロッパでこれらの耐久消費財が本格的に普及するには，第2次大戦後を待たねばならない。また，20年代，30年代には映画産業が急速に成長し，大衆に新しい娯楽を提供するとともにプロパガンダの手段としても注目されるようになった。新聞は部数を拡張し，ラジオは商品広告を流しはじめた。

　新産業が脚光を浴びる一方，繊維，石炭などの伝統的産業は，1920年代のブームから取り残されていった。ヨーロッパをみると，イギリスでは，1912年から38年の期間に新産業である自動車の生産が倍増し，電力と電機製品の生産も倍増，合成繊維の生産は3倍にも増加したが，産業革命以来の主要輸出品であった綿製品の生産高

は4割減少し,石炭や銑鉄生産も1割減少した。ドイツでも,20年代には新しい産業技術が普及し,電力,電機,化学,自動車などの産業部門で合理化が進み,化学部門のIGファルベンなどの巨大企業が形成された。その一方で合理化の結果,1925年から30年にかけては約200万人の雇用が失われることにもなった。農産物価格下落の中で,農業部門は世界的に不振であった。

大企業体制と経営管理組織

イギリス産業革命の当時,大部分の産業企業は比較的小規模であり,「固定資本として要求されるのは,家内工業の企業主やあるいはただの労働者が自分の給料から蓄えられる程度のものでしかなかった」(アシュトン『産業革命』)。ベロックの「投資/賃金比率」の概念を借りれば,1812年当時のイギリスでは労働者1人当たりの産業の平均投資規模は男子平均賃金の4カ月分,1820年のフランスでは6カ月分にすぎなかったが,1953年のアメリカでは29カ月分となっていた。

大規模経営の起源は19世紀半ばの鉄道企業であったとされることが多いが,一般製造業において経営規模が巨大化したきっかけは19世紀末の企業合同運動であった。企業合同運動の中で,単一事業単位の個人企業,家族企業が大規模で全国的な複数単位企業に成長し,管理の集権化,垂直統合が進展した。この企業合同が成功したのは,特に,大量生産=大量販売が可能で,しかも合同ののち垂直統合に進み,生産,流通の両面において効率的な管理,調整を行う階層的管理組織を作り出すことができた場合であった。このとき,J. P. モルガン(→第7章2)などの投資銀行は企業合同の仲介によって大きな利益を上げた。

すでに第6章,第7章でも言及したA. D. チャンドラーの著作,とくに『経営戦略と組織』(1962)に従えば,企業管理組織の発展は,(1)職能未分化の単一事業組織⇒(2)集権的職能部門制⇒(3)分権

的事業部制という道筋をたどった。「職能 (function)」とは，原材料の購買，製品の販売，製造工程の管理，また経理など，企業の経営に当たって必要とされるさまざまな役割のことである。

　産業革命当時の産業企業は規模が小さく，経営職能が専門化する必要はなかった。しかし，経営の大規模化にともない，購買部門や販売部門はそれぞれ専門家が担当する独立の職能部局となり，企業組織の全体を統括する本社組織も必要になった。この本社組織のもとでの経営管理組織が「集権的職能部門制」と呼ばれるものである。集権的職能部門制にあっては，トップ・マネジメントに専念する経営委員会，執行委員会が形成された。本部に直属する職能別部門は，購買，製造などそれぞれの職能について複数の製品系列を監督した。集権的管理組織の先駆は19世紀半ばの鉄道会社管理組織であったとされる。鉄道会社は，事業の性格から大規模な組織となるばかりでなく，運行を円滑に進める必要から隅々まで目の届く階層的管理組織を必要としたのである (→第7章2)。

　しかし，事業の多角化とともに，集権的管理組織にも問題が現れた。19世紀末のアメリカでは企業合同運動の結果，ゼネラル・モーターズ (GM) や，ゼネラル・エレクトリック (GE) のように複数の製品系列をもち，多角化した大企業が形成されたが，たとえば高級乗用車と大衆向け乗用車，またトラックなどの商用車とでは，製品販売市場の性格がまったく異なり，生産技術についても大きな差異があった。デュポン社（化学）では，第1次大戦中に軍需用火薬の製造によって事業を巨大化させたものの，戦後，塗料や合成皮革，接着テープなど民需品の製造に重心を移す中で，単一の販売部門が既存の経験に頼って販売活動を行うことの無理が自覚された。販売市場や生産技術などを異にする製品系列について，複数の職能を包摂した事業部をそれぞれ組織し，本社は各事業部の自立性を認める「分権的事業部制」が形成された。

経営の大規模化は「所有と経営の分離」をも進めることになった。バーリーとミーンズが『近代株式会社と私有財産』を著した1932年当時には，企業組織の大規模化，巨額資金の動員による株式所有の分散のために大株主の地位が相対的に低下し，個人としてはほとんど株式を所有しないプロフェッショナルな「専門経営者」による経営支配が強まっていた。チャンドラーのいう「近代企業」はこうして成立した。

3　世界大不況とヨーロッパ経済

アメリカのバブルとその崩壊，ヨーロッパへの波及

　1920年代アメリカの好況を支えた住宅や耐久消費財需要のピークは1926年から27年とみられ，自動車販売台数，住宅建設件数は1926年を頂点として27年からは緩やかに下降していた。鉱工業生産のピークも29年の初夏であったとされる。その中で株価は上昇を続け，24年からの5年間で5倍にまで上昇した。投機資金が株式市場に流入し，20年代後半には証券市場でバブルが発生していたのである。このバブルは1929年10月24日，ニューヨーク証券取引所の株価暴落（「暗黒の木曜日」）によって崩壊した。株価はこののちも下げ止まらず，1931年には29年秋の高値の半分，33年には4分の1以下の水準にまで下落した。1930年代の世界大不況が始まった。

　アメリカの証券バブルは，国際的な資金の流れにも影響をもたらした。1920年代，ヨーロッパへの投資拡大を反映してアメリカからの資金流出が続いていたが，株価の上昇によって国内利回りが対外投資の利回りを上回るようになると，27年以降，海外債券の新規発行高が減少，28年からは資本純流出（流出－流入）が減少した。29

年秋の証券市場崩落ののちには対外資産の引き揚げが加速され、アメリカの資本純流出は1928年の年間12.5億ドルから、29年には6.2億ドル、32年には1.1億ドルと減少、34年以降は資本の純流入がみられるようになった。アメリカ資本の引き揚げによって、ドイツでは1931年以降、資本の流出が流入を上回った。また、30年6月、スムート＝ホーレー関税法によってアメリカが保護主義を明確にすると、ヨーロッパからの輸出はいよいよ困難になった。いまや、恐慌はアメリカ一国だけにとどまらず、世界大不況へと波及していった。金融不安、通貨政策の失敗、アメリカの需要減少によって、ヨーロッパの不況はアメリカ以上に深刻なものになった。アメリカ資本に依存することの大きかった中南米においても危機は深刻であった。

　さまざまな指標にみる「景気の底」はだいたい1932年から33年であったが、本格的な景気回復には第2次大戦の軍需景気を待たなければならなかった。恐慌による生産の落ち込みは多くの国で1929年水準の3割以上に達し、アメリカ、ドイツにおいては生産が半減した。価格の暴落も著しく、多くの国で卸売物価は3割以上も下落、一次産品価格には6割以上の暴落をみせるものがあった。失業者はアメリカで1300万人、ドイツで600万人の規模に達した。

金本位制とその呪縛、30年代の経済政策

テミンやアイケングリーンによる近年の研究は、世界大不況の原因として金本位制固執の責任を強調する傾向にある。バブル崩壊の中で「常態への復帰」の美名のもとに金本位制維持のために実施されたデフレ政策、緊縮財政こそ恐慌深刻化の主要な原因であったとするのである。

　図式的にいうならば、金本位制の条件は、個人・国家による自由な金流通（輸出入を含む）、ならびに通貨価値の金表示と兌換とであった。この制度では、金の市場流通を通じて、人為的調整を経ることなしに各国の通貨供給量が決定される仕組みであった。とはいえ

現実には，第1次大戦前，金貨の流通が行われたのはイギリス，アメリカ，フランス，ドイツのみであり（純粋金本位制），多くの国で実施されていたのは，実質的には金と外貨（特にポンド預金）とを通貨準備として併用する金為替本位制であった。

第1次大戦とともに金の輸出入が禁止され，金本位制は停止されたが，戦争終結とともに金本位制を再建し，通貨価値を安定させようとする試みが開始された。イギリスでは，1918年，カンリフ委員会で大戦後の通貨，為替について審議が行われ，大戦前旧平価（1ポンド=4.86ドル）での金本位制復帰という原則が確認されていた。20年から24年にかけてのポンド／ドル相場の動揺が落ち着き，24年9月に為替レートが4.975ドルにまで回復する状況の中で，24年10月成立の保守党内閣（チャーチル蔵相）は金本位制復帰を決意，25年5月に旧平価での復帰を断行した。ドイツのインフレも1923年秋から収束に向かい，24年8月，ドーズ案と借款の助けによって戦前と同一水準の金価値をもつライヒスマルクが誕生した。フランスのフランも26年以降安定し，1928年には戦前平価の約4分の1の水準で金本位制に復帰した（ポワンカレ・フラン）。30年1月には日本（井上準之助蔵相）も旧平価での金本位制復帰（金解禁）を断行した。

バブル崩壊は，金本位制再建からまもない1929年のことであった。当初，各国は保護主義の強化によって不況に対応しようとし，国内経済では，経済の自動回復力を尊重しようとした。しかし，やがて各国政府は次々に金本位制を放棄した。通貨の価値を犠牲にして積極的な財政政策がとられるようになり，生産，投資，価格，労使関係などの面における国家介入が行われた。アメリカにおけるニュー・ディール政策，ドイツにおけるナチス経済政策がその代表的なものであった。

アメリカでは，共和党のフーバーから政権を引き継いだ民主党フランクリン・ローズベルト大統領によって政策転換がなされた。

フーバー政権のもとでは，貿易保護のほか，金本位制に支えられたドルを防衛するための高金利誘導政策，緊縮財政がとられていた。フーバーの時代にも不況対策として公共投資や地方財政への連邦支援が行われたが，金本位制の呪縛のもとでその規模には限界があった。

　1933年3月に大統領に就任したローズベルトは「ニュー・ディール」(New Deal：新規まき直し）を唱え，まず4月に金輸出を禁止し，翌34年1月の金準備法によって通貨の切り下げを行った。財政政策や市場介入にも積極的であった。ダム建設によって灌漑を行い，電力を確保しようとするテネシー渓谷開発公社（TVA）は1933年5月に設置され，大規模公共事業をともなう積極的経済政策が行われた。農業調整法（AAA, 1933年5月）では，補償金を出して生産制限を行い，農産物市場への直接介入による価格引き上げを図った。33年6月の全国産業復興法（NIRA）は，生産と価格に関する産業協定，すなわちカルテルの結成を定め，同時に労働者雇用の保護をめざした。農業調整法や産業復興法は市場への介入によって不況に対処しようとするものであったが，35年，36年に連邦最高裁判所によって憲法違反とされた。国際経済秩序については，1934年6月の互恵通商協定法，35年8月の中立法によって世界大不況以前のような国際貿易の活発化を狙った。互恵通商協定法は，アメリカと主要国との通商協定によって貿易障壁を引き下げ，最恵国条項による波及を通して経済ブロック化に歯止めをかけようとするものであった。

　ドイツでは，1932年7月総選挙でナチス（国民社会主義ドイツ労働者党：NSDAP）が第一党となり，33年1月，アドルフ・ヒトラーが首相に就任した。ドイツでは外国投資を安定して受け入れるために通貨の安定が求められ，30年から32年にかけてはブリューニング首相が予算均衡のために緊縮財政政策をとり，不況を深刻化させた。ナチス政権は，労働者の政治活動を禁止し，労働協約制度を破壊す

る一方，高速道路建設や軍需生産の拡大によって需要増加をもたらし，雇用の創出と生産の増加に成功したといわれる。こうした政策の効果については議論があるが，600万人にも達した失業者の数は劇的に減少した。ナチスは，原料の割当制，労働力の強制配置などの経済統制を強化し，経済の自給自足（アウタルキー）を目標に「生存圏」を拡大しようとした。1936年，ナチスはゲーリングを長官とする4カ年計画庁を設置し，経済的な自給自足体制を進めるとともに軍事部門の強化に乗り出した。ただ，対外均衡の観点からみれば，外貨の不足は続くことになった。フランスにおいては，1936年に成立したブルムの人民戦線政府が保守政権からの政策転換を行い，週40時間労働制や有給休暇制を導入する一方，大規模な公共事業を行った。

　ニュー・ディールやナチスによる積極的財政政策は，金本位制の放棄，管理通貨制の採用と一体の関係にあった。ドイツに多額の短期資金を供給していたイギリスでも，オーストリアのクレディト・アンシュタルト銀行の破綻（31年7月），ドイツのダナート銀行の倒産を受けて，危機が飛び火し，ポンド不安によってイギリスの正貨準備は急速に減少した。31年9月，マクドナルド挙国一致内閣は金本位制からの離脱を決め，ポンドは暴落に任されるまま，12月には30％も減価した。英帝国と主要貿易相手国（北欧，東欧，アルゼンチン，ポルトガルなど）からなる25カ国もイギリスに追随して金本位制を放棄し，スターリング・ブロックを形成することになった。アメリカも1933年4月に金本位制を停止し（金兌換，金輸出の禁止），34年1月に公式にドルを切り下げた。日本も政変を経て高橋是清蔵相のもとで31年暮れに金本位制を離脱した（金輸出の再禁止）。金本位制に取り残されたフランス，スイス，ベルギーなどは金ブロックを形成したが，36年秋までに相次いで金本位制を放棄せざるをえなかった。

ブロック経済と世界貿易の縮小

保護主義への動きは大戦直後から始まっていたが，世界恐慌はこの動きに拍車をかけた。アメリカのスムート＝ホーレー関税法(1930年)が世界的関税引き上げのきっかけとなったとされる。対抗してイギリスでも32年関税法が成立し，同年のオタワ協定によって帝国内特恵関税を設定，英帝国の経済ブロック化を進めた。フランスでも恐慌下で対植民地貿易の比重が高まった。関税率引き上げ以外の手段をみれば，輸入割当制は輸入を数量的に制限しようとするものであり，為替管理は決済の面から貿易を制限しようとするものであった。また，バーター貿易やクリアリング協定は，2国間のみで個別的に輸出入の均衡を図ろうとするものであったが，第三国を考慮の外におくことから多角的貿易システムを破壊し，世界貿易全体の縮小という結果をもたらした。国際資本市場の崩壊は，国際的な資金の移動をも停止させた。

通貨切り下げ競争，関税戦争という近隣窮乏化政策に終止符を打つべく，1932年6月，ロンドンで世界経済会議が開催された。しかし，交渉はまとまらず，失敗に終わった。これ以後，世界貿易の急速な縮小に拍車がかかり，ドル・ブロック，スターリング・ブロックなど排他的な経済ブロックの形成が進むことになった。太陽の沈まぬ国といわれた大英帝国を基礎にもつスターリング・ブロックは，オーストラリアの羊毛，インドの棉花，南アフリカの金，カナダの小麦など多くの物資を域内で確保することができたが，フランスをはじめとする金ブロック，さらにドイツや日本ではそのような自給自足は不可能であった。

「持たざる国」であったドイツは，「生存圏」確保のための中・東欧侵略をイギリス，フランスに認めさせようとした。1938年9月，ヒトラー首相はイギリスのチェンバレン，フランスのダラディエ両首相とミュンヘンで会談し，チェコ侵攻を容認させた。第1次大戦

図 8-3 世界大不況と貿易の縮小

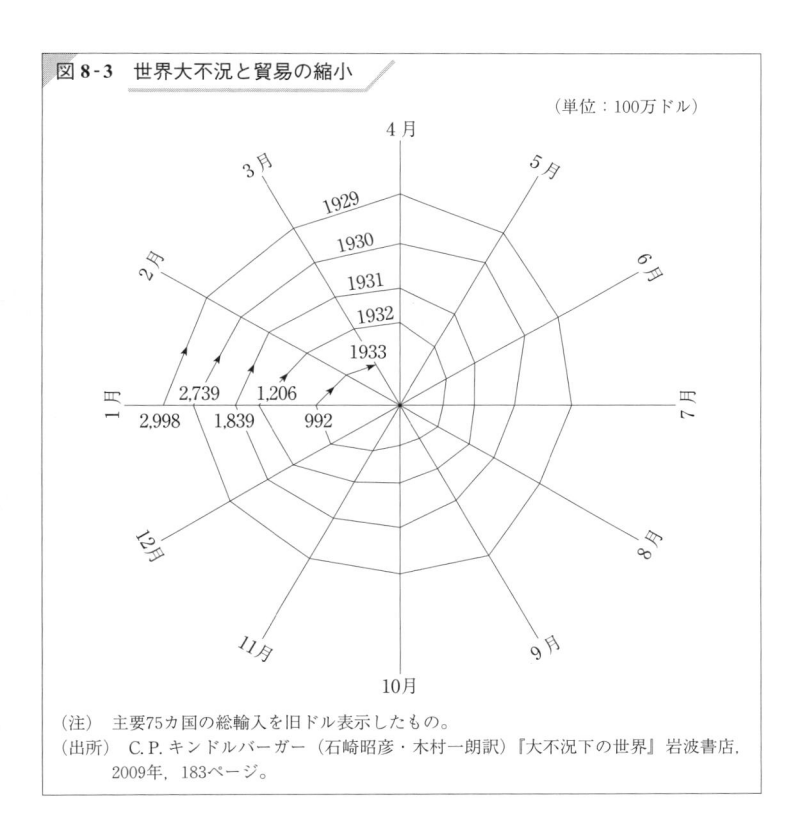

（単位：100万ドル）

（注）主要75カ国の総輸入を旧ドル表示したもの。
（出所）C. P. キンドルバーガー（石崎昭彦・木村一朗訳）『大不況下の世界』岩波書店，2009年，183ページ。

後の英仏に底流する厭戦世論がナチス・ドイツに対する宥和主義を正当化しており，経済的には「持てる国」と「持たざる国」の間での資源再配分をめざす「平和的変化」のための交渉が続けられた。しかし，ドイツ・イタリア・日本という枢軸側の軍事的拡張はとどまるところを知らず，第2次大戦の戦端が開かれた。30年代には，経済不況の中でカルテルの結成が公認されるなど，各国経済における組織化が進んでいた。組織化はまず30年代の不況対策として始まり，経済の軍事化の中で統制色を強めていった。

4 第2次世界大戦

> 戦局と経済

　第2次大戦は，1939年9月1日のドイツによるポーランド侵攻に始まり，英，仏は9月3日にドイツに対して宣戦を布告した。アジアでは日中間の宣戦布告なき戦争が続いていたが，41年12月，対米交渉が決裂した日本がハワイ真珠湾を奇襲し，戦線は地球規模に拡大した。戦死者数には諸説あるが，民間人を含む戦死者の数は，世界全体で5000万人を越え，ソ連2100万人以上，中国1100万人以上，ポーランド660万人，ドイツ510万人，日本310万人などといわれる。

　ドイツと日本は，機動力を駆使して有利に緒戦の戦局を進めた。第1次大戦では，緒戦の侵攻ののち北東フランスで戦線は膠着したが，1940年5月からの総攻撃の結果，ドイツは中立国のオランダ，ベルギーを占領，さらにパリを攻略してフランスを単独降伏させ，ピレネー山脈までの西ヨーロッパ主要部分を占領した。東部戦線においても，41年6月には独ソ不可侵条約を破ってソ連に侵攻し，秋までにはヨーロッパロシアの主要部を占領した。第1次大戦当時，経済封鎖に悩まされたドイツは，第2次大戦においては占領地の拡大，占領地からの収奪によって戦争を継続しようとした。この収奪は，当初一方的な徴発が中心であったが，42年頃からは占領地の政権を対独協力に巻き込み，特にフランスのヴィシー政権は，降伏時に定められた占領費支払いに加え，食糧，石炭から兵器にいたるまでをドイツに供給し，戦時下のドイツに労働力を提供する役割を担った。ドイツによる収奪は占領期フランスのGDPの3割から4割に及んだ。日本による中国占領地からの収奪も戦争進行とともに苛酷の度を深めた。しかし，ドイツにせよ，日本にせよ，占領地の物

資は不十分であり、ドイツは水素添加技術による人造石油など「代用品」の開発に努めなければならなかった。日本の場合には、海上輸送路の確保が隘路となり、インドネシア原油の輸入が途絶した44年には実質的に戦争継続能力を失った。

　ドイツ、日本の機動力によって後退を強いられた米、英、中、ソなどの連合国側は、やがて、アメリカ合衆国の物量によって戦線を押し戻していった。合衆国は、1935年中立法によって交戦国への軍需品輸出を禁止してきたが、39年11月には中立法の改正によって、イギリス、フランスへの武器輸出を開始した。さらに、日米開戦に先立つ1941年3月には、武器貸与法（Lend-Lease Act）を制定し、「その防衛が合衆国防衛にとって死活的」である国々に対する武器の提供（支払いは戦争終結後とされた）を開始した。これによる武器援助は総額約500億ドルに達し、イギリスおよびソ連の軍事作戦を支え、中国もその恩恵に浴した。これに対して、枢軸国側の軍事、経済協力は地理的条件からも不十分なものにとどまった。

　次章の表9-1にみるように、第2次大戦のさなか、大陸ヨーロッパ各国ではのきなみ生産が減少し、人口増も停滞、1人当たり生産も縮小した。それに対してアメリカ経済は、大戦中も軍需生産によって活況を呈し、経済成長を遂げた。戦禍に破壊し尽くされた1945年のヨーロッパは、アメリカ中心の世界経済秩序の中に組み込まれていくことになった。

● 参考文献 ●

C. P. キンドルバーガー（石崎昭彦・木村一朗訳）『大不況下の世界』岩波書店，2009年

E. ホブズボーム（河合秀和訳）『20世紀の歴史——極端な時代（上・下）』三省堂，1996年

S. ポラード編（森田正英訳）『20世紀の歴史3　経済（上）』平凡社，1992

年

Feinstein, C. H., P. Temin and G. Toniolo, *The European Economy Between the Wars,* Oxford University Press, 1997

議論のための課題

1. 金本位制と管理通貨制の優劣を比較しなさい。
2. 計画経済のメリット，デメリットをそれぞれ列挙し，市場経済と比較しなさい。
3. あなたは世界大不況時のイギリス，フランス，ドイツいずれかの首相である。1930年代初頭にあなたがとるべき政策は何だと考えるか。あなたの政権における最大の政治的目標は何かを明確にして，金融，貿易，雇用などに関する経済政策を提示しなさい。

第9章 第2次大戦後のヨーロッパ経済

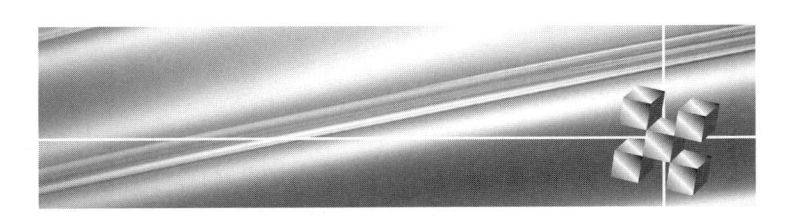

　第2次大戦後の世界経済，特に西側諸国の経済の特徴はその急速かつ持続的な成長にある。二度にわたる世界大戦は，ともに多大の犠牲者と物質的な破壊をもたらしたが，戦後の動向はまったく対照的であった。第1次大戦が両大戦間の混迷の幕を開いたのに対して，第2次大戦ののちには，20世紀後半の世界的な高度経済成長が続いたのである。

　唯一の超経済大国となったアメリカ合衆国が世界経済を主導した。ヨーロッパは，米ソ対立と東西冷戦の中で40年以上ものあいだ東西のブロックに分断された。アメリカ中心の世界経済秩序の中で，西ヨーロッパは，戦後の経済復興と高度成長を達成し，大衆消費社会が形成された。一方，東ヨーロッパの諸国はソ連を盟主とする社会主義経済圏に組み込まれたが，1950年代，60年代には計画経済のもとでの安定した経済成長が達成された。

　20世紀になって活用できるようになる国民所得統計によれば，第1次大戦を機に顕著な上昇をみせた政府支出／国内総生産の比率は，第2次大戦後になっても依然として上昇傾向を続けた。特にヨーロッパは全体としてこの動向を強く示していた。大きな戦争を行うごとに公的経済部門の比重が増加するのは当然であるが，「混合経済」，

「福祉国家」の名のもとに、ヨーロッパは平時においても巨大な政府機構をもつようになったのである。

1960年代末までの世界的な高度成長は、70年代に入ってにわかに終焉を迎えた。1970年代のドル危機、石油危機を経て、先進国の経済成長は失速し、失業が顕在化した。ソ連・東欧圏でも、市場経済を導入した経済改革にもかかわらず経済は不振となり、1989年以後の東欧革命の中で社会主義経済体制は次々に崩壊していった。

イギリスの歴史家ホブズボームは、第1次大戦の始まった1914年からソ連崩壊の1991年までの時期を「短い20世紀」と呼んでいる(『極端な時代』)。ソ連、東欧社会主義経済の崩壊、中国、インドの市場経済化によって世界経済のひとつの時代が終了したといってよいだろう。それ以後、1990年代から2008年世界金融危機に至るまでの世界経済の特徴は、生産要素のグローバルな移動と、市場の機能をきわめて重視する新自由主義の君臨であるといえよう。

1 戦後国際経済の枠組みと冷戦

> 戦後国際経済の枠組み：IMF、世界銀行、GATT

A. マディソンの整理によれば、20世紀の世界経済は4つの時代に分けられる。すなわち、①第1次大戦までの世界的な成長と活発な貿易の時代、②第1次大戦から1950年にかけての戦争と恐慌、デフレ、そして世界貿易縮小の時代、③1950年代、60年代、世界貿易が活発化し、高い経済成長が達成された黄金時代、④1970年代以後、ドル危機、石油危機から始まる低成長の時代である。これに、⑤として、1990年代からの再成長とグローバリゼーションの時代を考えてもよいであろう。

戦後の高度成長は、戦後処理のあり方と無関係ではなかった。第

1次大戦後のベルサイユ条約のように敗戦国の経済を徹底的に破壊する懲罰的制裁も行われなかったし，1930年代の経済ブロック化を繰り返さないために貿易の拡大が世界経済秩序の目標に据えられた。第1次大戦前，イギリスを基軸国とする国際金本位制のもとで国際的な貿易と投資が活発に行われていたが，第1次大戦後には，再建金本位制が崩壊する中で国際通貨体制の安定は失われ，それが貿易と国際投資の減退をもたらした。逆に，第2次大戦後には世界貿易の活性化が，各国の経済成長を牽引することになった。

　1944年7月，アメリカ，ニューハンプシャー州ブレトンウッズの会議で，連合国45カ国は戦後の国際通貨制度を協議した。ヨーロッパ戦線では6月にノルマンディー上陸があり，連合国側の反撃が本格化したところであった。30年代のトラウマを乗り越え，戦後に向けてどのような国際通貨体制を構築するべきか，ブレトンウッズ会議では，この問題をめぐってイギリス代表のケインズの案とアメリカ代表のホワイトの案とが対立した。

　ケインズ案は，どこの国の通貨からも中立的な新国際通貨「バンコール」を創設し，この国際的管理通貨をかつての金のような基軸通貨としようとするものであった。一方，アメリカのホワイト案は，戦後予想されるアメリカの圧倒的経済優位を基礎に合衆国ドルを唯一の基軸通貨の地位に引き上げ，国際通貨として他国に認めさせようとするものであった。アメリカ案に従って1945年に設立された国際通貨基金（International Monetary Fund：IMF）のもとで，各国通貨は合衆国ドルと固定相場で結び付けられ，国際通貨の安定と多角的決済システムが保証された。国ごとの個別的な為替管理には大きな制約がはめられた。同時に戦災国に対する復興資金の供給を目的として設立された世界銀行（国際復興開発銀行：IBRD）は，やがて発展途上国向けの資金の供給に大きな役割を演じることになった。

　IMFが国際通貨の面から貿易の拡大を狙ったのに対して，通商

の面から関税や数量規制など貿易障壁の軽減や撤廃を進めたのはGATT（ガット：関税と貿易に関する一般協定）の枠組みであった。1948年発効のこの協定では，加盟国間の差別的待遇を廃止する一般的最恵国待遇が取り決められ，また，GATTのもとで加盟国が一堂に会しての多角的包括的貿易交渉が始められた。包括的貿易交渉としては，関税の大幅一括引下げを実現したケネディーラウンド（1964～67年），さまざまな非関税障壁の撤廃を行った東京ラウンド（1973～79年），さらに，交渉の対象を農業やサービス，知的所有権にまで拡大し，GATTから世界貿易機関（WTO）への発展的改組を決めたウルグアイラウンド（1986～94年）などが繰り返された。

　国際機関の歴史を振り返るなら，19世紀，各国の経済的相互依存が深まった最初のグローバリゼーションの時代（→第7章1）には，万国郵便連合（1874年），万国電信連合（1865年），また，特許に関するパリ条約（1883年）や著作権に関するベルン条約（1886年）などの国際機関や国際的枠組みが生まれていた。国際赤十字や，近代オリンピックも，ヨーロッパを軸とするこの国際化の中で生まれたものであり，万国博覧会についても第1次大戦直前には国際協定を結ぼうとする動きがあった。第1次大戦直後にも，国際連盟（1920年），国際労働機関（1919年），国際司法裁判所（1922年）をはじめとする国際機関が生まれたが，グローバリゼーションの後退をとどめることはできなかった。しかし国際連合（1945年）をはじめとする戦後の国際機関は，それまでに設立された国際機関以上の権限をもつ超国家的機関となった。

冷戦とヨーロッパの分断，マーシャル・プラン（欧州復興計画）

　戦後ヨーロッパの経済成長は，このような戦後世界経済の枠組みの中で通商の拡大によって達成された。しかし，1930年代の不況の傷も癒えず，さらに第2次大戦の戦火にさらされたヨーロッパでは，復興の足がかりをつかむのは容易で

はなかった。

　経済復興の障碍は,「ドル不足」(ドル・ギャップ) であった。ヨーロッパ各国は戦争終結直後から経済復興に取りかかり,特に新たに成立したイギリスのアトリー労働党政権,フランスのドゴール臨時政府は,主要産業部門の国有化によって混合経済体制をスタートさせていた。しかし,戦争によって輸出能力を喪失したヨーロッパ諸国は,復興資材の輸入に必要な外貨,つまり合衆国ドルの保有が十分ではなく,それが経済復興を妨げていたのである。戦争終結後,緊急の援助として国連救済復興機関 (UNRRA, 1943年設置) の援助が行われ,また,英仏は個別にアメリカとの交渉を行ったが,本格的援助はマーシャル・プラン (欧州復興計画) によって行われた。

　1947年6月,ジョージ・マーシャル米国務長官は連合国に対する大戦中の援助の精神にのっとり,ヨーロッパの復興のために大規模な援助を行う方針を表明した。マーシャルの演説ではヨーロッパ全体の復興が目的とされ,東ヨーロッパ諸国も対象に考えられていた。

　しかし,冷戦がしだいに明確な形を取りはじめていた。47年3月のトルーマン・ドクトリンではギリシア,トルコに対して社会主義陣営に対抗する軍事援助が決定されたが,47年5月にはハンガリーで政変 (首相退陣) が起こり,ソ連が東ヨーロッパに勢力を確立しようとしていた。マーシャル・プランへのヨーロッパ側の対応を協議した47年6月の英・仏・ソ外相会談においてソ連は内政干渉を理由に受け入れを拒絶し,参加を望んでいた東ヨーロッパ諸国もこれに従った。以後,マーシャル・プランの受け入れ国は西ヨーロッパ16カ国に限定された。マーシャル・プランは東西ヨーロッパの分裂をさらに深め,48年2月にはチェコスロバキア政変によって共産党独裁が生まれ,48年6月にはベルリン封鎖が行われるなど危機が高まった。マーシャル・プランに対決するかのように,ソ連圏では

1949年コメコン（経済相互援助会議）が成立した。軍事同盟としては西側で北大西洋条約機構（NATO）が49年に成立，東側ではワルシャワ条約機構（1955年）が成立した。

マーシャル・プランによって，合衆国政府は1947年から52年にわたって総額130億ドルに上る援助をヨーロッパに対して行った。毎年の金額はアメリカのGDPの約1％に相当し，当時のヨーロッパの貿易赤字の額にほぼ相当するものであった。この援助は，貸付よりも贈与を主体とするものであった。マーシャル資金は，ヨーロッパの「ドル不足」を大幅に緩和する効果をもったと同時に，戦時需要の消滅によって不況に向かいつつあったアメリカ国内産業に対して輸出需要を創り出す効果があった。合衆国政府は対ヨーロッパ援助を媒介して国内産業に対する支援を行ったのである。マーシャル援助の主な使途は対米支払いであり，1950年までの西ヨーロッパの輸入額の20〜25％は，この援助資金によってまかなわれたものであった。また，被援助国は「贈与」部分の援助資金に見合う額を自国通貨で積み立てることが認められた。100億ドル規模といわれるこの「見返り資金」は，アメリカ政府の承認を経た上で財政の健全化や産業基盤整備，設備投資のために活用された。

マーシャル・プランの実施に向けてアメリカは統括機関として経済協力局（ECA）をおき，ヨーロッパ側16カ国は欧州経済協力機構（OEEC）を設立（1948年）して資金の効率的な配分に努めることになった。マーシャル援助終了後，この組織は経済協力開発機構（OECD）へと改組され，経済先進国の政策協議の場となる。OEECは，1949年，貿易自由化規約を定めて，ヨーロッパ域内の貿易障壁の緩和・撤廃をスタートさせ，1950年末までには域内民間貿易全体の67％が自由化された。また，決済通貨としてのドルが不足し続ける中で，1950年，アメリカから4億ドルの寄付を受けて多角的決済機構としてのヨーロッパ決済同盟（EPU）が設立され，主

要国の通貨の交換性が回復された58年まで，EPUは域内の決済を容易にする役目を担った。ヨーロッパの経済統合については第10章で論じることとするが，統合の前段階として，アメリカ合衆国による欧州復興計画があったことを忘れてはならない。

2 経済成長の時代

●1950〜73年

1 西ヨーロッパ：混合経済と高度成長

経済成長と経営・技術の革新，キャッチ・アップ

　戦後西ヨーロッパ経済の最大の特徴は，GDPに示されるような経済の高度成長であり，国民の生活水準の向上であった（表9-1）。戦争直後，ヨーロッパとアメリカとの間には生活水準の上で大きな格差があったが，1950年代，60年代，西ヨーロッパは急速にアメリカの水準に接近した。イタリアの労働者の4人家族の毎月の消費は1890年代からの100年間で実質額にして約9倍に増加したという。フランスでは，1940年代末においても浴室やトイレを備えた一般の住宅は多くなかったが，50年代，60年代の経済成長を経て住宅環境は大きく改善された。西ヨーロッパを通じて，1970年代初めまでに，テレビ，電気冷蔵庫，電気洗濯機，家庭電話が普及し，自家用車の所有率も劇的に高まった。食生活では肉の消費量が急増，サービスでは美容院などが急増し，スーパーマーケットが登場して家庭の購買意欲を刺激した。

　家計消費にみられる生活水準の上昇とともにアメリカ的生活様式が浸透し，西ヨーロッパにおいても大衆消費社会が生まれることになった。教育水準も上昇し，高等教育の学生数は1950年から75年までの間にイギリスで7倍，フランスで8倍，ドイツでは11倍に増加

表9-1　第2次大戦後の経済成長：各国のGDPと1人当たりGDP

(1) GDP（1990年ドル） (単位：10億ドル)

	ベルギー	フランス	ドイツ	イタリア	イギリス	アメリカ	日　本	ソ　連
1930	40.2	188.5	258.6	119.0	249.5	768.3	118.8	252.3
1938	40.4	187.4	342.3	143.9	297.6	799.3	176.0	405.2
1945	36.1	102.1	302.4	87.3	347.0	1644.7	102.6	333.6
1950	47.1	220.4	265.3	164.9	347.8	1455.9	160.9	510.2
1960	63.3	344.6	558.4	296.9	452.7	2046.7	375.0	843.4
1970	102.2	592.3	843.1	521.5	599.0	3081.9	1013.6	1351.8
1980	142.4	813.7	1105.0	742.2	728.2	4230.5	1568.4	1709.1
1990	171.4	1026.4	1264.4	925.6	944.6	5803.2	2321.1	1987.9
2000	212.4	1235.6	1528.3	1081.6	1179.5	7941.9	2669.4	1343.2*

(2) 1人当たりGDP（1990年ドル） (単位：ドル)

	ベルギー	フランス	ドイツ	イタリア	イギリス	アメリカ	日　本	ソ　連
1930	4979	4532	3973	2918	5441	6213	1850	1448
1938	4832	4466	4994	3316	6266	6126	2449	2150
1945	4333	2573	4514	1922	7056	11709	1346	1913**
1950	5462	5271	3881	3502	6939	9561	1921	2841
1960	6952	7546	7705	5916	8645	11328	3986	3945
1970	10611	11664	10839	9719	10767	15030	9714	5575
1980	14467	15106	14114	13149	12931	18577	13428	6426
1990	17197	18093	15929	16313	16430	23201	18789	6878
2000	20742	20808	18596	18740	19817	28129	21069	4351*

(注)　1）　ドイツについては，1945年までは1936年の国境，1946年以後は1991年統一後の国境（東西の合計）。
　　　2）　*旧ソ連諸国の合計，**1946年
(出所)　Maddison, A., *The World Economy : Historical Statistics*, OECD, 2003.

した。経済の高度成長は，所得の上昇，大量生産，大量消費によって国民生活を一変させ，「見えざる革命」（ジャン・フーラスティエ）をもたらしたのである。戦後の開放的な国際経済秩序とヨーロッパの域内調和とがこの経済成長を支えたことはいうまでもない。

　戦後の西ヨーロッパや日本の高度成長は，5％，10％という高い経済成長率が，かつてない期間持続したことの結果である。アメリカの生活水準に近づき，アメリカと同様の高度大衆消費社会を実現するという課題は，高度成長期にほぼ達成されたかに思われる。マ

クロ的にみると，高度経済成長の時代には，資本ストックとGDPとの比率，すなわち資本係数が1930年代とは比較にならないほどに高まった。特に投資の比率が大きかった西ドイツとオランダは高い経済成長率を記録した。労働力の投入からみると，農村から都市への労働力の移動だけでなく，戦後の西ヨーロッパは東ヨーロッパからの難民を受け入れ，さらには植民地からの引揚者や移民の労働力を活用することができた。のちにフォーディズムと呼ばれる大量生産，大量消費の経済体制の中で，新しい産業技術が必要とする単純労働力は，潤沢に供給され続けていたのである。

しかし，1950年から62年までを対象としたデニソンの研究によれば，資本，労働の投入量だけでは説明しがたいものが残る。この期間，北西ヨーロッパ8カ国の成長率が4.78%であったのに対して資本，労働の投入増加によって説明可能な部分は1.69%にとどまり，残りの3.07%は，投入量1単位当たりの生産高の上昇，すなわち生産性の上昇によるものであった。デニソンは，その内容を「知識の進歩」(0.76%)，「労働資源の再配分」(0.60%)，「規模の経済と所得弾力性」(0.93%)などに分解して説明している。

キャッチ・アップはけっして自動的に達成されたものではなかった。まず，戦後西ヨーロッパの労働生産性はアメリカに対して大きく劣っており，この生産性の格差を埋める必要があった。各国の経営者団体は生産性ミッションをアメリカに派遣して積極的にアメリカ企業の生産性に追いつこうとし，各国政府もこれを支援した。一方，アメリカに本拠をおく多国籍企業のヨーロッパ進出によって産業技術の移転がなされたことも重要である。産業技術のみならず，1920年代，30年代のアメリカで開発された企業経営手法もヨーロッパに導入された。

市場の観点からすれば，開かれた世界市場と域内の経済協力，市場統合こそが，規模の経済を実現しうる市場環境をヨーロッパの企

業にもたらした。1950年代には多くの小規模自動車メーカーが淘汰されていったが、その一方でドイツのフォルクスワーゲンやBMW、フランスのルノーやシトロエンが市場を拡大した。ヨーロッパ域内貿易の額は1950年から61年の間に3倍以上の増加を遂げ、急速に拡大しつつあった世界貿易全体に占める比率でも41％から53％へと上がった。

一方、第2次大戦まで、イギリス、フランス、ベルギー、オランダなどの国々は植民地帝国を形成していたが、60年代半ばまでにほとんどの植民地が独立を達成した。植民地獲得に執着した19世紀には低開発地域との垂直的貿易が追求されたが、20世紀後半には先進工業国同士の水平的貿易関係がより緊密なものになった。「植民地帝国からヨーロッパへ」という転換は、かつての植民地宗主国に共通するものであった。1951年の石炭鉄鋼共同体参加を断ったイギリスも先進国間水平貿易のメリットを自覚しており、60年には、ヨーロッパ経済共同体（EEC）の枠外にあった各国を誘ってヨーロッパ自由貿易連合（EFTA）を結成した。

1950年代、60年代のキャッチ・アップの過程で、各国政府は完全雇用と経済成長とを積極的に追求した。各国の経済官僚のあいだにはケインズ経済学の影響が広まった。30年代のニュー・ディール政策やフランス人民戦線の購買力政策はしばしば「ケインズ以前のケインズ政策」と呼ばれるが、60年代の経済政策は十分に自覚的なケインズ政策であったといえる。マクロ経済学の登場は、国内総生産をはじめとする国民所得統計の整備を促し、官僚たちは政策立案のための武器を手にすることができた。

混合経済と計画化

経済における政府部門の拡大、すなわち混合経済は戦後西ヨーロッパの大きな特質といえる。国内総生産に対する政府支出の比率は1950年代には30～40％、70年代には50％を超える国も現れた。イギリスでは、1945年7

月の総選挙で成立したアトリー労働党内閣のもとで，47年から石炭，電力，鉄鋼，ガス，運輸の基幹産業部門で国有化が行われた。すでに鉄道の国有化が行われていたフランスでも，ドゴール臨時政府のもとで，石炭，電力，ガスなどの独占的国営企業が成立し，主要預金銀行も国有化された。ファシズム期イタリアの石油公団（AGIP）や産業復興公社（IRI）が国営企業の先駆となったが，戦後の国有化は，エネルギー，交通・運輸，通信など多様な部門に及び，20年代，30年代とは比較にならないほどに政府部門の重要性が増すことになった。30年代と相違して，国営企業の多くは市場競争にさらされたが，国営化された企業はしばしばその国家の威信を担い，産業政策の中核そして前衛部隊として位置づけられた。

　フランスでは，ドイツによる占領期間中，ヴィシー政権とレジスタンスの双方で，計画化を中心に据えた戦後構想が練られていた。課題は，30年代の経済停滞の中で陳腐化し，戦争によって破壊された生産設備の更新であった。1946年にジャン・モネを長官とする計画庁が設立され，復興のための「近代化＝設備計画」（モネ・プラン）が47年1月から実施に移された。この計画には物資，資金の配分が定められ，基幹部門と指定された石炭，鉄鋼など6産業部門に対する傾斜的配分が行われた。計画の作成に当たっては産業部門ごとに「近代化委員会」が設置され，経営者，労働者，政府の代表による討議が行われていた。政府機関による一方的な計画作成ではなく，経営者との協調によって計画が作成された点が特徴であった。

　モネ・プランはまもなく1947年からのマーシャル援助によって資金的な基盤を獲得した。復興が達成されるに従い，計画の性格は次第に目標を提示する「指標誘導型」に変貌したが，フランスの経済計画は，鉄鋼，エネルギー，自動車など，大企業中心，国営企業中心で集中度の高い基幹生産部門で成功を収めた。これに対して，繊維産業，小売業をはじめ，生産が分散的であったり，自己資金に依

存する傾向の大きい産業分野では,経済計画の効果は限定的であった。

経済計画を前面に押し出したのはフランスおよびイタリアの特質であり,ドイツ,イギリスをはじめ他の西ヨーロッパ諸国では,経済計画に多くを依存することはなかった。しかし,戦後の各国政府は,景気循環に対してケインズ的な総需要管理で対応し,財政政策,金融政策を積極的に駆使した。財政が本来もつとされる自動安定化機能（ビルト・イン・スタビライザー）も,財政が肥大化するにつれて効果を発揮した。計画化を軸とする産業政策によって戦後復興の足がかりをつかんだフランスも,1960年代以降は次第にマクロ的な財政,金融政策に経済政策の重心を移していった。

労働者の経営参加と福祉国家

フランスでは,経済計画の策定に当たる近代化委員会に経営者代表とともに労働組合代表が参加したが,ヨーロッパの多くの国でも職場代表の経営参加が法律的に義務づけられた。特に西ドイツでは,1951年の共同決定法により,石炭,鉄鋼業で1000人以上を擁する企業では,最高意思決定機関である監査役会に出資者と同数の労働者代表の参加,執行機関である取締役会にも労働者代表の参加が定められ,76年法ではさらに他の業種にも対象が拡大された。企業の意思決定機関,執行機関への労働者代表の参加は,西ドイツ以外にも,オーストリア,デンマーク,スウェーデンなどで制度化された。フランスなどでは企業意思決定への直接的参加ではなく,経営協議会方式がとられたが,労働に関するいくつかの問題については労働者代表の同意が必須とされた。労働者の経営参加は1920年代に起源をもつが,第2次大戦後に産業民主主義の思想とともに普及したものであった。

1949年5月,欧州審議会規約が締結された。欧州審議会は,民主主義と人権とをヨーロッパが共有する価値規範として確認し,ファ

シズムを否定するとともに，新たな全体主義としての共産主義をも否定するものであった。また，1950年に調印された欧州人権条約は，その補完文書である社会憲章において社会権の尊重を定めた。このような文明史的一体性の基礎のもとに，ヨーロッパの福祉国家は発展し，アメリカとは異なる経済体制を築いていった。イギリスでは，大戦中1942年のベバリッジ報告で「ゆりかごから墓場まで」といわれるような全国民を対象とする包括的保障サービスが提唱され，戦後の家族手当法（1945年），国民保険法（1946年），国民扶助法（1947年）などにつながった。

2 東ヨーロッパ：社会主義化と経済改革

東ヨーロッパの社会主義化

1946年3月，イギリスのチャーチル元首相は，バルト海のシュテチンからアドリア海のトリエステに至る「鉄のカーテン」の存在を指摘し，冷戦到来の中でのヨーロッパの分断を予測した。第2次大戦終結に際して，反ナチス運動が成功したユーゴスラビアでもチトーの指導する社会主義政権が誕生した。また，ドイツ東部からチェコ，ハンガリーに至る国々はソ連軍に占領され，戦後はソ連の勢力圏に入ることになった。48年から49年には，東ヨーロッパ諸国に「人民民主主義」政権が生まれ，社会主義化が進んだ。ソ連で1920年代末以来実施されてきた中央集権的な指令経済モデルが東ヨーロッパ諸国に持ち込まれた。ソ連モデルの押し付けは，1948年にユーゴスラビアの離反を招き，ポーランドやハンガリーでの動乱につながったが，ソ連（およびモンゴル）のみが社会主義経済をとっていた時代が終わった。

戦後の高度経済成長は，西ヨーロッパや日本に限られていたわけではなかった。西ヨーロッパ同様，あるいはそれ以上に重大な戦禍を受けていた東ヨーロッパの諸国も，社会主義のもとで経済成長の

道をたどりはじめた。チェコスロバキアと東ドイツとを別にすれば，戦間期までの東ヨーロッパ諸国は農業国であり，1人当たりGDPの水準も購買力平価で西欧の40％程度（1950年），その生活水準はソ連以下であった。だが，オルドクラフトのマクロ的分析に従うなら50年代初めに世界全体の18％にすぎなかった東ヨーロッパ8カ国の工業生産高は，70年代には約30％を占めるようになった。社会主義国では「国内総生産」に代えて「物的純生産」（NMP）の概念が用いられたが，どちらの基準をとるにしても，1950年代，60年代は，東ヨーロッパの国々にとっての工業成長の時代であった。50年代，農業の成長率が年4％以下であったのに対して工業の成長率は東ドイツ，ポーランドでほぼ10％，ルーマニアでは12％であった。

ソ連では1920年代末から農業集団化が行われ，コルホーズが建設されたが，東ヨーロッパ諸国の中ではブルガリアの集団化が早く，1952年には耕地の過半が集団化された。一般に東ヨーロッパの農業集団化は，農民の反発を考慮してソ連の場合よりも緩慢に進められたが，自営農業が残されたポーランドとユーゴスラビアの一部を除き，最終的には農業は集団化され，1960年代半ばには90％以上の農地が集団化された。

工業でも，ソ連モデルに従って，主要産業が国有とされ，多くの民間企業が非合法化された。商業銀行も国有化され，証券市場は閉鎖された。多くの国で，国家の収入源として売上税が導入された。ソ連にならって，東欧のすべての国で5カ年計画が導入された。重工業，資本財生産優先の計画経済のもとで，政治的動乱にもかかわらず工業生産は成長したが，消費財の生産には遅れがみられた。

1950年代，60年代の経済成長は生産要素の大量投入による外延的成長とされてきた。人口の流出が続いた東ドイツを除けば，東ヨーロッパの雇用は西ヨーロッパ以上に拡大を続け，労働投入は増加した。資本の投入についてみても，生産財工業に優先的な配分が行わ

れ，固定資本形成は増加し続けた。もっとも，生産性の向上が皆無であったわけではない。産出高増加に対する要素投入の増加と生産性向上の寄与度を部門別に比較すると，工業では投入量と生産性の寄与度がほぼ匹敵していた。だが，労働投入量を抑えられた農業では成長率自体が低く，サービス業については，生産性の向上ではなく，労働，資本の投入量増加が成長を支えていた。さらに，50年代と60年代とを比較すれば，投入1単位当たりの工業部門生産高の伸び率はのきなみ低下していた。

1960年代の経済改革，コメコン

1953年にスターリンが死亡し，後継のフルシチョフは56年のソ連共産党第20回大会でスターリン批判の秘密報告を行った。ソ連から距離を置きはじめていたチトーのユーゴスラビアに続いて，スターリン死後，政治的には1953年のベルリン蜂起，1956年にはポーランド，ハンガリーでの民主化運動が起きた。しかし経済的には，ソ連と決別して生産手段の社会的所有と労働者による自主管理を唱えたユーゴスラビアを除き，中央の計画による指令経済が維持された。ただし効率性の観点からすれば大きな進歩はみられないままの外延的経済成長であり，資源の浪費と環境への悪影響が避けられなかった。1960年代，ソ連，東ヨーロッパ諸国は経済改革によって効率性を獲得する必要に迫られていた。

農業の不振に悩むソ連では，1950年代，機械トラクターステーションの解体を含む改革が行われた。1960年代にソ連，東ヨーロッパで進められた経済改革は，計画経済の目標を重工業専一から消費財生産にまで拡大し，計画メカニズムの変質をも内容とするものであった。かつて各産業，個々の企業にまで詳細な指令を与えていた中央計画機関の権限は資源配分の総合的調整へと縮小され，大きな権限が各産業部門，さらに個別の企業へと移管された。計画を実施させる手段も単純な指令ではなくなり，市場需給を反映した価格決定

が導入された。このころソ連のリーベルマンは，競争原理を導入して効率性を高めることを提案した。彼の1962年の論文「計画，利潤，および報奨金」は，企業の経営自主性を認め，企業の成功基準として利潤率の導入，労働者に対する経済的刺激としてのボーナス制度を提案し，価格や賃金の決定，資金の調達と利益の処分についてより大きな選択の自由を企業の責任者に与えようと提案するものであった。

　実際の改革は，国ごとに大きく相違していた。ブルガリアとアルバニアではほとんど改革は行われず，東ドイツ，ポーランド，ルーマニアでは抑制された改革，ハンガリーとユーゴスラビアではより大胆な改革が行われたとされる。各国の党指導者たちは，経済改革が政治改革に連動し，経済の自由化，分権化が共産党による政治支配を揺るがしかねないことを危惧し，1968年のチェコスロバキア民主化運動（「プラハの春」）や，ゴムルカ退陣を招いた1970年12月のポーランド労働者運動のような反体制運動の爆発を恐れた。

　社会主義の大きなメリットは，雇用の安定と国民の経済的平等であったが，体制内の経済改革は，この基本的な価値をも揺るがした。検閲を乗り越えて西側の情報が入ってくるようになると，東ヨーロッパの国民は自分たちの生活水準が西ヨーロッパよりはるかに劣っていることを認識することになった。

　国際経済関係をみると，西ヨーロッパ諸国がアメリカ合衆国からの援助を受けていたころ，東ドイツやハンガリー，ルーマニアでは逆にソ連に対する物資の供給が要求された。反対にソ連からの東ヨーロッパに対する援助は非常に少なかった。

　1949年，コメコン，すなわち経済相互援助会議が設立された。参加国は，ソ連，脱退したアルバニアを除く東欧6カ国（他にユーゴスラビアが準加盟）とモンゴル（62年加盟）であり，70年代には，キューバ，ベトナムが加わって10カ国となった。戦後の東ヨーロッパ

各国は比較的自給自足的な経済運営を行っていたが、50年代後半からはコメコンを通じて各国の経済計画の調整が行われた。

コメコンはEECのような関税同盟ではなく、共同市場でもなかった。貿易の大部分は二国間貿易協定によって行われた。しかし、西ヨーロッパでの経済統合の深化をみながら、1962年には、コメコン諸国の相互関係を強化し、社会主義圏での国際分業をもとに各国の経済計画が調整されるシステムが協定された。さらに64年の国際経済協力銀行の設立を通じて多国間主義が高まり、二国間貿易中心の構造は変わらないものの、コメコンの保護下での部門別国際協力と多角的貿易への道が開かれた。

1970年代初めまでに東欧諸国のいくつかはGATTに加盟した。50年代初頭から60年代末までに、東ヨーロッパの貿易は増加し、世界貿易に占める割合も、東ヨーロッパ8カ国で1948年の約6.5%から60年代後半には10%を超えるようになった。

3 危機とグローバル競争

●1973〜2000年

1 ドル危機と石油危機

ブレトンウッズ体制の崩壊と変動相場制

先進国における高度経済成長の時代は、1970年代に大きな転換を迎えた。ブレトンウッズ体制の終わりを告げた71年の「ドル危機」、そして73年、78年の二度にわたる「石油危機」によって、世界経済は不安定な時代に入った。

ドル危機とは、基軸通貨の位置を占めてきた合衆国ドルに対する信認の低下であった。アメリカは、外国株式・債務の取得に対して、利子平衡税（1964年）を導入するなど、資本流出の抑制、ドル防衛

に努めていたが，1971年8月，ニクソン大統領は，ドルと金との交換停止，10％の輸入課徴金新設を内容とする新経済政策を一方的に発表した（ニクソン・ショック）。しかし，ドル危機の背景は構造的なものであった。第1には，戦後まもない時代のアメリカの圧倒的経済優位が，ヨーロッパ，日本の戦後復興の中で相対的に失われたという事情があった。第2に，ヨーロッパ，アジア，ラテンアメリカに進出した米国系多国籍企業は，進出先で活発な企業活動を行う一方，利潤を米国に還流させないことによってドルの拡散を進めていた。第3には，60年代のベトナム戦争，また「偉大な社会」というスローガンのもとでの福祉関連支出など，膨大なドルの出費が危機を加速させていた。

ブレトンウッズ体制のもとでは，ドルと金との兌換を合衆国が保証した上で，「基礎的不均衡」が生じたとき以外には為替レートが固定され，貿易や投資の為替リスクを回避できるメリットがあった。しかし，固定相場制とは為替の公定価格制度にほかならず，その公定価格維持のためにIMFのもとで各国の通貨当局が為替取引を規制し，資金の「過剰な」国際移動を制限しなければならなかった。この制度のもとでは，国際資金移動の大部分が，実需，すなわち実際の貿易，投資の決済に限られていた。

1971年8月のニクソン声明以後，外国為替レートは変動の時代を迎えた。同年12月，米ドルを軸に為替レートの調整がなされ（スミソニアン合意），ドルは金に対して7.89％切り下げられ，ドイツ・マルクは対ドルで13.58％，日本円は16.88％切り上げられた。しかし，固定相場制は長続きせず，73年春以降，主要国通貨は総フロートの時代に入り，為替は，政府・通貨当局の意向を離れて，市場の需要供給によって決定されるようになった（変動相場制）。

固定相場制の終焉とともに為替管理は意味を失い，投機的な性格をもみせながら資金の国際的移動が活発化した。原料を輸入に頼る

石油会社や電力会社など恒常的に為替変動のリスクにさらされた企業は，為替リスクをヘッジする必要から，新たに成立した為替先物市場（1972年，シカゴ商品取引所）を利用することになった。取引規制に守られた固定相場制の崩壊と同時に，為替の市場取引は爆発的に成長した。通貨当局の規制が及ばないオフショアの金融市場としてユーロダラー市場が注目を集め，国際資金移動の中心となっていった。

1970年代，英米を中心に国際金融の自由化と規制緩和が進む一方で，大陸ヨーロッパ諸国は資金の自由な流出入が域内為替を不安定にさせ混乱を招くことを警戒し，完全な変動相場ではなく協調フロートを選択した。スミソニアン合意後の72年3月，EC諸国通貨相互の変動幅を上下2.25％の枠に閉じ込める合意がなされ，この幅の中で協調して変動させる道が選ばれた。79年に成立したヨーロッパ通貨システム（European Monetary System：EMS）は，変動幅を一定に保ち「トンネルの中の蛇」にもなぞらえられたこのシステムを制度化したものであり，やがては単一通貨ユーロの誕生（決済通貨としては1999年）につながった。

石油危機（1973～74，78～79年）

1972年，ローマ・クラブが発表した報告書『成長の限界』は，1000万部のベストセラーとなった。67年にヨーロッパの学界，政財界有力者によって結成されたこの団体は，経済成長が続く中で，資源の枯渇，環境の破壊に警鐘を鳴らし，やがて来る経済不況の時代を予告することになった。

1940年代から開発が進んだ低コストの中東原油は，戦後の経済成長を支えた隠れた要因のひとつであった。しかし，戦後の中東ではイスラエルとアラブ諸国の対立が続き，この地域では，民族紛争，宗教紛争が絶えることがなかった。73年10月，第4次中東戦争が勃発すると，アラブ産油国は石油を外交上の武器とする石油戦略を発

動し,イスラエルの友好国に対する石油の禁輸を宣言した。この石油危機の結果,原油の価格はほぼ4倍に高騰し,世界的なインフレと不況を引き起こした。

世界石油市場は,1930年代からエクソン,モービル,シェルなどの国際石油企業による寡占体制のもとにあり,石油メジャーは,共同採掘企業(コンソーシアム)を通して中東原油の採掘権を独占していた。中東やベネズエラなどの産油国はメジャーから原油採掘権料を得ていたが,1960年に石油輸出国機構(OPEC)を結成,ナショナリズムの高揚の中で利益配分の増加を求め,採掘権料の引き上げを獲得していた。70年代の石油危機は,国際石油産業における産油国の発言権が決定的に高まったことを示すものであった。

1978年には,さらにイラン・イスラーム革命が起きた。有数の産油国であるイランは,親米的な王政のもとで近代化を進めていたが,近代化にともなう社会矛盾の先鋭化の中で王政に反発する宗教的過激派が国王を追放し,イスラーム共和国の樹立を宣言した。73年の第1次石油危機で4倍に高騰した原油価格は,78年の第2次石油危機ではさらに2倍に上昇した。

二度にわたる石油危機は石油輸入国における急速なコストインフレ,そしてスタグフレーション(不況下の物価上昇)を引き起こし,非産油国から産油国への一方的な所得移転をもたらした。にわかに巨額の石油レントを獲得した産油国は,オイルダラーを国際資金市場で運用しはじめ,ユーロダラー市場を拡大させた。石油危機は,50年代,60年代の高度経済成長に終止符を打った。

2 冷戦の終結とグローバル競争

グローバリゼーションと新自由主義

1970年代のドル危機,石油危機を経て,80年代の世界経済は不安定な時代に入った。70年代に二度にわたって上昇した石油価格

は86年には逆に暴落し，石油輸出に依存する産油国に危機をもたらした。石油価格は，その後も激しい変動を繰り返し，2000年代には中国をはじめとする新興国の需要急拡大を受けて高騰を始めた。為替の乱高下も顕著であった。80年代には英ポンド，イタリア・リラが減価する一方でドイツ・マルク，日本円が上昇したが，変動は絶えず続いていた。景気変動自体も不安定であり，87年秋，欧米における「暗黒の月曜日」の株価暴落率は，1929年恐慌の暴落率を超えるものであった。90年には日本でもバブルの崩壊が起こり，経済退潮が始まった。80年代初めまでの激しいインフレが収束すると，先進国の物価は90年代にはほぼ安定するようになり，むしろ世界的なデフレが懸念されるようになっていった。

　大きな変容は，1989年からの東欧，ソ連社会主義経済体制の崩壊とともに起こった。石油高騰の中でソ連は外貨を稼ぎ，そのことが結果的に経済改革を遅らせたが，東ヨーロッパの社会主義国では，西ヨーロッパ以上に石油危機の影響は深刻であった。東ヨーロッパ諸国はこのときから西側の資金に依存するようになり，やがて80年代には累積債務の問題を抱え込んで，あいついで破綻した。社会主義経済体制の崩壊によって，グローバリゼーションは新たな段階に入った。世界人口約50億人のうち，それまでは世界全体で10億人程度が市場経済に参加していたとされるが，ロシア，東ヨーロッパ，そして市場経済への移行を進める中国，インドを加え，世界の市場経済は30億人の規模に拡大した。

　一方，西ヨーロッパは，1980年代の不況の中で戦後に築かれた国内の経済体制を変貌させ，国境を越えた域内単一市場の建設によってグローバリゼーションに対応しようとしていた。93年1月からは，単一市場が現実のものとなった。この単一市場の内部では，国境における税関が廃止され，物資の往来が自由化された。域内の一国から他の国に対する投資も制限なく行われるようになり，さらには，

人間の移動に対してもシェンゲン条約によって域内国民のパスポートなしの移動が自由化され，域外外国人の入国も共通の国境で管理されるようになった。

　なかんずく重要なのは，国際的な資金移動の活発化であった。ブレトンウッズ体制が崩壊してのち，大陸ヨーロッパがヨーロッパ通貨制度によって為替の相互安定を重視したのに対して，1979年に成立したイギリスのサッチャー保守党政権，81年からのアメリカのレーガン共和党政権は金融の規制緩和を推し進め，国際的資金移動を制約するどころか，積極的に資金の流入を受け入れた。これによるドル，ポンドの高騰は，一時的には両国の輸出を減退させ，80年代初めの不況を招いたが，金融の規制緩和，特に86年のイギリス金融ビッグバンの結果，国際金融の世界は，新しく開発されたさまざまの金融派生商品（デリバティブズ）の成功とあいまって，投機的性格を強めながらも急速に拡大した。イギリスの金融市場を代表する「シティ」は，19世紀以来の長い歴史をもつ金融機関が没落して外国金融機関が活躍する場となった（ウィンブルドン効果）が，規制緩和の中で大いに賑わいをみせた。

　一方，フランスで1981年に成立したミッテラン大統領の社会党政権は，81年から82年にかけて銀行や企業の国有化を行った。石油危機後の不況に，国有企業を産業政策の中核として対処しようとしたものであった。しかし，国際収支の悪化から通貨が暴落する中で，社会党政権も方向転換し，通貨の面ではドイツ・マルクに協調させるフラン高政策へ，経済政策としては規制の緩和へと大転換を遂げた。86年の総選挙で保守党シラク政権が生まれると，82年の国有化だけでなく戦争直後に国有化された企業までが民営化され，アメリカ，イギリスのファンド資金を受け入れた。こうしてフランスもまた，政府が経済を牽引する混合経済体制を修正し，グローバルな資金を受け入れて新自由主義の道を進みはじめた。

◉ 参考文献 ◉

G. アムブロジウス＝W. H. ハバード（肥前栄一ほか訳）『20世紀ヨーロッパ社会経済史』名古屋大学出版会，1991年

D. H. オルドクラフト（玉木俊明・塩谷昌史訳）『20世紀のヨーロッパ経済』晃洋書房，2002年

Berend, I., *An Economic History of Twentieth-Century Europe : Economic Regimes from Laissez-Faire to Globalisation,* Cambridge University Press, 2006

Eichengreen, B., *The European Economy since 1945 : Coordinated Capitalism and Beyond,* Princeton University Press, 2006

Schultze, M. S. (ed.), *Western Europe : Economic and Social Change since 1945,* Longman, 1999

議論のための課題

1. 経済のグローバリゼーションはどのような段階をたどって現在に至っているか。19世紀以来の歴史的段階を追って整理してみなさい。
2. 戦後西ヨーロッパの「混合経済」について国ごとの特質を調べ，同時期のアメリカや日本の経済と比較しなさい。

第10章　EUへの道

ヨーロッパ経済統合の進展

1　石炭鉄鋼共同体から EU へ

「ドイツ問題」，モネ・プラン，マーシャル・プラン

　21世紀初頭現在も進行中の「ヨーロッパ経済統合」の根源は深い。戦間期のヨーロッパ各国経済の問題を解く鍵として，すでに「ヨーロッパ統合」の理念が浮上しつつあった。第2次世界大戦争中には，ナチス・ドイツによる暴力的・強制的なヨーロッパ経済の「統合」があったが，それに抗してレジスタンス（さまざまな国で行われたナチスへの抵抗運動）として戦う人々も将来の平和的な経済統合のプランを作成した。彼らのプランは先見性に富み，現実の経済復興の計画への影響力も大きかった。

　しかし一般には，敗戦国ドイツの処遇が現実問題として浮上した第2次世界大戦後に，ヨーロッパ経済統合の具体的な起点を見出すことが多い。いわゆる「ドイツ問題」をめぐるヨーロッパ内外の各国ごとの将来像や意図の複雑な交錯の中から，（西）ヨーロッパ統合という共通のビジョンが立ち現れ，まず経済統合の進展として実

を結んだからである。本節でまず,その経緯を概観しておこう(→略年表)。

■略年表　ヨーロッパ経済統合の歴史

1945年12月	モネ,「計画庁」設立(仏)
1946年3月	チャーチル,「鉄のカーテン演説」
1947年4月	モスクワ外相会談(米英仏ソ)決裂
6月	マーシャル・プランの提唱
1948年4月	ヨーロッパ経済協力機構(OEEC)18カ国で結成,マーシャル・プラン受け入れ
1949年5月	西ドイツ成立
1950年5月	シューマン・プラン提唱
1951年4月	ヨーロッパ石炭鉄鋼共同体(ECSC)設立条約(パリ条約)調印
1957年3月	ヨーロッパ経済共同体(EEC)条約,ヨーロッパ原子力共同体(EURATOM)条約調印
1960年1月	イギリス,スイス,スウェーデンなど7カ国がヨーロッパ自由貿易連合(EFTA)設立条約調印
1967年7月	3共同体機関の併合により,EC(共同体)成立
1968年7月	関税同盟完成(域内関税の完全撤廃と域外共通関税)
1972年4月	「トンネルの中の蛇」(EC諸通貨の為替レートの固定化をめざす変動相場制)
1973年1月	イギリス,デンマーク,アイルランド加盟(拡大EC)
1974年12月	欧州理事会の設立決定
1979年3月	欧州通貨制度(EMS)スタート
1985年6月	EC委員会,「域内市場白書」を提出
1986年2月	単一欧州議定書の調印
1989年6月	ドロール報告(4月)により,欧州通貨同盟(EMU)開始が決定される
1990年10月	東西ドイツ統一
1992年2月	欧州連合(EU)条約(マーストリヒト条約),調印。93年発効。
1999年1月	単一通貨ユーロ誕生

疲弊した自国経済の復興に関して，フランスは当初から積極的なビジョンをもっていた。それはヨーロッパ大陸における重工業国としてドイツにとって代わることであった。そのためにはドイツ経済の心臓部である西部ドイツ・ルールの石炭・鉄鋼業地域をわがものとするか，少なくともコントロール下におかなければならない。それは同時にドイツ経済の復興を（将来の再侵略を防ぐという安全保障上の観点からも）阻止しようとすることであった。ジャン・モネによるフランスの「近代化」計画＝「モネ・プラン」（→第9章2）はこうしたフランスの世界戦略と密接に結びついていた。

　しかし，このフランスの意図は二方向の外圧により阻まれた。

　ひとつは，アメリカ合衆国の外交戦略の転換である。1946年前半にはスターリンのソ連と米・英との対立はチャーチルの「鉄のカーテン」批判演説などであらわになり，47年のドイツ占領政策（賠償方式）をめぐるモスクワ外相会談は決裂した。冷戦が顕在化する中で，ドイツへの厳しい処罰（ルール工業地帯の廃棄をともなうドイツの田園化——「モーゲンソー・プラン」）を戦時中に主張していたH.モーゲンソーら財務省派に代わり，反共の防波堤としてドイツを重視するハルら国務省派・クレイらの陸軍省派がドイツ占領政策の主導権を握った。もちろん国務省と陸軍省との間で，さらにそれぞれの内部でも意見の衝突は繰り返されたが，アメリカの対独政策はいわゆる「ハード・ピース」から「ソフト・ピース」へと完全に路線変更されたのである。それはドイツ経済の復興を課題とした。1947年6月のマーシャル国務長官による演説は，ヨーロッパの復興はドイツの復興と不可分のものだと位置づけ，ヨーロッパ諸国の協力・統合の進展を援助の条件として要求した。

　いまひとつは，小国オランダ，ベルギー等が，ドイツを中心とする西ヨーロッパの国際的な貿易連関の再生を強く望んだことにあった。米英仏のドイツ占領区からの財（石炭，鉄くず，木材などの原料）

の輸入については基本的にドルによる決済を義務づける「ドル条項」があったが,これは極端なドル不足(ドル・ギャップ)を西欧諸国に引き起こした。加工貿易を中心とするベネルクスにとっては,(アメリカではなく)ヨーロッパ内に資本財供給基地が必要であり,そのための重工業・化学工業をもちうるのはフランスではなくドイツ以外にはなかった。資本財をドイツから輸入し,農産物や原料,中間財をドイツに輸出するという戦前の貿易関係への復帰を望むベネルクス,イギリスなどは,フランスがもちかけた反ドイツ的な関税同盟締結を47年末には拒絶するに至る。

　こうして自国優先の工業大国化に挫折したフランスは,「近代化」の道を欧州経済統合の枠組みの中に模索せざるをえなくなった。フランス経済復興に尽力したジャン・モネは,「シューマン・プラン」作成や石炭鉄鋼共同体の設立などに大きく貢献し,「ヨーロッパ統合の父」と呼ばれることになる。

シューマン・プランから拡大ECへ

マーシャル・プランによる援助の受け入れにともなって,16カ国は援助金の配分と共同復興計画策定のために「ヨーロッパ経済協力委員会」を1947年8月に結成し,1年後その後身として「欧州経済協力機構(OEEC)」が成立した。しかしマーシャル・プランを起点とするこの組織が,ただちに経済統合を推し進めたわけではない。OEECはあくまで政府間協力組織にすぎず,その中でもヨーロッパ経済復興をめぐる主に英仏の見解・利害の対立が目立ったからである。OEECに基礎を置きつつなお当初ドイツを排除する形で,経済成長優先のやや保護主義的な市場統合を進めようとするフランスの企図は,ここでも挫かれた。また一方で「ドイツ問題」の解決も,フランスの願望にそむく形で進められようとしていた。ルール地方における炭鉱業の経営権は英軍政府からドイツ人に返還され,アメリカを中心とする連合国はルール地方におけるドイツの

経済的主権回復を方針として固めていった。ドイツに対する影響力・発言権を喪失せず、アメリカの同意＝援助が不可欠な経済近代化という目標を追うためには、国際戦略の思い切った転換が必要であった。

　1950年5月にロベール・シューマン仏外相が発表した「シューマン・プラン」による石炭・鉄鋼資源の共同管理は、このためにフランスが編み出した苦肉の策である。事実上の立案者はモネであった。一方、建国間もない西ドイツ（ドイツ連邦共和国）のコンラート・アデナウアー首相は、連合国政府による統制を離れた完全な経済主権の回復をめざす一方で、朝鮮戦争の開始によって安全保障上の問題にも直面していた。復興の前提としての西側社会へのスムーズな復帰という目標に、「シューマン・プラン」の受け入れは適合する。これがアデナウアー政権の考えであった。

　シューマンの提案にもとづいて51年4月に設立されたヨーロッパ石炭鉄鋼共同体（ECSC）は、仏、独、伊、ベネルクスの6カ国が平等な立場で参加し、石炭・鉄鋼に関する関税や数量制限を廃止、共同市場を実現し、超国家的な「最高機関（High Authority）」にその管理を委ねるというものであった。これにより、仏独はそれぞれの経済的利益を確保する形で協調関係に入っていった。ドイツ再軍備問題を一挙に解決しようとした「欧州防衛共同体（EDC）」構想こそ仏議会の反対で挫折したものの、63年の独仏友好条約（エリゼ条約）による「歴史的和解」をも経て、独仏関係はヨーロッパ統合の基軸となる。

　しかしECSCに参加したベネルクスは、大国の思惑を超えて一層の経済統合を主導することになった。1955年にはベルギー外相ポール＝アンリ・スパークとオランダ外相J. W. ベイアンらが中心となり、運輸・エネルギー・原子力平和利用という3重要分野の統合と、全般的な共同市場につながる幅広い経済統合のための制度的

整備(権限をもつ共同機関設立など)を訴えるプランを提示した。これは56年にはスパーク委員会報告として発表され，57年3月のローマ条約締結を経て，58年にヨーロッパ経済共同体(EEC)とヨーロッパ原子力共同体(EURATOM:EAEC)の成立をみた。EECは単なる広域関税同盟ではなく，経済の全分野を対象とし，一般的な経済政策の調整について比較的強い決定権・権限のある理事会をもっていた。1950年代前半に企図された政治的・軍事的な統合の挫折を，経済的統合の進展がカヴァーしたといえる。以後，この(イギリスがいったん退いた)「小欧州的統合」の枠組みで各国の経済成長が加速する。65年には上記3共同体の機関統一が合意され，67年ヨーロッパ共同体(EC)として成立，68年にはEECの関税同盟が予定より18カ月早く完成し，同年，共通農業政策も出発した。

　もちろん，60年代の経済統合に何の障害もなかったわけではない。当初はEECに懐疑的でもあり，また英連邦的枠組みからの脱却が遅れたイギリスは，デンマークなど7カ国でヨーロッパ自由貿易連合(EFTA)を結成し，EECの局外にあった。60年代に入って再々にわたりEEC加盟を申請したが，イギリスがアメリカの「トロイの木馬」となることを警戒するフランス大統領シャルル・ドゴールによって，ことごとく拒絶された。またECのあり方について条約主義のアプローチをとり，フランスの国家主権に固執するドゴールは，連邦主義の立場から超国家的機関の設立を求めるウォルター・ハルシュタインEEC初代委員長らと対立し，ヨーロッパ統合そのものに危機をもたらしたこともある。

　しかしフランス主導のヨーロッパ構想を追求したドゴールの退陣(1969年)後，70年代初頭には再び統合が加速した。70年には域外通商政策の実施，共同体固有財源の導入，71年には「経済通貨同盟(EMU)」構想がスタートするなど，経済的統合も顕著な前進をみせた。1973年にはイギリス，デンマーク，アイルランドが加盟して

拡大ECが誕生する。1972年にはパリ首脳会談において,「70年代の終わりまでに加盟国間の関係をヨーロッパ連合（同盟）〔European Union〕へと転換する」と確認され,「ヨーロッパ連合」という語が公式の席ではじめて使われた。

> 統合の停滞から『域内市場白書』『単一欧州議定書』へ

こうしたヨーロッパ統合についての楽観的な見方（ユーロ・オプティミズム）は，石油ショックによる不況の開始によって粉砕された。

すでに70年代初頭には上記の制度的な経済統合進展は，71年8月のニクソン・ショック（金ドル交換停止など）によって逆風を受けてもいたが，事態を悪化させたのは石油価格の急騰にともなう深刻なスタグフレーションであり，各国にはもはや「ヨーロッパ連合」を追求する余裕はなくなった。石油危機下では最も肝心なはずのヨーロッパ共通エネルギー政策にしたところで，中東産油諸国との関係が深い英仏とドイツ，オランダとの意見が衝突し，仏独関係にまで軋みが生じた。政治的には，西独ウィリー・ブラント首相の「東方政策」（社会民主党ブラント政権による，分断国家として対立していた東独はじめ東欧諸国との外交関係改善）が仏ジョルジュ・ポンピドゥー政権の不信感を招いていたことも背景にあった。

こうした統合の停滞から抜け出るきっかけとなったのは，仏独における首脳の交代であった。対立するポンピドゥー，ブラントのそれぞれの後継者，V. ジスカール＝デスタン大統領とヘルムート・シュミット首相は個人的にも緊密な協力関係を築き，欧州理事会の権能を強化するとともに，ヨーロッパ通貨システム（EMS）を設立させた（1979年）。ニクソン・ショック後のスミソニアン体制に対応するため各国貨幣の為替相場の変動幅を定めた（「トンネルの中の蛇」）欧州為替同盟はしばしば機能マヒに陥り，「スネーク」からは英仏伊が離脱する状況となっていた。これに対し，新たに①共通単

位であるバスケット貨幣Ecu（エキュ）, ②域内固定相場制維持のための為替相場メカニズム（ERM）, ③短期・中期の金融支援システム, という3本の柱をもつEMSにより, 通貨安定を達成し, 頓挫していた通貨統合への道を開いたのである。

　80年代初頭, イギリスのマーガレット・サッチャー政権によって突きつけられた財政負担超過問題（工業国であり英連邦からの農業産品輸出も多いイギリスは, EC財政の5分の1を負担しながら, EC歳出のわずか1割程度を受けるにすぎなかったため, 大幅な負担軽減を求めた）を, ECは政治交渉と財政構造改革によって乗り切った。この頃から, 「ユーロ・ペシミズム」を克服し, 統合に向けて再び弾みをつける政治的アピールがあいついでなされた（83年のシュトゥットガルト理事会における「欧州同盟に関する厳粛な宣言」など）。これらを受けて, 85年6月にEC委員会（ジャック・ドロール委員長）は白書『域内市場の完成』を出す。いまだに分断状態にある商品・資本・サービス等の市場における非関税障壁や国内制度の差異などさまざまな障害を撤廃することを提唱し, その期限を「92年末」と明記したものであった。この市場統合プランは翌86年の「単一欧州議定書」調印により発効された。

そして, ユーロへ

　1989年6月のマドリード欧州理事会において, 欧州首脳は3段階により「経済通貨同盟（Economic and Monetary Union：EMU）」に至る計画を採択した。70年代初頭の「EMU」構想のいわば再出発である。これは90年7月以降, EU圏内の資本の完全移動（為替管理の撤廃）から始まり, 加盟国中央銀行によるヨーロッパ通貨機構（European Monetary Institute：EMI）設置などを経て, 遅くとも99年1月に欧州中央銀行を設立し, 共通通貨の導入に至るというものであった。この計画は91年12月に採択されたヨーロッパ連合条約（マーストリヒト条約）に組み入れられた。

92年2月に調印され，11月に発効したマーストリヒト条約は過去のヨーロッパ統合を新たな段階へ移行させるものであり，ECの既存統合構造に政府間協力の分野を併せて成立するヨーロッパ連合（同盟）すなわちEuropean Union（EU）が誕生した。EUはEMUの前進を大きな目標に掲げ，その第3段階への移行達成（いわゆる「収斂規準」のクリア）のために各国の努力が続けられた。

　その結果，98年には欧州中央銀行（ECB）が設立され，99年1月には当時のEU加盟国15カ国中11国により，単一通貨「ユーロ」が導入された。当初，現金をともなわない取引に用いられる貨幣としてのみ存在したユーロは，2002年1月から12カ国で紙幣・硬貨として市中流通を開始し，すべての支払いに用いられるようになった。

2 統合の拡大と深化・変質

水平的統合から垂直的統合へ

　1950年代に石炭鉄鋼共同体の成立から始まった共同体の経済紐帯の深化は，93年の単一市場成立，99年の単一通貨ユーロ導入によって90年代末にはほぼ完成した。経済的一体化が進むと同時に，EC－EUの構成諸国の範囲も，当初の6カ国から拡大を続け，2009年1月現在では27カ国に達した。図10－1にみられるように，21世紀はじめには，東ヨーロッパの旧社会主義諸国のEU加盟が一挙に加速した。この節では，EUの拡大と深化にともなう問題を考える。

　ヨーロッパの地図を開くと，特に人口が稠密で，産業も集中し，所得水準も高いベルト状の地域の存在を読み取ることができる。この繁栄のベルトは，産業革命の揺籃となったイングランド北西部（マンチェスター周辺）に始まり，ロンドンからイギリス海峡を渡っ

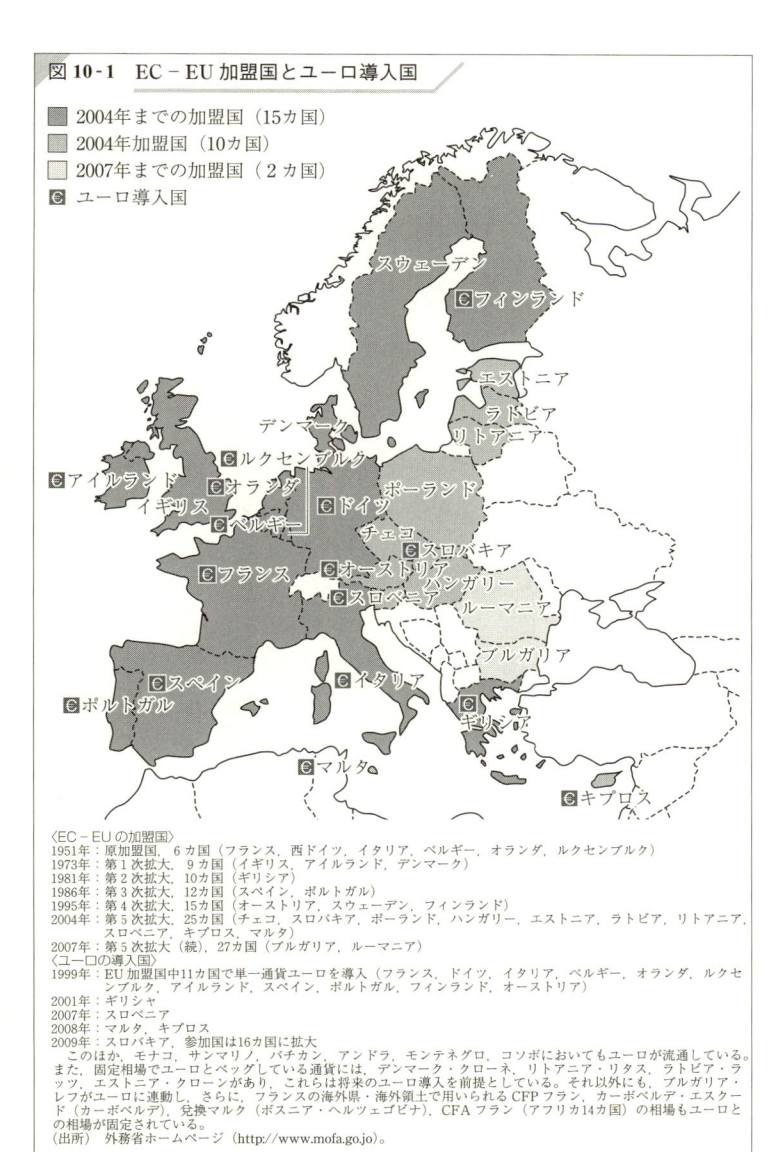

図 10-1　EC – EU 加盟国とユーロ導入国

- ■ 2004年までの加盟国（15カ国）
- ■ 2004年加盟国（10カ国）
- □ 2007年までの加盟国（2カ国）
- Ⓔ ユーロ導入国

〈EC – EU の加盟国〉
1951年：原加盟国，6カ国（フランス，西ドイツ，イタリア，ベルギー，オランダ，ルクセンブルク）
1973年：第1次拡大，9カ国（イギリス，アイルランド，デンマーク）
1981年：第2次拡大，10カ国（ギリシア）
1986年：第3次拡大，12カ国（スペイン，ポルトガル）
1995年：第4次拡大，15カ国（オーストリア，スウェーデン，フィンランド）
2004年：第5次拡大，25カ国（チェコ，スロバキア，ポーランド，ハンガリー，エストニア，ラトビア，リトアニア，スロベニア，キプロス，マルタ）
2007年：第5次拡大（続），27カ国（ブルガリア，ルーマニア）

〈ユーロの導入国〉
1999年：EU 加盟国中11カ国で単一通貨ユーロを導入（フランス，ドイツ，イタリア，ベルギー，オランダ，ルクセンブルク，アイルランド，スペイン，ポルトガル，フィンランド，オーストリア）
2001年：ギリシア
2007年：スロベニア
2008年：マルタ，キプロス
2009年：スロバキア，参加国は16カ国に拡大

　このほか，モナコ，サンマリノ，バチカン，アンドラ，モンテネグロ，コソボにおいてもユーロが流通している。また，固定相場でユーロとペッグしている通貨には，デンマーク・クローネ，リトアニア・リタス，ラトビア・ラッツ，エストニア・クローンがあり，これらは将来のユーロ導入を前提としている。それ以外にも，ブルガリア・レフがユーロに連動し，さらに，フランスの海外県・海外領土で用いられる CFP フラン，カーボベルデ・エスクード（カーボベルデ），兌換マルク（ボスニア・ヘルツェゴビナ），CFA フラン（アフリカ14カ国）の相場もユーロとの相場が固定されている。
（出所）　外務省ホームページ（http://www.mofa.go.jo）。

てベネルクス三国とドイツのライン工業地域、フランスの北部、東部の工業地帯に至り、さらにアルプスを越えて北イタリアの工業地帯へと続いている。

ECの原加盟国6カ国は、いずれもこのベルト地帯に位置する所得水準の高い国々であり、国ごとの経済水準の格差はわずかなものであった。1973年にはイギリス、アイルランド、デンマークが共同体加盟を果たしたが、イギリスは繁栄のベルトの中の先進工業国、デンマークは農業国とはいえ高い所得水準をもつ国であり、1人当たり所得がイギリスの約6割であったアイルランドも、イギリス経済と密接な関係で結ばれていた。

しかし、80年代のギリシア、スペイン、ポルトガルの加盟以後、EC‐EUは経済水準の上では異質の国々をメンバーに迎え入れることになった。新加盟の3国では、第2次大戦後、スペインではフランコ政権、ポルトガルではサラザール政権が続き、ギリシアも軍事独裁政権のもとにあったが、70年代に独裁政権が崩壊し、民主化を実現したばかりであった。この国々にとって、EC‐EU加盟には民主主義体制の存続を保障するという政治的に重要な意義があり、それゆえ、3国は加盟に積極的であり、他の国々も受け入れに積極的であった。それは、欧州審議会規約、欧州人権宣言に書き込まれたヨーロッパの理念に対する帰属を意味していた。

1970年代までの共同体は、経済発展を遂げた先進工業国家同士の共同体であった。これは19世紀以来の植民地支配、また30年代のブロック経済にみられたいわば垂直的な対外経済関係から、ヨーロッパ域内の水平的といえる対外経済関係への転換を背景としていた。フランスにとっては、宗主国とフラン圏の植民地とのあいだの垂直的分業関係からヨーロッパ内の水平的な分業関係への移行であり、分裂国家となった西ドイツにとっては、遮断された中・東欧との垂直的な経済関係をフランスやベネルクスとの水平的な分業関係によ

って置き換えるものであった。遅れて加盟したイギリスについても，ヨーロッパという選択は，かつての大英帝国の垂直的な分業関係からヨーロッパの水平的分業関係への転換を意味していた。

　しかし，ギリシア，スペイン，ポルトガルの加盟から，この流れは逆転していった。ドイツやフランスの資本が賃金の安い新加盟国に進出し，多くの移民労働力がスペイン，ポルトガルからフランスやベルギー，ルクセンブルクに移動することになった。1993年初めに実現した「単一市場」は，域内におけるヒト，モノ，カネの移動に対する障壁を取り払った。このEUの深化の中で，イギリスとドイツ，ドイツとフランスのあいだでは両方向に技術者の交流，水平的な貿易が進み，相互に投資が行われた。しかし，先述の繁栄のベルトに属する高所得の地域と相対的に低所得の新加盟地域のあいだでは，前者から後者への一方的な投資，後者から前者への一方的な労働力移動が進むことになった。貿易関係についても繁栄のベルトの輸出品目が高付加価値の機械，工業製品であったのに対して，新加盟国の輸出品は，農産物，食糧，あるいは低付加価値の工業製品が中心であった。水平的統合から垂直的統合へというこの新しい流れは，21世紀初頭，東ヨーロッパへのEU拡大に引き継がれていった。

労働力と移民

19世紀工業化の時代から，各国国内では，農村部から都市部，農業から工業，サービス業へと労働力の移動が起こった。第7章2でも触れたように，国際的には，南欧，東欧から西ヨーロッパへの移民が行われた。農繁期の季節農業労働者を別にしても，ドイツのルール地方からベルギー，北フランスの炭鉱では多くのポーランド人炭鉱夫が働き，イタリア人移民は都市の建設業や製造業，サービス業に従事した。19世紀半ば以降，近代工業都市の形成，鉄道網の普及，工場制機械工業の発達の中で，単純労働力に対する需要が増加した。その一方，

19世紀の農民解放（プロイセン，オーストリア，ロシア）は，農奴身分から農民を解放するとともに，土地をもたない単純労働者予備軍を大量に作り出した。ヨーロッパ域外へ流出した移民についてみると，北米への移民は19世紀半ばにはイギリス，ドイツからの移民が多かったが，1890年代以降には南欧，東欧からの移民が急増した。しかし，第1次大戦とともに北米への移住は停止した。大戦後，ふたたび移民が始まったが，合衆国の移民制限のために大戦前ほどの勢いを失い，1930年代には20世紀初頭の1割ほどの規模にまで縮小した。

　第2次大戦後，西ヨーロッパは移民の受入地域へと転換した。戦後初期には，東欧共産圏から西欧への難民が大量に発生し，歴史的背景から西ドイツが多くの難民を受け入れた。さらに，1950年代，60年代の経済成長の中で，ドイツやフランスは，建築現場や，工場の生産ラインで働く単純労働力として外国人労働者を積極的に受け入れる政策をとった。まず，イタリア，スペイン，ポルトガルなど，南ヨーロッパから西ヨーロッパへの移民が増加した。93年に単一市場が成立すると，労働力の移動はさらに活発化した。

　ヨーロッパ域外から流入する移民も増加した。高度成長期以来，インド，パキスタン，北アフリカ，ブラック・アフリカの旧植民地からイギリス，フランスへの移民，また，トルコから西ドイツへの大量の移民が生まれた。彼らの多くはキリスト教徒ではなく，ヨーロッパ文明とは異なる文化的背景をもっていた。域外からの労働力移動は一時居住者にとどまらなかった。移民が定住し移民社会を形成するようになると，さまざまな摩擦が発生するようになった。合法移民だけでなく，中国，アフリカなどから非合法に入国しようとする人々も多く，移民排斥の感情はヨーロッパの中での極右政治勢力の台頭を招いている。1990年のシェンゲン条約は，加盟国の出入国管理を共通化しようとするものであり，99年のアムステルダム条約でEUの枠組みに取り込まれた。イギリス，アイルランドを除く

EU加盟国，およびスイス，ノルウェーなどの周辺国が加盟するこの協定によって域内の出入国管理は撤廃され，域外からの出入国管理は共通化された。

　1990年代になると，東ヨーロッパからの人口移動が始まり，留学，就労などの目的で西ヨーロッパに流入し，定住する人々が増加した。東ヨーロッパ諸国のEU加盟にともない，新加盟国の人々の法的地位は強化され，2000年代には，IDカードのみで域内他国における就労が可能となっている。一方，社会主義体制崩壊後の混乱の中で東ヨーロッパから西ヨーロッパに流れる武器，麻薬，また人身売買など，犯罪の国際化も大きな問題となっている。

産業界，直接投資　原加盟国6カ国の時代から，経済統合は，アメリカに匹敵する広大な市場を作り出すことによって産業界に規模の経済を実現する可能性を与えるものであった。それは民間の大企業（自動車，鉄鋼，化学など）にとどまらず，政府の関与する部門についても同様であった。航空産業，宇宙産業をその代表としてあげることができる。この分野で米ソ超大国に対抗できる企業を作り出すためにはヨーロッパ各国間の連携が必要であり，航空機製造では1967年の合意によってエアバス・インダストリーズ社が生まれた。

　エアバスは，大型中型旅客機の国際市場において20世紀末までにアメリカのボーイング社と並ぶ巨大企業に成長した。同社の旅客機はフランス南西部のトゥールーズで組み立てられているが，その部品機材の生産は参加各国において分散して行われている。また，エアバスの親会社となるEADSは，フランスのマトラ，ドイツのダイムラー・クライスラー・アエロスペース（DASA）などの合併によって2000年に誕生し，軍用輸送機や戦闘機（ユーロファイター）を生産，同時にアリアンスペース社株式の保有によって宇宙産業にも関わることになった。

アリアンスペースは，80年に欧州12カ国の50社以上の企業によって設立され，仏領ギアナでのロケット打上げによって人工衛星打上げビジネスで世界市場の半ばを獲得した。英，仏が共同開発した超音速旅客機コンコルドは商業的失敗に終わったが，エアバス，ユーロファイター，アリアンスペースは，商業的にも成功を収めた例である。国家としてのイギリスやフランスは独自に宇宙開発を行っていたが，75年，ヨーロッパ10カ国共同で欧州宇宙機関（ESA）を設立し，アリアンスペースと密接に連携しながらハレー彗星の探査や太陽系外惑星の探査，また，アメリカのNASAとも協力しながら国際宇宙ステーションなどの国際プロジェクトに参加した。

　1989年の東欧革命，さらにEC‒EUの東方への拡大の結果，東ヨーロッパに向かって新たに西ヨーロッパの資本が流入することになった。19世紀後半から1930年代まで，ドイツ，フランス，イギリスは東ヨーロッパの工業化に資本を提供していたが，東西冷戦の中で途絶えていた投資が復活したのである。

　2000年代初め，東欧諸国の1人当たり所得は西欧諸国平均の半分程度にすぎず，スペイン，ポルトガル，ギリシアの加盟当時よりも所得水準の格差は大きかった。一方，社会主義体制の崩壊後，東欧諸国は企業の民営化と金融緩和とを進め，西ヨーロッパからの直接投資にとって良好な環境を提供した。賃金についてみると，スロバキアの自動車労働者の賃金はドイツ，フランスの6分の1であり，ヨーロッパの自動車メーカーはあいついでスロバキアやチェコに工場を設立することになった。ルノーのチェコ工場では，6000ユーロという低価格の自動車が製造された。廉価な繊維製品など東欧からの委託加工品が西欧のスーパーマーケットに頻繁に並ぶようになったのは90年代初めからであったが，EU加盟を経て，東西ヨーロッパの経済関係は，双方向的な投資ではなく西側からの一方的な直接投資によって支えられているといえよう。EU加盟前夜，東ヨーロ

ッパ新加盟国への外国直接投資は GDP の 3 ～ 6 ％の規模に達していた。

　西から東への直接投資の本格化は，まず，それまで直接投資を受け入れていたスペインやポルトガルにとって打撃となった。繁栄のベルトに属する原加盟国においても，産業空洞化の恐れが現実のものとなりつつあり，労働組合がこれに反対している。スロバキアの企業減税が西ヨーロッパの企業減税を引き起こすなど，東西のつながりは緊密化している。よりグローバルにみれば，世界市場の中での中国，インドの台頭がヨーロッパの製造業を脅かすことになった。

● 参考文献 ●

遠藤乾編『ヨーロッパ統合史』名古屋大学出版会，2008年

中屋宏隆「ワシントン英米石炭会議（1947）とルール石炭鉱業統制体制の構築」『社会経済史学』第73巻1号，2007年

廣田功・森建資編『戦後再建期のヨーロッパ経済——復興から統合へ』日本経済評論社，1998年

古内博行『現代ドイツ経済の歴史』東京大学出版会，2007年

J. ペルクマンス（田中素香訳）『EU 経済統合』文眞堂，2004年

Berend, I., *An Economic History of Twentieth-Century Europe : Economic Regimes from Laissez-Faire to Globalisation,* Cambridge University Press, 2006

Eichengreen, B., *The European Economy since 1945 : Coordinated Capitalism and Beyond,* Princeton University Press, 2006

　　議論のための課題

1 ヨーロッパ統合は1930年代の経済ブロックとはどのように違っているか，またその違いはどのようにしてもたらされたものか，説明しなさい。

2 単一通貨ユーロを導入したことにともなうメリットとデメリットとを整理してみなさい。

3 1970年代までのヨーロッパ統合と，それ以降の時期の統合との間にはどのような差異があるといえるか，論じなさい。

Column ⑧　旅するヨーロッパ人(4)

　20世紀に起きた2つの世界大戦ではヨーロッパ大陸のほぼ全域が総力戦の戦場となり，膨大な数の兵士が言葉の通じぬ土地への長距離の移動を余儀なくされた。軍用列車や軍艦，飛行機，あるいは重装備での徒歩による行軍は，たいていは過酷な条件下のつらい「旅」となった。近代的技術を利用しながらも，そこには痛苦に満ちた移動しかなかった。語源通り「拷問」に近い「旅」である。第1次大戦開戦時の出征はこの点でも痛ましい。愛国心に燃えた若い兵士たちは，喜び勇んで列車に乗り込んだ。彼らの多くは，自分が二度と故郷に帰ることのない「旅」に出たことに気づいていなかった（→第8章2）。

　第2次世界大戦期，ナチス・ドイツによって無数といわざるをえない規模のユダヤ人が強制収容所に移送された。東方への大量移送を可能にしたのは，ドイツ国鉄・ライヒスバーンをはじめとするヨーロッパ鉄道網の輸送力であった。ユダヤ系の老若男女は，貨車にも劣る車両にすし詰めにされて運ばれた。鉄道時代の初期に危惧された，人間が貨物として輸送される事態が実現してしまった。運ばれる中には，多くのロマ（いわゆるジプシー），身体障害者，精神病患者などのマイノリティが含まれた。一方，皮肉にもナチス・ドイツ政府は，30年代には福祉政策の一環として労働者向け団体国外旅行を組織していた。

　また，戦争のたびに，いかに多くの難民が苦難に満ちた移動を余儀なくされるだろう。ナチス・ドイツの侵略は占領地の社会を破壊し，そこからは年間数百万に及ぶ強制労働への徴集が行われた。戦後は逆に多くのドイツ人が，ヒトラーとは関係もなく暮らしていたはずの祖先の土地を強制的に追われた。冷戦体制のもとで，東西ヨーロッパ間の移動は制限され，そこには「旅行」ではなく，「足による投票＝逃亡・脱出」や政治的亡命という危険に満ちた「旅」があった。都市の中のわずか数百メートルの移動すら冷戦時代には制限され，ときに死をもたらす試みとなった。「ベルリンの壁」とそれを越えようとして失敗した犠牲者たちのことである。

国民国家の争闘であった世界大戦と冷戦による分断の反省は，シェンゲン協定に象徴される今日のヨーロッパ内でのEU市民の原則的に自由な移動の実現に，生かされているはずである。社会的に安全な「旅行」が保障されるとき，そこに意義のある移動として渇望される「旅」も新たに生まれうるのだろう。

Column ⑨　フランスのワインとドイツのビール

　ワインとビールに代表される醸造酒は，ヨーロッパの食文化を語る上で欠かすことができない重要な要素である。ワインもビールももともとは古代オリエントで生産が始まったものであるが，特に「キリストの血」に喩えられるワインはキリスト教の正餐式に用いられる特別な飲み物であった。そのため，中世ヨーロッパではワイン生産の発達に修道院が重要な役割を果たした。ビールはタキトゥスの『ゲルマーニア』ではローマ人の目からみた"蛮人"の飲む酒として描かれもしたが，カール大帝時代以降はワインと同様に修道院でさかんに醸造された。また，1516年にはドイツ・バイエルン大公ヴィルヘルム4世が「ビールは成分として大麦とホップと水だけが使用されねばならない」とする有名な「純粋醸造令」を公布し，その後のビール製法とドイツにおける「ビール」概念を決定づけている。

　フランスといえばワイン，ドイツといえばビールとのイメージがあるように，ヨーロッパ各国で酒類の嗜好は異なっている。このことにはまず気候条件が関係している。14〜15世紀の気候寒冷化によってヨーロッパ北方におけるブドウ栽培が後退し，それまで良質のワイン産地であったイギリスなどでは生産が困難になった。ドイツでもワインからビールへの転換が進んだ。しかしドイツでもブドウ栽培に適した，たとえばモーゼル地方のワインなどは有名である。また，おもしろいことにワイン圏とビール圏の境界は古代ローマ帝国の国境線とほぼ重なっている。嗜好の違いには気候条件だけでなく，他の文化的な要素も関わっていると考えられる。ほとんどブドウ栽培ができない地域で，無理に無理を重ねて「ワイン」（らしきもの）を作っていたこともあったのである。

　最近では，フランスではワイン消費が減少する一方でビールの消費が伸

び，ドイツでは逆の現象が起こっている。ヨーロッパの統合が進む中で食文化における相互の影響が強くなっているからだといえよう。しかも，フランス人がドイツ・ビールを飲み，ドイツ人がフランス・ワインを飲むという嗜好の変化は，それぞれの国内消費の減少をヨーロッパ域内輸出で補う形になり，ヨーロッパ各国にとってのEU域内市場の重要性が増している。たとえばベルギーは，製造する修道院の名前をとってトラピスト・ビールで知られるアルコール度数の高い修道院ビールなど多種多様なビールを生産することで有名であるが，20年前にはその輸出は7割以上がアメリカをはじめとするヨーロッパ外であった。しかし現在はEU加盟国への輸出が8割を占めるようになり，2006年には初めて輸出が国内消費を上回ったと報じられた。一方，ドイツでは連邦共和国（当時の西ドイツ）でも維持されたビール純粋令を，当時のECが外国産ビールの流通を妨げる非関税障壁の一種だと激しく非難したこともある。経済統合や生活スタイルの収束が進む一方で，こうした根強い食文化の違いがからんだ問題が表面化することも少なくない。

索　引

● あ 行

アウタルキー　287
アークライト，リチャード（Arkwright, Richard）　127
アジア的生産様式　80, 85
アシュトン，T. S.（Ashton, T. S.）　94, 119
新しい経済史　101
新しい工業化　115
圧延法　132
アフリカ探索　38
アムステルダム　51, 230
　──の金融システム　52
アムステルダム銀行　51, 211
アムステルダム条約　328
アムステルダム取引所　52
アメリカ的生産システム　203
アメリカ　43, 243
　──の工業化　245
　──の参戦　269
　──の資本市場　254, 255
　──の繁栄　279
アリアンスペース　330
アレン，ロバート（Allen, Robert）　60, 139
暗黒の木曜日　283
アントウェルペン　32, 230
アンモニア合成　192
アンリ4世（Henri IV de France）　62
域内市場白書　323
域内単一市場　313
イギリス　55, 118, 148
　──の交易相手国　234
　──の工業化　148
　──の衰退　195, 206, 207, 208
　──の覇権　231, 232
　──の貿易　232
イギリス国教会　56
イスラーム　37
イタリア商人　45
移民　238, 239, 327, 328
イングランド銀行　61
イングランド内乱　58
イングランドの人口　58, 60
インド航路の開発　39
ヴァスコ・ダ・ガマ（Vasco da Gama）　40
ヴァロア朝　37
ウィットフォーゲル，K. A.（Wittfogel, K. A.）　80
ウェスティングハウス　193
ウェストファリア条約　50, 67, 68
ウェスト・ライディング　152
ウェーバー，マックス（Weber, Max）　79
ウェールズ北部　151
ウォーラーステイン，I.（Wallerstein, I.）　85
ウォルサム型工場　246
宇宙産業　329
エアバス・インダストリーズ　329
営業の自由　172
疫病保険法　223
エコール・ポリテクニク　162, 189
エジソン，トーマス（Edison, Thomas）　192
遠隔地商業　13
遠距離商業　15, 16, 29
エンリケ航海王子（Infante Dom Henrique）　38

335

王権　141
欧州宇宙機関　330
欧州経済協力機構　298, 319
欧州審議会　304
欧州中央銀行　324
王朝国家　36
大いなる分析　89
大塚史学　81, 104
大塚久雄　81
オーストリア継承戦争　63, 71
オスマン帝国　38
オブライエン，P.（O'Brien, P.）　88
オランダ　49
　――の工業化　210
　――の衰退　54
オランダ経済　51
オランダ独立　50
オランダ東インド会社　53
恩貸地制　5

● か　行

外延的成長　83, 306
海外貿易の拡大　61
改正救貧法　216
価格　29
価格革命　46
化学工業　190, 191
価格史　20
科学装置万国博覧会　204
科学的知識　188
囲い込み　141
ガーシェンクロン，A.（Gerschenkron, A.）　98
ガーシェンクロン・テーゼ　98, 100
ガソリン・エンジン　194
ガット　296
家父長制的支配　225
カブラル　41
カール大帝（Carolus Magnus）　4
カルバン主義　79

カロリング朝　4
カンザス・ネブラスカ法　249
慣習的抑制　82
関税　61, 64, 237
環大西洋経済圏　230
官房学　169
管理経済　266
管理通貨制　266
官僚国家　225
議会　141
機械工業　158, 182
機関車製造業　183
企業経営手法　301
企業合同　281
企業社会　225
気候変動　19
技術　188
　――の移転　301
　――の伝播　154
技術教育　190
キーゼヴェター，H.（Kiesewetter, H.）　176
北大西洋条約機構　298
喜望峰ルート　40
キャッチ・アップ　206, 301
キャナダイン，D.（Cannadine, D.）　91
キャラコ　125
救貧院　216
救貧税　214
救貧法　214
協調的経営者資本主義　196
協調フロート　311
キール運河　236
金為替本位制　285
近世　24
金属製品鉱業　190
近代化　114
近代企業　196, 252, 283
近代経済成長　76, 95

近代世界システム　87
近代ドイツ経済史　173
銀の流入　46
金ブロック　287, 288
金本位制　266, 284
　──の放棄　287
金本位制復帰　285
金融の規制緩和　314
金融ビッグバン　314
近隣窮乏化政策　288
クズネッツ，サイモン（Kuznets, Simon）　76, 95
クズネッツ・カーブ　95
クライド渓谷地域　154
グライフ，A.（Greif, A.）　85
クラッパム，J. H.（Clapham, J. H.）　93
クラフツ，ニック（Crafts, N. F. R.）　101, 119, 122
クラフツ推計　120
クラフツ＝ハーリィ推計　121
クリオメトリックス　101
クルップ　225
グレシャム，トーマス（Gresham, Thomas）　33
クレディ・モビリエ　165
グローバリゼーション　229, 230, 235, 242, 268, 313
　──の評価　241
クロンプトン，サミュエル（Crompton, Samuel）　128
軍需省　271
軍需法　270
経営管理組織　282
経営者　252
経営者資本主義　196
経営組織　252, 253
計画化　303
経済改革　307, 308
経済協力開発機構　298

経済計画　304
経済成長　107
経済相互援助会議　298
経済通貨同盟　321, 323
経済的後進性　98
経済統合　176
ケイ，ジョン（Kay, John）　125
啓蒙専制君主　70, 71
ケインズ政策　302
ケインズ的な総需要管理　304
決済制度の発達　15
ケネー，F.（Quesney, F.）　64
限界革命　227
健康保険　221
広域流通　36
航海条例　233
工業化　101, 102, 114, 161, 163
　──の長期性・連続性　174
　地域間競争による──　178
航空産業　329
公債発行　63
公衆衛生　219
公衆衛生法　220
後進性　171
　──の利益　99
講壇社会主義者　227
交通革命　235
交通手段　237
高度成長　299
高度大衆消費時代　96, 97
高品質製品への特化　166
後方連関効果　180
高利貸的帝国主義　168
港湾都市　162
国営企業　303
国際化　229
国際金融システム　238
国際通貨基金　295
国際博覧会　189
国際復興開発銀行　295

国際分業の進展　241
国際連合　296
国際労働者協会　213
コークス製鉄　131
国民経済学派　170
国民経済の不在　170
国民健康法　221
国民国家　161
穀物価格の下落　59
穀物と鉄の同盟　267
穀物輸出　72
国有化　303, 306
互恵通商協定法　286
互助組織の増大　217
個人銀行　166
個人資本主義　196
コダック　192
国　家　24
固定相場制　310
古典荘園　6
古典派経済学　169, 226
コート，ヘンリー（Cort, Henry）　131
コープマン　53
コミューン運動　13
コメコン　298, 308, 309
コール，W. A.（Cole, W. A.）　95
コルベール，J.-B.（Colbert, J.-B.）　63
コルベール主義　64
コルホーズ　274, 275, 306
コロンブス，クリストファー（Columbus, Christopher）　41, 42
コーンウォール　149
混合経済　266, 302
コンソルシウム　271

● さ 行

財政・軍事国家　232
再版農奴制　69, 72

再輸出　233
三月革命　212
産業革命　90, 92, 93, 94, 101, 107, 114, 118
産業的啓蒙主義　140
産業の集積　154
三十年戦争　62, 67, 68
三圃制　8
ジェニー紡績機　127
シェンゲン条約　328
ジェントリ　57
ジェントルマン資本主義論　88, 106, 197
事業銀行　165
市　場　11, 12, 84
市場価格　20
市場統合　177
自治権　13
失　業　215, 278
失業保険　221
実質所得　145
実質賃金　144
実質賃金・所得の収斂　240
指定市場　29
私的所有権　84, 140, 141
自動車工業　194
自動車産業　280
資本係数　301
資本主義　80
　──の精神　79
ジーメンス＝マルタン法　191
ジーメンス・ハルスケ　193
社会主義運動　222
社会主義化　305
社会主義革命　270, 274
社会主義経済体制の崩壊　313
社会主義者鎮圧法　223
社会政策学会　226
社会政策の拡充　279
社会保険立法　223

社会保障制度　224
社会保障の整備　218
社会問題　221
奢侈品製造業　166
社団国家　62, 64
自　由　11, 12
集権的職能部門制　282
重工業　157, 181
従士制　5
自由主義的国家　159
重商主義　63, 64
修正貨幣数量説　47
修道院　56
重農主義　64
周　辺　87
周辺ヨーロッパ　103
自由貿易　237
自由貿易主義　265
手工業　16, 26
出港禁止法　246
出生時平均余命　146
シューマン・プラン　320
シュラフタ　72
シュロップシャー　149
巡回型商業　10
シュンペーター, J. A.（Schumpeter, J. A.）　93
蒸気機関　133, 164
　　――の発達　235
商業の変化　28
小農経営　160
賞メダル　202
植民地　60
女　工　246
諸国家併存体制　83
所有と経営の分離　283
所領経営　10
ジョーンズ, E. L.（Jones, E. L.）　83
新経済政策　274
人口移動　239

新興工業国ドイツ　205
人口増加要因説　47
人口動向　27
新航路政策　206
新産業　115, 190, 279, 280
新自由主義　314
新種毛織物　125
新制度学派　83
神聖ローマ帝国　67
新大陸　230
新大陸発見　41, 42
新団結禁止法　218
身　長　145
新取引所　32
信用銀行　180
水銀アマルガム法　45
垂直的統合　327
垂直的分業関係　326
水平的統合　327
水平的分業関係　326
水平的貿易関係　302
水利社会　80
水力紡績機　127
スエズ運河　236
スタッフォードシャー南部　153
スターリング・ブロック　287, 288
ステープル　29, 30
スピーナムランド制度　215
スペイン　42, 44, 65
スペイン王国　38
スペイン継承戦争　63
スムート＝ホーレー関税法　284, 288
スレイター, サミュエル（Slater, Samuel）　245
セイヴァリー, トマス（Savery, Thomas）　134
セイヴァリー型蒸気機関　134
生活水準の諸指標　143
生活水準論争　93, 142, 143
成熟社会への前進　96, 97

製銑工程　129, 131
製造業物神崇拝　208
製　鉄　129
製鉄業　157, 165, 181
　——の技術革新　129
制　度　83, 84
西部開拓　248
征服者　44
製錬工程　129, 131
世界銀行　295
世界経済　86
世界大不況　198, 262, 265, 284
世界貿易機関　296
世界貿易の縮小　288
世界貿易の停滞　276
石炭業　157
石炭製銑　130
石油危機　312
石油輸出国機構　312
絶対王政　25, 62
ゼネラル・エレクトリック　193, 282
ゼネラル・モーターズ　282
繊維工業　155, 163
前近代的人口再生産様式　82
全国産業復興法　286
戦時計画経済　270
戦時経済会社　270
戦時原料局　270
戦時公債　272
戦死者　275
専売特許証　141
戦　費　271, 272
前方連関効果　180
専門経営者　283
総戦力　269
創立時代　198
ソシエテ・ジェネラル　159
ソルベー法　192
ソ連社会主義経済　274
ゾンバルト, W.（Sombart, W.）　80

● た　行

第1インターナショナル　213
第1次世界大戦　262, 265, 267
第1次ポーランド分割　73
大開墾時代　9
大企業　196
大企業体制　281
耐久消費財　279, 280
大航海時代　37
第三世界　97
大衆社会　266, 278
大衆消費社会　299
大衆貧困　212, 221
大西洋経済　232
第2インターナショナル　213
第2次経済革命　187
第2次産業革命　167, 186, 188, 237
第2次世界大戦　262, 290
第2帝政期　160
大農場経営　199
大不況　198
　——の本質　201
太平洋鉄道法　250
太陽と惑星型回転装置　136, 137
大陸封鎖・大陸体制　169
ダービー1世，エイブラハム（Darby I, Abraham）　130
ダービシャーの高地地帯　151
ダラム　153
単一欧州議定書　323
団結禁止法　218
炭酸ソーダ製法　192
地域工業化　176
地域工業化論　103
地政学的な理由　277
地中海ルート　41
チャンドラー, A. D.（Chandler, Jr. A. D.）　196, 281
中央計画経済　274

中核　87
柱状社会　210, 211
中心ヨーロッパ　103
中世　3
中世末期の危機と繁栄　17
中・東欧の工業化　184
中立法　286, 291
長期の16世紀　26, 87
帳簿決済　16
直接投資　330
貯蓄銀行　217
通貨切り下げ競争　288
通信手段　237
ツンフト　172
定額地代　58
定期借地　58
帝国主義　199
低地地方　30
　——の農工業　34
　——の反乱　50
ディーン, P.（Deane, P.）　95
ディーン＝コール推計　120, 121, 123
手形決済　16, 33
鉄　129
鉄鋼　190
鉄道　158, 165, 178, 236, 251
鉄道業　179, 180
鉄のカーテン　318
デニソン, E. F.（Denison, E. F.）　301
テネシー渓谷開発公社　286
テューダー絶対王政　55
テューダー朝　37
デュポン　192, 282
電気関連産業　193
電気モーター　193
電信　251
天水型農業　8
伝統的社会　96
電力　280
転炉　191

ドイツ　169, 222
　——の経済成長　175, 267
　——の交易パターン　205
　——の貿易構造　203
ドイツ関税同盟　177
ドイツ騎士団　66
ドイツ経済の影響　184
ドイツ経済の成長　195
ドイツ国民経済学派　226
ドイツ社会主義労働者党　222
ドイツ帝国　183
ドイツ賠償問題　273
ドイツ・ハンザ　15, 66
ドイツ問題　316, 319
ドイツ歴史学派　226
トインビー, A.（Toynbee, A.）　90
トゥエンテ銀行　211
同業組合　12
投資規模　281
投資銀行　159, 165, 254
東方政策　322
東洋的専制　80
特産地の形成　26, 29, 36
独占資本主義　199
独占法　142
都市　11, 12
都市化　167
都市健康法　220
都市国家　84
ドーズ賠償案　274
土地所有　57, 59
特許制度　141, 172
飛び杼　125, 126
トマス, R. P.（Thomas, R. P.）　84, 139
トマス法　191
取引所　29
取引費用　84
ドル危機　309
トルデリシャス条約　42

ドル・ブロック　288
奴隷　243
奴隷制　249

● な 行

内燃機関　193
内包的成長　83
長い19世紀　115
ナチス　286
七年戦争　63, 71
ナポレオン戦争　168
南ア戦争　219
ナント勅令　62
南北戦争　244, 248
──の経済的影響　250
二月革命　212
ニクソン・ショック　310
西インド会社　53
二重構造　167
二圃制　8
ニューイングランドの工業化　246
乳児死亡率　146
ニューコメン　135
ニューコメン型蒸気機関　135, 136
ニュー・ディール　286
ネーデルラント商業銀行　211
年間労働時間　146
農業革命　60
農業企業　211
農業集団化　306
農業調整法　286
農工価格差　277
農場領主制　69
農奴　6
農民反乱　17, 18
ノース, D.（North, D.）　83, 84, 139

● は 行

バイエル　192
排他的経済ブロック　276

ハーグリーブス, ジェームズ（Hargreaves, James）　127
覇権　87
パーシェ指数　122
80年戦争　50
発電機　193
発展段階説　96, 98, 171
発　明　142
ハートウェル＝ホブズボーム論争　143
ハドソン, P.（Hudson, P.）　107
パドル法　131, 132
パナマ運河　236
ハーバー＝ボッシュ法　192
ハプスブルク家　36
ハプスブルク帝国　70, 71
バブル　283
ハミルトン・テーゼ　46
ばら戦争　55
バルト海貿易　51
バンク・ナシオナル　159
ハンザ　15
悲観論　143
非公式帝国化　241
ビスマルク, オットー・フォン（Bismarck, Otto von）　222
ヒックス, J. R.（Hicks, J. R.）　84
ビッグ・ビジネス　251
ひとつのヨーロッパ　263
百年戦争　55
評議会メダル　202
開かれた社会　54
ピレンヌ・テーゼ　11
ファシズム　279
ファスチアン織　128
ファルツ継承戦争　62
フィリップス　211
フェビアン主義者　91, 92
フェリペ2世（Felipe II）　50
フォーゲル, R.（Fogel, R.）　101

フォード, ヘンリー（Ford, Henry） 280
武器貸与法 291
福祉国家 213, 265, 266, 305
複働機関 136, 137
物的純生産 306
普仏戦争 183
富裕層の没落 278
プラハの春 308
ブラバント地方 31
フランク王国 4
フランス 160
——の工業化 160
——の1人当たり国民所得 162
プランテーション 243
フランドル地方 13, 31
フリードリヒ2世（Friedrich II） 70
ブルボン朝 62
ブレトンウッズ体制 295, 310
プロイセン王国 70
ブロック経済 288
プロテスタンティズム 79, 140
ブローデル, フェルナン（Braudel, Fernand） 86
プロト工業化 104, 105, 114
分権的事業部制 282
米英戦争 247
平行運動装置 136, 138
ヘキスト 192
ヘゲモニー 87
ペスト 17
ベバリッジ, W. H.（Beveridge, W. H.） 94
ベルギー 154
——の工業化 155, 209
——の社会構造の変化 209
ベルギー銀行 159
ベルギー労働党 209
ベルサイユ講和条約 273
ペンシルヴァニア鉄道 251

ヘント 156
変動相場制 310
ヘンリー7世（Henry VII） 55
ヘンリー8世（Henry VIII） 56
遍歴商人 10
封 5, 6
貿易 162
封建制 5, 6
封土 6
北米植民地 244
保護主義 199
保護貿易主義 276
ボストン工業会社 246
ポツダム勅令 69
ホフマン, W. G.（Hoffmann, W. G.） 95
ホフマン推計 173
ホームステッド法 250
ポメランツ, K.（Pomerantz, K.） 88
ポラード, S.（Pollard, S.） 103, 148
ポーランド 72
ポリテクニクム 189
ポルトガル 38, 44, 65

● ま 行

マグナーテン 72
マーシャル・プラン 297, 319
マーストリヒト条約 323
マゼラン, F.（Magellan, F.） 43
マディソン, A.（Maddison, A.） 200
マリア・テレジア（Maria Theresia） 71
マルクス, K.（Marx, K.） 85
マルクス主義経済学 226
マルサスの罠 82, 105
ミズーリ協定 249
ミッチェル, W. C.（Mitchell, W. C.） 93
ミュール紡績機 128
民衆反乱 17, 18

索　引　343

メイド・イン・ジャーマニー　205, 267
名誉革命　141
名誉革命体制　58
メスタ　65
メロヴィング朝　4
綿業における技術革新　125
綿工業　155, 156, 163
メンデルス，F.（Mendels, F.）　104
綿紡績業　163
モキア，J.（Mokyr, J.）　89, 139, 140
モーゲンソー・プラン　318
モネ・プラン　303, 318
モノカルチュア　241, 243
モリスコ　65

● や 行

夜警国家　265
友愛組合　217
友愛組合法　218
有用な知識　89, 90
ユグノー　61, 69
輸出品目　234
輸送革命　235
ユトレヒト同盟　50
輸入品目　234
ユニリーバ　211
ユーロ　324
ユーロダラー市場　311, 312
ユンカー　71, 222
預金銀行　166
ヨーゼフ2世（Joseph II）　71
ヨーロッパ型農業　8
ヨーロッパ共同体　321
ヨーロッパ経済共同体　321
ヨーロッパ決済同盟　298
ヨーロッパ原子力共同体　321
ヨーロッパ自由貿易連合　302, 321
ヨーロッパ石炭鉄鋼共同体　320
ヨーロッパ中心主義　88

ヨーロッパ通貨機構　323
ヨーロッパ通貨システム　311, 322
ヨーロッパ統合　316
ヨーロッパの大企業　197
ヨーロッパの特徴　1
ヨーロッパ連合　324
ヨーロッパ連合条約　323

● ら 行

ライン―スタッフ制　253
ラスパイレス指数　122
楽観論　143
ラテンアメリカ社会の形成　44
蘭英戦争　54
ランカシャー　152
リスト，フリードリヒ（List, Friedrich）　169, 170, 181
リーディング・セクター　96
リプソン，E.（Lipson, E.）　94
流通税免除特権　10
流通ネットワーク　35
領域国家　66
領域支配　44
領主制　5, 6
領邦　66
離陸　95, 96, 97, 173
──への先行条件　96, 97
歴史制度分析学派　85
歴史的国民経済計算　174
レコンキスタ　37
レール需要　182
連合国政府間債務　272
連合東インド会社　52
連帯運動　308
ロイヤル・ダッチ・シェル　210
ローウェル，フランシス（Lowell, Francis）　246
労働運動　199, 209, 212, 279
労働組合法　218
労働者階級　212

労働者の経営参加　304
労働者問題　221, 222
労働生産性　207, 301
労働力の移動　328
老齢年金　220
ロストウ，W. W.（Rostow, W. W.）
　95
ローズベルト，フランクリン
　　（Roosevelt, Franklin）　286
ロッテルダム銀行　211
ロード・アイランド型工場　245
ロンドン　238
ロンドン金融市場　52
ロンドン万国博覧会　202
ロンドン万博　208

● わ 行

渡邉尚　176
ワット，ジェームズ（Watt, James）
　136
ワット型蒸気機関　136

● アルファベット

AEG　193
AT&T　193
BASF　190, 192
EADS　329

EAEC　321
E C→ヨーロッパ共同体
ECB→欧州中央銀行
E C - EU　324, 326
　――の東方への拡大　330
ECSC→ヨーロッパ石炭鉄鋼共同体
EEC→ヨーロッパ経済共同体
EFTA→ヨーロッパ自由貿易連合
EMI→ヨーロッパ通貨機構
EMS→ヨーロッパ通貨システム
EMU→経済通貨同盟
EPU→ヨーロッパ決済同盟
ESA→欧州宇宙機関
E U　324
EURATOM　321
GATT　296
GDP 年平均成長率　200
IBRD→世界銀行
IMF→国際通貨基金
J. P. モルガン・アンド・カンパニー
　254
NATO→北大西洋条約機構
OECD→経済協力開発機構
OEEC→欧州経済協力機構
OPEC→石油輸出国機構
WTO→世界貿易機関

西洋経済史
European Economic History

ARMA
有斐閣アルマ

2010年4月20日　初版第1刷発行
2025年1月30日　初版第9刷発行

| 著　者 | 奥西　孝至 西澤　保 堀田　隆司 山本　千映 |

発行者　江草　貞治

発行所　株式会社　有斐閣
郵便番号 101-0051
東京都千代田区神田神保町 2-17
https://www.yuhikaku.co.jp/

印刷・製本　共同印刷工業株式会社
© 2010, T. Okunishi, A. Banzawa, T. Hotta, C. Yamamoto.
Printed in Japan
落丁・乱丁本はお取替えいたします。
★定価はカバーに表示してあります。
ISBN 978-4-641-12404-2

|JCOPY| 本書の無断複写(コピー)は、著作権法上での例外を除き、禁じられています。複写される場合は、そのつど事前に(一社)出版者著作権管理機構(電話03-5244-5088, FAX03-5244-5089, e-mail:info@jcopy.or.jp)の許諾を得てください。